Юрий ВОЛОШИН
ГЛАДИАТОР

МОСКВА · ВАГРИУС · 1999

УДК 882—312.4
ББК 84Р7
В 67

Художник — Кирилл Заев

Он прошел ад войны в Чечне, где был пленником, рабом, «гладиатором». У него нет ни дома, ни близких, его рассудок помрачен, а душа холодна, ему наплевать на мораль, законы, жизнь... Он — идеальная машина для убийства, его кличка становится синонимом слова Смерть. Сначала он, убивая, выполняет заказы «хозяина», потом — выносит собственные приговоры. Он ненавидит себя, но жить иначе уже не может...

Охраняется законом РФ об авторском праве. Воспроизведение всей книги или любой ее части запрещается без письменного разрешения издателя. Любые попытки нарушения закона будут преследоваться в судебном порядке.

ISBN 5-7027-0829-6

© Издательство «ВАГРИУС», 1999
© Ю. Волошин, автор, 1999

Часть I

Глава первая

Иван уже восемь минут сидел в зале ожидания Павелецкого вокзала и прокручивал в голове события последних двух часов своей жизни.

Все ли он сделал правильно? Никакой ошибки в своих действиях он не находил. Но и избавиться от ощущения, что за ним наблюдают, тоже не мог.

Волки, на которых ему приходилось когда-то охотиться, чуют запах крови за несколько километров и спешат вмешаться в чужую драку или заявить свои права на добычу. Иван, словно волк, чувствовал запах опасности, запах смерти. Чем дольше он сидел в полупустом полуночном зале ожидания, тем сильнее становился запах, бил по ноздрям, требовал действий.

Иван почувствовал за собой глаз сразу, как только завершил акцию по ликвидации человека, указанного ему Крестным. Крестный, в свою очередь, получил этот заказ от людей, которых Иван не знал и знать не хотел. Он был исполнителем и свою партию исполнял виртуозно — «Иван-нож», как называл его иногда Крестный, большой любитель Армстронга. Хорошо зная Ивана, Крестный умел взглянуть на жизнь его глазами и потому не приказывал Ивану (ему вообще никто ничего не мог приказывать), а просил его об услуге, о помощи. Крестный и о деньгах никогда даже не заикался, поскольку деньги Ивана никогда не интересовали.

Выполнив очередную просьбу Крестного, Иван всегда обнаруживал или на своем личном счету в банке или в известном лишь ему и Крестному тайнике очередную пачку долларов и, честно сказать, никогда не задумывался о том, почему именно столько и за убийство какого человека ему заплатили. Он был уверен, что в этом-то Крестный его не обманет и не обидит.

Иван убивал не ради денег. Деньги для него были такой же грязью, как и все остальное в этой жизни. За деньги Ивана нельзя было купить. Говорят, что за деньги покупают и продают душу. Но душа Ивана давно сгорела в Чечне, в огнеметных залпах, после которых шестнадцати-семнадцатилетние пацаны горящими факелами бессмысленно бежали, не разбирая пути, навстречу своей смерти. И если они бежали в твою сторону, выход у тебя был один: остановить их пулей... Душа Ивана осталась на тех лесных полянах, где его чеченские хозяева устраивали гладиаторские бои между пленными российскими солдатами, и те по молчаливому взаимному согласию бились между собой насмерть. Иного способа не было сделать так, чтобы хотя бы один из двоих остался в живых. В этих схватках приходилось убивать и друзей. Порой, за мгновение до смерти, друг с благодарностью смотрел другу в глаза — благодарности за то, что уходит из жизни с успокоительным ощущением единства души и тела. За то, что ему самому не пришлось убивать своего друга...

Опасностью уже не просто пахло, ею воняло. Смертью несло как дерьмом из выгребной ямы, в которую Ивана сажали вместо карцера, когда он был рабом у чеченского крестьянина.

Он понял, что следующие пятнадцать секунд без движения могут стать последними секундами в его жизни. Иван встал и направился к выходу из зала, так и не определив, где источник опасности. Не дойдя трех шагов до ведущей в другой, нижний зал лестницы, он уловил боковым зрением начало какого-то плавного движения, целью которого был он — это Иван почувствовал каждой каплей своей «отмороженной» в Чечне крови. Смерть настигла его грозным, дурно пахнущим океанским валом, чтобы утопить и растворить в своих пучинах... Нырнув вперед и вниз, Иван проскользил на животе по мрамору пола до начала лестницы и покатился по ступеням вниз. Застекленный стенд с расписанием поездов южного направления, рядом с которым он только что находился, осыпался дождем осколков. Звука выстрела Иван не слышал, да и плевать ему было на звуки. Катясь по лестнице и сбивая своим телом попадавшихся ему на пути «уважаемых пассажиров», он не переставал анализировать ситуацию.

«Что сделал бы я на их месте? Расстрелял бы весь этот катящийся по лестнице клубок. Пять лишних жизней пришлось бы забрать, но моя смерть была бы гарантированна. Раз я еще жив, значит, они ждут, пока я докачусь до самого низа и клубок тел распадется на отдельные цели. Секунда понадобится мне на то, чтобы подняться на ноги. В течение секунды я буду находиться в одном и том же месте, вот тут-то и получу пару очередей в любую часть тела. По их выбору. Не дождетесь, суки...»

Иван остановил свое движение за пять ступеней до конца лестницы, предоставив трем женщинам и двум мужчинам с какими-то баулами катиться дальше вниз — под пули... Когда первое тело взорвалось фонтанчиками крови и судорожно задергалось на мраморном полу, не выпуская из рук своих баулов, Иван уже успел, сидя на ступенях, послать три пули на вспышку и с мгновенным удовлетворением отметить, как брызнула осколками чья-то лысина чуть выше вспыхивавшего выстрелами ствола, и тут же забыл об этом, занятый проблемой отхода с огневой позиции. Выбив зубы рукояткой своего еще дымящегося ТТ какому-то застрявшему на его пути пенсионеру с клюшкой, он сложным зигзагом с молниеносной быстротой пересек нижний зал и нырнул в переход к станции метро...

Постепенно притормаживая, Иван готовился принять темп движения окружающей людской массы, чтобы раствориться в ней без следа, как капля вина в стакане воды. Он успокоил дыхание и, стараясь не делать резких движений, снизил скорость до уровня нормальной торопливой походки куда-то опаздывающего обывателя. Вышел на перрон, но не сел в вагон подошедшего поезда метро, а прошел немного параллельно поезду и смешался с толпой выходящих из вагона людей. Уже поднимаясь на эскалаторе, проконтролировал обстановку позади себя, прикрывшись, на всякий случай, до безобразия пухлым телом какого-то толстяка, пыхтящего на одной с ним ступеньке в обнимку со своим не менее пухлым портфелем.

Позади него все было спокойно. Никакого локального турбулентного возмущения обывательской массы Иван не зарегистрировал. Запах смерти выветрился из его ноздрей.

Он вновь почувствовал себя иголкой в стогу обывательского сена. Ощущение опасности утратило свою остроту и сконцентрировалось где-то на периферии сознания. Но ситуацию вокруг последнего заказного убийства нужно было серьезно обдумать...

Он, как всегда, проделал все чисто. Для начала изучил распорядок дня этого кретина — банкира, зажавшего в своем банке очень крупный правительственный кредит, уже давно четко расписанный по конкретным должностным лицам в том же правительстве. Правительство и выдало банкира на расправу. Большего Крестный Ивану не сказал, а он, по своему обыкновению, и не поинтересовался.

— Ваня, помоги, — просто, как мужик мужика, попросил его Крестный. — Люди нервничают, обижаются на меня, сколько можно ждать, говорят. Я не могу его взять, дважды уже осеклись, я троих своих людей потерял. Он, сука, бережется, знает, что за эти деньги загрызут его. Зря он этот кусок изо рта не выпускает, все равно проглотить не сможет. Загрызут. Беда в том, что загрызть-то я должен. А он мне уже три зуба вырвал. Убери его, Ваня. Ты сможешь, я знаю. Ты все можешь!..

Банкир и вправду берегся. Он ездил в бронированном «мерседесе» в сопровождении такой плотной охраны, что пуле просто невозможно было пробиться к его телу — она застревала в телах окружавших его охранников. При выходе из машины его закрывали зонтами, уводя из поля зрения предполагаемых снайперов; радиоуправляемые взрывные устройства на пути следования от оффиса до дома блокировались локальной радиолокационной защитой, подавляющей сигнал на производство взрыва.

За неделю наблюдений Ивану так ни разу и не удалось увидеть будущую жертву на расстоянии выстрела. Впрочем, его это мало волновало. Стрелять он не собирался.

На пальбе, кстати, и погорели двое из людей Крестного. Работали они в паре, страховали друг друга. Вооружившись «Спрингфилдами» с оптикой, эти двое засели на чердаках соседних домов и недели две наблюдали за приездами домой и отъездами из дома банкира через оптические прицелы, развлекая друг друга анекдотами по кодированному радиоканалу. Стоило охране на секунду замешкаться и не прикрыть банкира при выходе из машины зонтом, как один из киллеров выпустил по нему три пули, свалив на землю, а другой двумя выстрелами раздробил банкирскую голову. Охрана, однако, повела себя так, словно больше беспокоилась о своей безопасности, чем о жизни своего объекта. Первое, что сделали охранники, — заняли безопасные, на их взгляд, позиции, совершенно не обращая внимания на распростертое у машины тело.

Прицельный выстрел из гранатомета по чердаку, где находился один из стрелков, показал: охрана занималась не столько сохранением жизни хозяина, сколько наблюдением за окнами и крышами окружающих домов. Гранатой стрелка разорвало на части. Второго снайпера, который успел вовремя покинуть огневую позицию, но недостаточно точно оценить обстановку, оцепившие дом охранники выловили при выходе с черного хода и расстреляли на месте.

Крестный смирился бы с потерей людей, будь задание выполнено. Но он быстро выяснил, что застрелен был двойник банкира, хотя и радио «Эхо Москвы», и «Дежурная часть» РТР сообщили, что погиб сам председатель совета директоров «Интегралбанка» Сергей Кроносов. Разведка у Крестного работает четко.

Кроносов пару дней поддерживал версию о своей смерти. А потом неожиданно появился на расширенном заседании правительства, причем вылез с заявлением о необходимости изменить целевое назначение застрявшего в его банке кредита, аргументировав свое предложение тем, что необходимо позаботиться о наибольшей эффективности его использования.

Ситуация приобрела исходный вид. Кроносов берегся пуще прежнего. Чужие деньги были все еще у него и по-прежнему делали его уязвимым.

Крестный решил предпринять еще одну попытку. Его человек снял квартиру в доме напротив «Интегралбанка», смонтировал в ней ракетную установку ближнего действия и с ее помощью разнес вдребезги пятый этаж здания банка в тот момент, когда по его расчетам в кабинете председателя происходило заседание совета директоров. Взрывом искалечило секретаршу, убило пять банковских клерков и начальника одного из отделов, который проводил в кабинете директора совещание с персоналом. Директора же действительно в это время совещались, но не на пятом этаже, а в подвале банка, в бронированном хранилище денег. «Ракетчика» взяли менты, не сводившие глаз с «Интегралбанка» после нашумевшего выступления его руководителя в правительстве. Вернее, попытались взять. Ему отрезали путь вниз, но он ушел на крышу и начал спускаться по водосточной трубе, пока почти все менты ломанулись внутрь дома. Но дом был старой постройки полувековой давности, и на уровне четвертого этажа прогнившая труба не выдержала. С двухметровым куском трубы в руках смельчак упал спиной на гребень крыши магазина-пристройки. Он был еще жив, когда менты снимали его оттуда, но умер по дороге в больницу. И правильно сделал, потому что жить ему оставалось в любом случае всего несколько часов. Крестный не прощает таких промахов.

Иван сразу решил не соревноваться с охраной Кроносова в точности стрельбы и не ждать неделями, пока она допустит какой-либо промах. Тривиальность мышления многих его коллег иной раз просто изумляла Ивана. Они вели себя так, словно не существовало других способов лишить человека жизни, кроме как всадить ему свинец в череп или разнести его на клочки зарядом тротила. Есть много способов убить человека, и выбор конкретного способа в каждом случае зависит только от условий выполнения этой задачи.

Брать банкира следовало, конечно, дома. Самым сложным было — точно выяснить, когда он там бывает. Остальное Иван считал делом техники. Или профессионализма.

Дома человек наиболее уязвим, потому что дом — единственное место, где он позволяет себе расслабиться, полностью предоставляя заботу о своей безопасности другим людям. А вот этого делать нельзя никогда, Иван знал это твердо и незыблемо. Ты, и только ты, сам и всегда отвечаешь за свою безопасность. Если ты думаешь по-другому, то считай себя уже трупом. Поэтому банкир-ворюга был уже мертв, хотя и придерживался пока еще противоположного мнения. Ничего, Иван готовился помочь ему взглянуть в глаза реальности. В последний раз.

Визуальное наружное наблюдение не давало никаких результатов, в этом Иван убедился на опыте своих предшественников. Тем не менее план ликвидации уже сложился у него в голове сам собой, как это обычно и бывало...

Это была интуиция смерти. Иван просто чувствовал, как облегчить смерти путь к человеку, как открыть ей дорогу. Он был проводником смерти, поскольку хорошо понимал ее природу, — слишком часто он находился рядом с ней. Или она — рядом с ним.

Это как с женщиной. С женщиной, а не с блядью... Проститутку берешь, не глядя ей в душу, только топишь свою тоску в ее теле, только спускаешь в него свое напряжение. При этом остаешься в одиночестве и даже в самые острые моменты не перестаешь контролировать ситуацию: чтобы всегда быть готовым переломить ей шею при малейшей попытке агрессии с ее стороны.

Так однажды он сломал хребет питерской проститутке, стоявшей перед ним «раком» и в тот самый момент, когда он кончал, сделавшей движение рукой в сторону подушки, под которой лежал его пистолет. Хотела ли она действительно завладеть его оружием, или движение было случайным, оргаистическим, он так и не узнал. Руки его рефлекторно взметнулись с ее зада и резко опустились на позвоночник в области поясницы. Проститутка продолжала стонать так же, как и секунду назад, даже тон голоса не изменился, и предсмертные стоны оставались сладострастными. Сломав ей позвоночник, он не перестал содрогаться в оргазме и потому вновь вцепился в ее ягодицы, подхватив качнувшееся и обмякшее тело. Еще две-три судороги свели его собственное тело, прежде чем он понял, что ее необходимо добить. Он отпустил зад проститутки, и она упала ничком, ткнувшись головой в стену и подсказав ему таким образом, что делать дальше. Взяв ее голову обеими руками за подбородок и за затылок, он резким движением свернул ей шею и начал спокойно одеваться. «Хорошая смерть, — подумал он тогда. — Не каждому так везет — умереть, наслаждаясь...» Последнее, что он видел и что запомнил, покидая ту питерскую квартиру, — капли его спермы, сочащейся из тела, еще несколько минут назад бывшего живым и способным возбуждать желание. А теперь ставшего мертвым и не вызывающим никаких чувств, кроме досады на баб, которые так неосторожно двигаются в постели.

Итак, план Ивана предусматривал точное знание распорядка дня его жертвы. Вернее, вечера. Дни Кроносов проводил в банке, который охранялся не хуже, чем управление гестапо в третьем рейхе, — на всех этажах на каждом углу или повороте коридора стояло по охраннику-автоматчику, причем в пределах видимости своих соседей-охранников справа и слева. Станция радиолокационной защиты не выключалась ни на секунду. Посетителей на входе обыскивали вполне профессионально, что исключало возможность попадания внутрь здания неучтенного охраной оружия или взрывчатки, а всех недовольных таким режимом проверки вежливо, но непреклонно выставляли вон. К тому же Кроносов, как доносила разведка Крестного, не вылезал из своего бронированного подвала. Берегся, сволочь.

Ивана интересовало, как Кроносов проводит время вечером внутри своей квартиры, занимающей пятый этаж элитного дома на Тверской. По сути дела, Ивану был доступен лишь один вид слежения — акустический. Им он и воспользовался. Представившись в домоуправлении инженером-ревизором из архитектурного надзора и даже предъявив соответствующие «корочки», только что приготовленные им самим на компьютере, Иван тщательно изучил планировку этажа и возможную его перепланировку, определил наиболее перспективные для наблюдения помещения — те, которые, по его предположениям, служили Кроносову столовой, спальней и гостиной. Не попасть из пневматической винтовки в стекла окон пятого этажа мог только вовсе безрукий. В итоге на каждом из оконных стекол выбранных Иваном комнат снаружи оказалось по присоске-мембране, способной фиксировать звуки внутри помещения и передавать их кодированным сигналом на расстояние до пятисот метров. Оконное стекло само по себе — прекрасная мембрана-резонатор, нужно лишь подключиться к этой естественной системе регистрации акустической информации и передавать ее по назначению. Охрана Кроносова настолько была озабочена возможным покушением, что совершенно пренебрегала мерами безопасности против подслушивания, и антижучковая аппаратура пылилась в бездействии. На Ивановых «жучков» никто не обратил внимания.

Иван не ошибся в своих расчетах о перепланировке всего этажа в одну квартиру, и предполагаемая спальня оказалась действительно спальней, а вот на месте гостиной была столовая и, соответственно, наоборот, на месте последней — гостиная. Но информация иного рода для Ивана не играла существенной роли. Единственное, что его по-настоящему интересовало — в какое время Кроносов принимает душ.

За три дня прослушивания вечерней жизни Кроносова Иван в конце концов и это выяснил с достаточной степенью точности. Приезжавший домой ежедневно ровно в двадцать два часа банкир, к примеру, минут сорок мотался из комнаты в комнату, общаясь с детьми и слушая щебет жены о каких-то проблемах со служанкой, о перспективах летнего отдыха... Она, видите ли, никак не могла решить, как ей с детьми лучше отдохнуть: поехать на французскую Ривьеру, где она была уже раза четыре и где ей чрезвычайно нравилось, или выбрать что-нибудь экзотическое — типа сафари в экваториальной Африке. Банкирша испытывала большое удовольствие, подстрелив прошлым летом антилопу в Конголезском национальном парке. Теперь она жаждала более острых ощущений и намеревалась поохотиться на буйволов и носорогов.

«Ох и жадная, должно быть, в постели сучка», — думал, слушая это, Иван.

Сильно раздраженный чем-то, скорее всего обострившейся проблемой собственной безопасности, Кроносов в ответ обложил ее трехэтажной непечатной тирадой, которая вкратце означала примерно следующее: если она страдает без вялого стручка своего французского хахаля, то пусть выпишет его сюда, дорогу банк оплатит... но ненадолго, иначе он, Сергей Кроносов, оторвет французу яйца и заставит ее их съесть; а поохотиться можно и здесь на зверей не менее диких, пусть берет свой карабин и лезет на крышу дежурить, он, мол, знает, что дюжина головорезов крутится вокруг дома, ловя момент, чтобы разбрызгать его мозг, мозг финансового гения, по асфальту.

«Сейчас он ее трахнет», — делал вывод внимательный слушатель Иван.

И точно: окно спальни начало «транслировать» стоны и выкрики... Иван вывел для себя заключение, что Кроносов чувствовал близость своей смерти — главный признак был налицо: он трахал жену ежедневно и подолгу. Измочаливал ее до того, что она и стонать-то переставала, а однажды даже заикнулась: хватит, мол, достаточно. Но только сильнее возбудила этим банкира, и Иван еще минут двадцать слушал его энергичное сопение, завершившееся сдавленным мычанием. Понимавший причину его постоянного возбуждения, Иван уловил в этих утробных звуках ноту сожаления о невозможности продолжать прятаться в женское тело, а также страх перед возвращением из женского лона на свет Божий.

Свою сексуально-психологическую процедуру реабилитации Кроносов заканчивал всегда одинаково: покряхтывая и постанывая, удалялся из зоны слышимости...

Покидая измотанную жену, Кроносов, вероятнее всего, шел принимать душ, но Ивану мало было догадок, следовало знать наверняка.

На третий день Ивану повезло: Кроносов, судя по звукам, не закрыл дверь душа — плещущаяся вода играла ему шопеновский марш «На смерть героя», хотя банкир, ничего не понимавший в эстетике смерти, этого не слышал...

Следующим вечером Иван сменил позицию. С чердака соседнего трехэтажного дома, где проводил ночные часы трое суток подряд, он спустился под землю — в коллектор-водораспределитель, который из-за тесноты московской застройки находился не во дворе элитного дома, а в соседнем с ним дворе. Слышимость была отвратительной, но подробности прощального вечера Сергея Кроносова в кругу семьи Ивана не интересовали: ему важно было уловить, не нарушается ли общая канва традиционного вечернего времяпрепровождения банкира...

Когда болтовня, из которой Иван мог разобрать лишь отдельные фразы, сменилась невнятными, но характерными выкриками и откровенными стонами, он окончательно убедился, что смерть Сергея Кроносова в его руках. И даже возбудился сам, хотя думал при этом вовсе не о женщинах.

Пока банкир трудился над женой, Иван успел разобраться в хитросплетении водопроводных труб, благо к элитному дому вел отвод из свеженькой нержавейки с еще сохранившимся торговым знаком фирмы-изготовителя, и за полторы минуты просверлил тонкостенную стальную трубу с помощью портативной ручной дрели с фианитовым резцом диаметром со швейную иголку. Из отверстия вырвалась тонкая струйка горячей воды с такой силой, что об нее вполне можно было порезать руку. Яма коллектора начала уже заполняться паром. Но Иван через пару секунд заткнул отверстие специально приготовленным стальным поршневым шприцем, заполненным третьей производной синильной кислоты — боевым отравляющим веществом, которое еще недавно состояло на вооружении армий ряда государств. Состояло, конечно, негласно, поскольку использование в военных действиях химического оружия запрещено международной конвенцией.

Теперь Иван с нетерпением ждал, когда Сергей Кроносов кончит последний раз в жизни и отправится в душ, навстречу своей смерти, дорогу которой укажет он, Иван. Наконец звуки, доносящиеся из спальни банкира, смолкли. Сосредоточенный Иван отметил едва уловимое изменение в тоне гудения вибрирующей от напора воды трубы. Это Кроносов включил душ. С трудом преодолевая сопротивление напора воды, Иван выдавил в трубу содержимое шприца, затем развинтил и убрал его, оставив в отверстии только иглодержатель в виде стальной затычки. Мазнув вокруг заткнутого отверстия несколько раз грязью, Иван достаточно тщательно скрыл, по крайней мере, от визуального осмотра следы своего вмешательства в работу московского водопровода. Его работа была выполнена, осталось убедиться, что жертва поражена, а еще — благополучно скрыться с места происшествия.

Выбравшись из коллектора, Иван с удовлетворением отметил, что в пустынном московском дворике по-прежнему ни души, одна бездомная дворняжка испуганно шарахнулась от приподнявшейся чугунной крышки, на которой она устроилась погреться прохладным майским вечером. Распаренный соседством с горячими трубами, Иван с удовольствием вдохнул освежающий вечерний воздух. Прежде чем удалиться от люка, он присыпал края крышки пылью, скрыв таким образом следы того, что недавно она открывалась.

Иван не стал возвращаться на чердак, а направился к одинокой будочке таксофона неподалеку. Сделав вид, что набирает номер, сам в это время прислушивался к звукам банкирской квартиры. Молчание длилось еще минуты три, затем послышались тяжелый, усталый вздох, какая-то возня. Вероятно, жена Кроносова («Уже вдова», — хмыкнул про себя Иван) устала ждать, когда освободится душ, и решила поторопить мужа. Последовало явственное шлепанье босых ног по полу, потом секундная пауза... и короткий, испуганный женский визг.

Дожидаться, пока начнется суета на всех этажах и к дому станут слетаться машины «скорой помощи», Иван не стал. Он спокойно удалился в направлении, перпендикулярном Тверской.

Количество случайных, так сказать, побочных жертв только что совершенного теракта Ивана не только не волновало, но и не интересовало. В каждом деле есть свои издержки производства. Если, забирая жизнь нужного тебе человека, ты прихватишь пяток или десяток жизней случайных людей — что же с того? Человек смертен, как утверждал кто-то. Иван не помнил точно — кто... Скорее всего, так мог говорить его хозяин, его господин — чеченец, у которого русские рабы мерли как мухи от побоев и голода. И над каждым из умерших тот вздыхал, как над разбитой чашкой или раздавленной каблуком маковой головкой. Внезапной смертью веяло от хозяина, когда он заходил в сарай, где жили его рабы... Долго рассматривал каждого и, наконец, дважды тыкал пальцем: «Ты и ты!» Это означало многое... Что один из двоих отобранных должен будет сегодня умереть от руки другого. Что теперь у них на двоих всего одна жизнь, и кто ею будет обладать, они выяснят на поляне, где чеченцы днем объезжали лошадей, а по вечерам устраивали схватки между рабами... Может статься, эти слова — «Человек смертен» — принадлежали кому-то из литературных героев. Иван после Чечни плохо помнил литературную классику, которую прежде, на гражданке, знал прилично. Но в памяти все-таки прочно застрял конец этой фразы: «Беда в том, что часто человек внезапно смертен». Внезапная смерть и настигла того старика чеченца: неделями выжидавший и дождавшийся удобного момента, Иван воткнул ему свой средний палец правой руки в висок, после чего скрылся с маковой плантации в горах. Тогда он понял одну простую истину: внезапная смерть — беда лишь для того, кто умирает, для того же, кто помогает ей прийти, она — благо.

Скольким внезапным смертям он помог после этого осуществиться...

Массовых отравлений в микрорайоне, которые могли бы посеять среди москвичей панику и серьезно всполошить столичное управление по борьбе с организованной преступностью, Иван не опасался. Стойкость использованного им вещества в горячей воде составляет всего несколько минут, по истечении этого времени оно разлагается на совершенно нейтральные соли, а соли выпадают в осадок. Тем более что концентрация вещества в потоке растворяющей его горячей воды неуклонно падает и в очень скором времени становится значительно ниже опасного для жизни уровня. Но уж те, кому за эти несколько минут «посчастливится» соприкоснуться с горячей водой, обречены: воздействуя на организм через поры кожи, вещество парализует деятельность важнейших нервных узлов и вызывает остановку сердца. Симптомы при этом весьма схожи с симптомами инфаркта миокарда, и потому кратковременное, эпизодическое, если хотите, единичное применение этого ОВ, как правило, остается нераспознанным.

«Однако, — подумал Иван, — достаточно хотя бы еще одному идиоту за эти пять-шесть минут сунуть руки под горячую воду — и два синхронных инфаркта уже привлекут внимание если не службы безопасности банка, то уголовки. А, впрочем, хрен с ними, ни тем ни другим до меня не добраться...»

Именно в этот момент его и шибануло по ноздрям... Запахло близостью смерти. На этот раз — его собственной. Он даже не стал выяснять, где источник опасности, — настолько острым было ощущение, настолько волнующим и побуждающим к действию.

Иван в этот момент уже шел по Тверскому бульвару, на котором, кроме него, не было видно ни души. Визг тормозов впереди, на перекрестке бульвара и пересекающей его улицы, заставил Ивана бросить взгляд на источник шума. В самом центре перекрестка, точно на осевой линии бульвара, остановилась БМВ. Она еще заканчивала откат назад после резкого торможения, а Иван уже покинул линию огня: на бульваре он становился единственной и очень удобной мишенью для стрелков, вполне возможно, сидящих в машине. Нырнув в сторону, он пересек проезжую часть бульвара и скрылся в первом попавшемся дворе.

Иван еще не определил на тот момент окончательно появление БМВ как проявление враждебного интереса к своей персоне, но звуки хлопнувших дверей машины и топот ног торопливо бегущего человека развеяли его сомнения. Охотились на него.

Заигрывание со смертью не входило в планы Ивана. Он для этого относился к ней слишком глубоко и серьезно. И к тому же вовсе не стремился попасть в положение «внезапного смертного» человека. Поэтому Иван не стал дожидаться, пока «охотник», идущий по его следам, продемонстрирует уровень своей квалификации и степень профессионализма.

Перемахнув два-три каких-то забора, Иван выскочил на соседнюю улицу, и тут его едва не сбили с ног сворачивавшие во двор «Жигули». Он встал прямо на пути машины, и ее водителю волей-неволей пришлось затормозить. Иван прыгнул к дверце, рванул ее левой рукой на себя, а правой сгреб водителя за воротник кожаной куртки. Тот так и не успел донести руку до внутреннего кармана куртки — что у него там было, нож или пистолет, Ивана не интересовало, — Иван резко выдернул его из-за руля и шмякнул с размаха о стену дома.

Через десять секунд Иван уже выруливал на южный радиус. Он знал: пока владелец «Жигулей» и кожаной куртки доберется до телефона и сообщит в ГАИ номер своей угнанной машины, пройдет две-три минуты. Это время нужно использовать с максимальной эффективностью. Через минуту Иван сворачивал на Садовое кольцо, еще полторы минуты двигался по часовой стрелке с максимально разрешенной скоростью, затем свернул направо в переулок, остановил машину и выскочил из нее, оставив мотор включенным, а дверцу незакрытой. Зачем? Интуиция подсказывала, что незапертая машина обязательно привлечет чье-нибудь не слишком законопослушное внимание, а работающий двигатель, само собой, спровоцирует желание прокатиться в более укромное место, где машину можно будет основательно ободрать. Впрочем, о машине Иван забыл, едва оторвав руки от руля.

Чувство опасности не ослабевало, хотя и не было уже столь острым, как в тот момент, когда он оказался на линии огня. Ноги будто сами несли его к ближайшему вокзалу. Это было не самое безопасное место, скорее, напротив, во многих отношениях — наиболее опасное, опасней, чем любой московский закоулок.

Дело в том, что москвичи при всей их внешней пестроте, при всем их многообразии представляют собой тем не менее очень однородную массу. Иван не был коренным москвичом, и в минуты нервного напряжения его чужеродность по отношению к этому городу проявлялась и для него самого, и для всех прочих очень ясно настолько, что обретала чуть ли не визуальную плотность. Иными словами, он начал чувствовать себя и действительно становился чужим. Московское население, озабоченное исключительно собственными проблемами, демонстрировало абсолютное равнодушие к нему, чужому. И любой заинтересованный взгляд в его сторону был для Ивана камнем, пущенным в висок, — камнем, от которого нужно уклониться... Он ощущал себя в Москве как в пустыне, где каждый отличный от сплошной массы песка камушек, кустик, зверек приковывает повышенное внимание. В пустыне труднее спрятаться самому, но зато и гораздо легче обнаружить присутствие другого человека...

На вокзале все совсем иначе. Здесь однородная масса москвичей раздробляется и оказывается перемешанной с неимоверным количеством «гостей столицы». Пресловутая пустыня превращается в восточный базар, где без стычки не протолкнешься от одного товара до другого, где под каждым цветастым халатом может прятаться припасенный для тебя кинжал или пистолет, где у каждой узкоглазой красавицы между грудей или между бедер скрыта ядовитая кобра, поражающая тебя, стоит лишь на секунду расслабиться. Вокзал для Ивана — это какой-то кошмар: во всяком идущем мимо человеке он вынужден подозревать потенциального врага — настолько легко профессионалу принять вид ожидающего свой поезд приезжего из какой-нибудь Тмутаракани...

И все же Иван стремился на вокзал. У него были свои принципы организации контакта с противником. И они его еще ни разу не подводили.

Иван ставил противника в тупик логикой своего поведения. Вернее, отсутствием всякой логики. Он забивался в такой угол, откуда был только один выход — под прицельный огонь его преследователей. Он ловил соперника на живца — на самого себя, на свое тело. И это срабатывало безошибочно, стабильно, каждый раз в его пользу.

Пока тот, кто хотел его убить, искал скрытый подвох, пока выбирал из десяти удобных для поражения противника позиций одну, наиболее удобную, пока пытался понять, почему Иван так настойчиво стремится ускорить свою смерть, — «охотник» терял темп, упускал время, давая Ивану возможность проанализировать свое безвыходное с виду положение, сконцентрироваться и найти единственно возможный выход. Иван очень хорошо, лучше, чем кто-либо из когда-либо стремившихся его убить, знал пути, по которым ходит смерть. И сам ходил по ним не раз, ведя ее за собой.

Так было и в зале ожидания Павелецкого вокзала, куда его занес темный инстинкт: он сидел, полузакрыв глаза, оставив между ресницами щели — ровно настолько, насколько необходимо, чтобы фиксировать движение вялых пассажиров в полусонном зале и быть готовым к мгновенному действию... И волна щекочущих нервы ощущений заставила его подняться навстречу пулям и на долю секунды опередить выстрелы преследователей...

Глава вторая

Происшествие на вокзале поставило серьезную проблему не только перед Иваном, но и перед Крестным.

О его просьбе к Ивану — о задании по ликвидации Кроносова было известно только двоим: ему, Крестному, и самому Ивану. Если Иван сочтет, что «охота на него сразу после завершения задания не простое совпадение, а попытка убрать исполнителя, то их отношения, до того «доверительно-родственные», грозят обостриться до последнего предела. Крестный знал, что Иван не любит, когда кто-либо пытается распоряжаться его жизнью. Если Иван Марьев идет навстречу смерти — это только его выбор, только его желание. Человек, который его подставил, может считать себя покойником. Конечно, Крестный мог уйти в глухую оборону и ждать, когда Иван опомнится, когда пройдет его обида и он начнет рассуждать спокойно. Людей у Крестного хватало, чтобы соорудить себе охрану не хуже, чем у Кроносова.

Крестный горько усмехнулся.

Во всех московских газетах сегодня красовались некрологи с сообщением о «скоропостижной смерти от сердечного приступа председателя совета директоров «Интегралбанка» Сергея Владимировича Кроносова», выражались сожаления, соболезнования и прочая мура. Газетные писаки изощрялись друг перед другом кто во что горазд. Доказательств ни у кого не было и быть не могло, но предположения об убийстве строил каждый второй, благо мотив был налицо — миллиардный кредит все еще отягощал счета «Интегралбанка». Хотя сообразительные чиновники из министерства финансов уже воспользовались поводом и подготовили к очередному заседанию правительства проект решения об отзыве кредита в связи с дестабилизацией ситуации в руководстве банка.

Кое-что о целях, на которые должны были пойти эти миллиарды, зажатые Кроносовым, Крестному было известно. Взяв в руки какую-нибудь из газетенок, упражнявшуюся в красноречии, он иной раз вздрагивал от точности попадания. И тогда проблема собственной безопасности начинала беспокоить его еще сильнее. Он опять вспоминал необъяснимое происшествие с Иваном и еще больше расстраивался.

Сам Крестный считал стрельбу на вокзале чистой случайностью, никак не связанной с ликвидацией Кроносова. Он предпочитал считать именно так, потому что просто не хотел, не мог допустить иной возможности. О том, что заказ идет через него, знали только сами заказчики, а их Крестный никогда не считал серьезной силой в своей игре: слишком несамостоятельны и слабовольны. Они имели деньги, имели возможность их иметь, но для таких дел им нужен был он, Крестный. Он это прекрасно понимал и, завершив «обязательную программу», позволял себе «вольные упражнения», тасуя интересы людей, с которыми он сталкивался, наподобие колоды карт — так, как хотелось ему. В любой ситуации он имел пару тузов в руках.

Крестному нужен был Иван. Иван для него был не просто последним козырем. И даже не главным козырем. Скорее, неким неожиданным и неотразимым аргументом, всегда разрешающим ситуацию в его пользу... Иван никогда не бывал тривиален в своих действиях, за исключением тех случаев, когда от него уже ждали оригинального решения и готовились к этому. Тогда Иван принимал самое банальное из решений, и это становилось громом среди ясного неба для всех его противников... Иван был не ферзем, а пешкой, но пешкой, дошедшей до восьмой горизонтали и готовой в любую секунду заменить собой ферзя. Или любую другую фигуру. В этом и состояла его главная ценность — быть никем, но обладать способностью стать кем угодно. Это лучше, чем быть ферзем...

Сама по себе попытка убрать Ивана не явилась неожиданностью. Такие попытки предпринимались и раньше. Понятно, они всегда заканчивались неудачей. Однако сам факт покушения каждый раз ставил Крестного в тупик — кому и откуда удавалось выяснить, что Иван находится в Москве? Но если имелась связь между покушением на Ивана и смертью Кроносова, то все выходило вообще из рук вон плохо. Поскольку это могло означать только одно: кто-то начал самостоятельную игру на том уровне, откуда Крестный получал заказы. Игру, правил которой Крестный еще не знал. И это очень сильно его беспокоило — до нервного тика в левой брови.

Вчера, когда Иван позвонил среди ночи и по телефону открытым текстом начал выяснять, проверял ли Крестный свой личный состав и явился ли на вечернюю проверку лысый ублюдок, которого он, Крестный, отправил сторожить Павелецкий вокзал, Крестный быстро уловил, что с Иваном не все в порядке.

— Ваня, как ты, сынок? — спросил он, очень надеясь, что Иван поймет, о чем его спрашивают.

Иван понял и ответил так, чтобы Крестный в свою очередь тоже кое-что понял:

— Кайф ловлю...

И опять понес какую-то пургу про лысого ублюдка, расшвырявшего свои мозги по мраморному полу вокзала.

Крестному стало ясно: Кроносова Иван убрал. Но, видимо, сам он при этом чудом избежал смерти. Впрочем, такие чудеса с ним уже бывали, и не раз. Но еще ни разу не бывало такого, чтобы Иван заподозрил Крестного в намерении его убрать...

Позвонив Крестному, Иван немного успокоился. Ощущение опасности переместилось из правого полушария в левое, потеряло конкретность, просто слилось с прочими привычными условиями его существования, став такой же абстракцией, какой был для него, например, Уголовный кодекс, о существовании УК он, конечно, знал, но еще ни разу не испытал реального столкновения с ним. Он, собственно, звонил Крестному затем, чтобы проверить реакцию того на сообщение о стрельбе на вокзале.

Нет, он не верил, что Крестный имеет отношение к происшествию на Павелецком. И, поговорив с ним по телефону, только лишний раз убедился в этом. Конечно, до конца он Крестному не доверял. Он и самому себе иной раз не доверял, прислушивался порой к своим мыслям, как когда-то — к шорохам ветреной чеченской ночи, готовым обернуться и выстрелом, и удавкой, и залпом огнемета.

Иван слишком хорошо знал цену того состояния обманчивой эйфории, того сладкого забытья, в которое впадает мозг, утомленный многочасовым напряжением. Однажды была с ним минута слабости, когда он, послав всю эту войну к чертям собачьим, на секунду, как ему тогда показалось, привалился спиной к скале и прикрыл глаза, сразу же погрузившись, как в какой-то колышущийся туман, в бездну забвения... Минута слабости превратилась в годы и годы терпения. Единственным смыслом его существования на долгое время стало вытерпеть боль и выжить. Выжить, убивая других.

Это было условием задачи, которую поставила перед ним сама судьба. Убивая, но не превращаясь в убийцу, каждый его соперник всегда имел точно столько же шансов, сколько и он, победить, а значит, убить Ивана. Иван был бойцом, гладиатором, а не убийцей.

Он тогда очнулся от боли в запястьях, скрученных колючей проволокой, и от бьющей в нос сладковатой трупной вони. Иван лежал, уткнувшись лицом в собачий, как ему показалось, труп, на земляном полу какого-то подвала. Застонав, он привлек внимание черного, словно углекоп, чеченца, покуривавшего, сидя у стены. Увидев, что Иван очнулся, чеченец встал, за шиворот приподнял его с земли и заглянул в глаза.

— Ты жив, русский собака? Ты пожалеешь, что ты жив...

Сильно дернув Ивана за воротник, он посадил непослушное Иваново тело у своих ног.

— Ты хорошо нюхал это? Это пахнет твой жизнь! — Чеченец нагнул его голову...

Иван увидел то, что он принимал за труп собаки, а на самом деле было куском человеческого мяса. Разодранная грудная клетка белела уже обнажившимися от сгнившего мяса ребрами. Если бы не обрубок шеи и не остатки руки, оторванной по локоть, невозможно было бы признать в этих гниющих останках тело человека. Он разглядел даже червей, в изобилии копошившихся под обломками ребер. Чеченец пнул груду мяса ногой. В ноздри Ивану ударил тошнотворный запах гнили, его замутило.

— Открой глаза, русский билять! — заорал чеченец. — Ты будешь есть этот падаль! Этот русский падаль! И ты сам будешь падаль! Падаль! Падаль!

С каждым словом чеченец бил Ивана лицом о человеческий остов, разбивая в кровь его губы, нос и брови. Иван успел заметить, как струйка крови с его лица потекла вниз, окрасила кости, закапала с них на белых червей, превращая их в красные копошащиеся обрубки. Потом он потерял сознание...

...Иван мотнул головой — копошащиеся перед глазами красные от крови черви исчезли.

Он не позволял себе вспоминать Чечню: она ампутировала ему душу аккуратнее, чище, увереннее, чем скальпель хирурга-профессионала самой высокой квалификации... Чечня была тем «хирургом», который «избавлял» от души напрочь, — оставалось только ровное, гладкое место с таким же пушком волос, какой покрывал все остальное тело. Как будто ее никогда и не было.

«Хирург милостью Божьей», — пришло вдруг ему в голову. Но он нисколько не смутился внутренней противоречивостью этой фразы и всего хода своих мыслей. Божий дар — душа — не казался ему милостью. Источник страданий, боли, ужаса, ненависти к самому себе и ко всему миру — вот что такое была душа. Милостью было избавление от души. Душу Иван принес в жертву Великой Смерти. Это, собственно, и помогло ему выжить. И только это. Ладно, хватит воспоминаний...

Раз Крестный здесь ни при чем, тогда кто заказчик? Кому понадобилась моя жизнь?

...Цену своей жизни Иван уяснил хорошо. Она равнялась той сумме, на которую заключалось пари между стариком чеченцем, его бородатым сыном и их гостем, для которого и устраивалось представление: бой между двумя дикими животными — двумя российскими солдатами.

Труднее всего было решиться убить своего. Своего соплеменника, своего бойца, своего друга.

Убивать людей Иван умел. Правда, его научили убивать врагов. В лагере спецподготовки учили хорошо. Там он стал профессионалом, убивал уверенно и надежно, гарантированно — даже не требовалось контрольных выстрелов. Его первый же выстрел был и контрольным, смертельным. Иван проявил себя очень талантливым курсантом, при сдаче спецнормативов всегда показывал просто фантастические результаты, за что был любим начальством и часто получал поощрения и благодарности.

Когда он закончил спецподготовку в лагере и уже мотался со своей небольшой боевой группой, попавшей в окружение в чеченских горах, ежедневно вступая в мелкие стычки и короткие бои с чеченцами, Иван продолжал сражаться с противником, убивать врагов своей страны. Он оставался солдатом России, участвовал в ее войне — в силу обстоятельств сам себе и командир, и начальник штаба, и заместитель по воспитательной работе. Убивать врагов на войне всегда было вполне человеческим занятием.

Как-то его группа попала в безвыходное положение в горах, у подножия вершины Тебулосмта, почти на границе с Грузией. Запертая в узком горном ущелье, по которому с легким шуршанием несся небольшой ручеек (ниже по течению он превращался в солидный приток Терека), группа Ивана находилась в относительной безопасности: вход в ущелье был узок настолько, что его мог надежно оборонять один человек с автоматом, а выхода из ущелья и вовсе не имелось — тупик... Высокие отвесные скалы создавали на дне ущелья «мертвую» для обстрела зону и не давали возможности даже местным чеченцам, знавшим каждую тропу, пробраться поверху, чтобы «посыпаться» на головы бойцам Ивана. Вода в ущелье была, но еды взять было негде — кругом один голый камень. Сухарей и консервов у бойцов оставалось дней на пять, поголодать без ущерба для боеспособности можно еще сутки двое-трое. Но потом все равно нужно было либо сдаваться, либо вырываться из ущелья на оперативный простор.

Однако вывести группу из ущелья представлялось столь же трудным, как и чеченцам войти в него, поскольку единственный автоматчик мог запереть ущелье и с другой стороны. Чеченцы могли как угодно долго блокировать Ивана с его людьми — хоть до тех пор, пока те не помрут с голода или не съедят друг друга.

Три дня сидел Иван со своими бойцами в каменном мешке. Он уже бесился от безвыходности положения. Они предприняли несколько попыток вырваться, но лишь потеряли троих, а чеченцев даже не увидели, не то чтобы убить хотя бы одного... Продолжать попытки прорыва было равносильно самоубийству.

Сдаться Иван тоже не мог. Вся его натура протестовала как против самого слова, так и против смысла, в нем заложенного. Иван просто не умел сдаваться. Ему казалось — легче умереть. Правда, в то время он еще не понимал, что такое смерть. Хотя убивал людей не раз и не два. Смерть оставалась для него загадкой, которую он сам себе загадывал не раз, отнимая жизнь у врага...

До той поры ответ давала сама жизнь, предоставляя возможность убивать врагов ныне и впрямь, чтобы когда-нибудь перебить их всех и, наконец, победить...

Но такой ответ уже не удовлетворял Ивана. Все чаще и чаще его посещали сомнения, что когда-нибудь все это кончится: выстрелы, взрывы, удары ножа, кровь, куски человеческого мяса, обгорелые трупы, постоянная настороженность и готовность нанести ответный удар — готовность убить врага, убить даже прежде, чем он сумеет ударить сам, еще только угадав в нем врага, почуяв звериным чутьем. Чеченская война выработала у Ивана такое чутье — способность распознавать врага по внешним признакам, а не по его действиям... Если будешь дожидаться, пока враг откровенно проявит свое намерение тебя убить, долго в Чечне не протянешь... Инстинкт самосохранения в его чеченском варианте заключался в умении выстрелить прежде, чем выстрелит противник, фактически — прежде, чем ты мог определить, является ли он твоим противником на самом деле... Стреляешь по движущейся цели, еще не видя, что именно движется...

Только так и остаешься в живых.

Сколько глупых соек и молчаливых ворон Иван перебил, стреляя на шорох в кустах, на шевеление веток, на птичий крик, потому что реагировал прежде, чем успевал понять, что это всего лишь кричит птица.

Иван вновь схватился за голову. Он чувствовал свою вину в том, что его отряд оказался в ловушке. Хотя кто же мог предположить, что это ущелье, с виду точно такое же, как и сотни других, которые им уже пришлось пройти, окажется глухим? Не надо было так долго убегать!

Иван со злостью ударил себя по колену. Теперь и он, и его ребята вынуждены сдохнуть среди этих каменных стен: или от голода, или под пулями чеченцев — все равно верная смерть... Еще когда они только сворачивали в эту ловушку, Иван пожалел о том, что они сюда лезут. Какой-то безнадежностью повеяло от узкой щели между скал. Но Иван шел последним, поддерживая постоянный огневой контакт со стрелками Максуда, и ничего уже поделать не мог, хотя и понял, что ошибся. Все его ребята были уже внутри.

Сейчас они молчали, никто не сказал ему ни слова. Хотя многие из них, конечно, понимали, что спрятаться в этом ущелье было не лучшим его решением. Но они все были российскими солдатами, а Россию здесь представлял их командир — Иван. От ее имени он командовал, она дала ему право распоряжаться их жизнями. Он нес ответственность перед ней за судьбу отряда...

На войне проблема правильного или неправильного боевого решения командира существует только для самого командира, но не для солдат. Иначе просто не может быть. Это закон — такой же незыблемый, как законы природы... Каждый боец отряда был пальцем на руке командира. Пальцы сжимались в кулак, когда он принимал решение ударить, и вцеплялись мертвой хваткой в чужое горло, когда командир считал, что нужно задушить врага. И если кулак со всего маха врезался в камень или протянутая к горлу рука оказывалась вдруг в пламени костра, пальцы корчились от боли и молчали, ведь они не могли покинуть руку...

Но Иван не мог не предъявлять счета самому себе.

«Что делать?» — в сотый раз за эти три дня спрашивал он себя и никак не мог найти ответа.

— Андрей! — позвал он высокого, под два метра, парня, наполнявшего водой из ручья свою фляжку. — Выясни, на сколько выстрелов у нас патронов хватит. И скажи еще раз, чтоб без толку не стреляли.

— Да не стреляет никто, — буркнул тот и пошел спрашивать у каждого из оставшихся в отряде людей, кто сколько выстрелов еще сможет сделать.

Минут через десять он вернулся.

— Командир, патронов до хрена, хватит — роту положить... — он запнулся. — Ребята говорят: выходить надо отсюда. Консервов пять банок всего осталось. Сдохнем...

— Выходили уже. Да пришлось вернуться...

— Через неделю они нас голыми руками возьмут.

— Андрей, — Иван положил руку ему на шею, ткнулся лбом в его лоб, — мы не сможем выйти отсюда...

— Не психуй, Ваня, мы еще живы, мы еще можем стрелять...

— Нам пиздец, Андрюша! И они, те, что там, за входом в ущелье, это знают. Нам не выйти отсюда. — Иван перешел на громкий шепот. —

Сдаться я не смогу. Убей меня, Андрей, а вы сдавайтесь. Хоть вы останетесь в живых. Скажете, пристрелили меня, потому что не хотел сдаваться. Эти ублюдки вам поверят...

— Тише ты! Несешь хуй знает что. Ребята не должны этого слышать. Я тебя знаю давно. И понимаю, о чем ты. А они тебя не поймут. Они не сдадутся. Просто останутся без командира. Так ты их только под пули подставишь...

— Я их уже подставил.

Иван с размаху ударил кулаком по камню.

— Я не знаю, что делать! Понимаешь ты это? Не знаю!

— Просто заткнись. Это уже будет хорошо...

Иван увидел, что от узкого входа в ущелье к ним бежал один из троих бойцов, постоянно там дежуривших.

— Что там еще? — встретил Иван бойца вопросом, невольно выдающим его раздражение. — Атака?

— Вань, там это... Пришел с какой-то портянкой, этот...

— Что ты мямлишь, мать твою... Говори толком. И какой я тебе Ваня! В пивной будешь меня Ваней называть.

— Командир, они тебя зовут... На переговоры.

Иван напрягся. Ситуация менялась. Еще пока непонятно, как, в какую сторону, но хоть как-то менялась. Это уже было лучше, чем сидеть и дальше без действий и не иметь решения. Сидеть и сходить с ума от своего бессилия. Когда ситуация меняется, всегда могут возникнуть какие-то шансы на спасение. Ведь до того шансов не было вообще никаких.

— Сколько их?

— Он один пришел. С этой... С белой тряпкой.

— Точно один? Или мозги ебут? Чтобы напасть неожиданно?

Боец пожал плечами, ответил неуверенно:
— Один...
— «Один, один...» — передразнил его Иван. Он встал и крикнул: — Взвод!

Бойцы его взвода, за три месяца уменьшившегося вчетверо, повскакивали на ноги — кто где был, по всему ущелью.

— Черножопые хотят поговорить, — сообщил Иван всем. — Андрей со мной, остальным быть готовым к атаке.

Они с Андреем зашагали к выходу из ущелья. Путь их пролегал по узкой щели, где человек порой касался плечами сразу обеих стен, а идти приходилось прямо по ледяной воде ручья. Боец с поста сначала семенил рядом, потом вынужден был пристроиться сзади и на ходу выкрикивал Ивану то, что не успел сразу сказать:

— Командир, он говорил, что нам надо сдаваться. Но мы ему сказали: «Заткнись, сука!»

— Заткнись и ты. Он сам скажет все, что ему надо.

Последний поворот каменного коридора — и Иван увидел толстый зад Кузьмича, припавшего к каменным глыбам с автоматом наизготовку.

Кузьмич был самым опытным из всего отряда и самым старшим по возрасту. Он пристал к группе Ивана месяца три назад, назвался «матросом Черноморского флота, ведущим сухопутные бои в глубоком тылу врага с превосходящими силами противника». Кто он на самом деле, Иван выяснять не стал, не считая себя представителем ни военной, ни гражданской прокуратуры. Но в отряд к себе взял, почувствовав почему-то доверие к этому усатому украинцу, полному и крепкому, как бочонок. Иван уже научился чувствовать людей интуитивно, не слушая, что они говорят, и не глядя, что делают. Он просто изначально, при одном взгляде на человека уже знал, на что тот способен. И ни разу не ошибался. Не ошибся он и с Кузьмичом: ему можно было доверить все, что угодно, — настолько он был надежен, этот сухопутный Боцман. Такая кличка прилипла к нему сразу же, хотя он утверждал, что был рядовым матросом. Но как же тогда выглядят боцманы, если не как Кузьмич?

— Что там, Кузьмич? — спросил Иван.

— Вон он сидит, сучонок. — Боцман посторонился, давая возможность Ивану заглянуть в прогал между крупными валунами.

Впереди каменные стены раздвигались, образуя небольшую площадку в виде усыпанной камнями полянки с лужей воды посредине. Ручей устремлялся дальше и исчезал в такой же щели на другой стороне полянки, где засели чеченцы. Лужа находилась дальше от чеченской стороны и, соответственно, ближе к позиции отряда Ивана. Между Кузьмичом и чеченским постом было всего метров пятьдесят.

На небольшом камне у самой лужи сидел человек высокого, судя по длине рук и ног, роста, черноволосый, с черной бородой. Он был обнажен по пояс, и торс его выглядел настолько заросшим черной шерстью, что казалось: это не человек, а затаившееся перед броском неизвестное животное. Оружия ни в его руках, ни рядом с ним видно не было. На лице чеченца застыло сурово-высокомерное выражение, глаза неподвижно смотрели в одну точку — на камень у ручья, словно его, кроме этого камня, не интересовало ничто на свете. Белое вафельное полотенце, которым он размахивал над головой, когда шел от чеченской позиции, теперь лежало у него на волосатых плечах. Чеченец был спокоен и сосредоточен.

Иван нервно пожевал нижнюю губу.

— Чего он хочет, сука? — спросил Иван не столько Андрея с Кузьмичом, сколько самого себя. — Чтоб я к нему вышел? **Я выйду.** Один хрен, хуже не будет.

Как был, с пистолетом в руке и автоматом на шее, Иван вышел из-за служившей ему укрытием скалы, но тут же вернулся обратно.

— Чего, Ваня? — спросил Кузьмич, вскидывая автомат. — Пальнуть?

— Стой, Кузьмич! — Иван положил ему руку на плечо. — Не дергайся. На него посмотри... Мне тоже голышом надо идти.

Чеченец у воды даже не шелохнулся, когда Иван сначала вышел из-за скалы, а затем спрятался опять. Он все так же сидел, не сводя взгляда с камня у ручья. Ивану лишь показалось, что он слегка усмехнулся.

— Смеешься? — оскалился Иван. — Смейся, козел черножопый...

Он невнятно бормотал ругательства, стаскивая с себя автомат и изодранную в клочья форменную куртку, сваливая в кучу за камнями планшет с замусоленной картой, связку автоматных рожков, фляжку. Иван остался, как чеченец, в брюках и сапогах, без оружия. Он вышел из-за укрытия и выпрямился во весь рост. Ни одного выстрела с чеченской стороны не последовало...

— Смейся, смейся-смейся... — продолжал бормотать Иван, шагая к сидящему на камне чеченцу.

Не дойдя до камня трех шагов, он остановился, вглядываясь в невозмутимое лицо. Чеченец сделал первое за все это время движение — повернул голову в сторону Ивана и смотрел теперь на него с тем же спокойствием, той же отрешенностью, с какой только что смотрел на неживой камень.

Иван стоял молча, не зная, что делать дальше.

— Сядь, — сказал чеченец. — Что стоишь?

Иван сел на камень напротив чеченца и оперся руками о свои колени. Они некоторое время смотрели друг другу в глаза. Иван, как ни старался, не мог проникнуть в душу этого человека, прочитать его мысли.

— Я вэликий воин. Я с дэтства убиваю врагов. Я убил восэмдэсят русских. Троих я убил голыми руками. — Чеченец показал Ивану свои руки, как нечто особенное.

Иван в ответ лишь хмыкнул чуть слышно. Он никогда не считал, скольких убил голыми руками. Наверное, столько же, сколько этот черножопый хвастун убил всего, а может, и побольше. Но Иван молчал, не понимая пока, к чему клонит чеченец.

— Я мог бы убить вас всэх. Но вы — здоровые и сильные мужчины. Вы можэте много работать, если захотите остаться в живых. За вас дадут много дэнэг. Мнэ жалко портить товар.

Иван упорно молчал, не доверяя ни единому слову.

— Я нэ знаю, что дэлать с тобой и твоими людьми, — сказал наконец чеченец и своими словами немало удивил Ивана. В суть этой фразы Иван поверил. Он-то думал, что это его отряд находится в безвыходном положении. Так оно, конечно, и было, но, оказалось, само их заточение в каменном мешке составляло проблему и для чеченцев.

— Я нэ могу вас убить. Я нэ могу вас отпустить. Что мнэ дэлать, э-э?

Иван опять промолчал — ждал, что будет дальше. Что-то будет, он чувствовал. Не мог чеченец прийти просто так, потрепаться. Он что-то придумал.

— Ты нэ можешь уйти, — продолжал чеченец. — Ты попал в капкан. Сдавайся. Я нэ убиваю тэх, кто сдался.

— Я не могу сдаться, — покачал головой Иван, — не умею. Мы не сдадимся. Не можем уйти, говоришь? Ну что ж... Нам и там неплохо.

Иван кивнул на ущелье, в котором была заперта его группа.

— Мы пока там посидим. Патронов у нас навалом. Воды тоже хватит. — Иван поднял камушек, швырнул в ручей.

Чеченец опять еле заметно усмехнулся.

— Мой народ нэ воюет с сусликами. Воины нэ сидят в норе. Воины выходят на бой.

Иван тоже улыбнулся — зло, вызывающе.

— Сами вы суслики. И в норе сами сидите. Хужесусликов — шакалы. Взять нас не можете. Боитесь.

— Мой народ нэ боится воинов. Я умэю драться. Я нэ умэю ловить трусливых мышей. Выходи из своей норы. Я буду драться с тобой. Если умрешь ты — твои люди сдадутся. Если умру я — мои люди уйдут. Думай, кто ты — суслик или воин?

Чеченец встал.

— Чэрэз дэсять минут, — сказал он.

Иван тоже встал.

— Я буду с тобой драться, — ответил он. — Но ты же обманешь. Я не верю тебе.

— Нэ вэрь сэбэ. Эсли я обману — ты эбал мою мать. Я слово давал. Ты слово давал. Что эще, э-э?

— Хорошо, — кивнул Иван. — Через десять минут.

«Суслик, говоришь? — думал Иван, идя к своим. — Посмотрим, какой ты воин, азиат хвастливый. Может быть, и не обманет. Ребятам-то все равно хуже не будет, даже если он убьет меня. Их положение не изменится. Но этого быть не может — я убью его».

Для Ивана принятие предложения чеченца было лучшим выходом из ситуации. Оно освобождало его от необходимости решать проблему выхода из ущелья: «...По крайней мере, на какое-то время. Если чеченец меня убьет, решать, что делать дальше, будет уже кто-то другой. Скорее всего — Андрей. Если победа будет за мной, тогда посмотрим... Может быть, и не обманет азиат, уйдут его люди. Хотя — коварные они, суки...»

— Ну что, командир? — спросил Кузьмич, едва Иван оказался в укрытии и сел, привалившись спиной к скале.

— Сусликами нас обзывает. Я покажу ему сусликов... Андрей, что там с ребятами?

— Ждут ребята. Пострелять рвутся.

— Попридержи их. Зря под пули не подводи... Я сейчас выйду, один на один, с этой черной обезьяной. Он слово дал, что нас выпустят отсюда, если я его убью.

Андрей схватил его за плечо.

— Ты дурак, Ваня. Если ты его убьешь, в тебя тут же килограмм свинца всадят... А если он тебя — на хрен нам такой расклад нужен? Я тебя не пущу.

— Молчи, Андрюша... Я должен идти. Понимаешь? Должен. Я себя уважать не буду, если не пойду. Жить не смогу, Андрюша...

Андрей молчал, глядя на камни под ногами. Кузьмич крутился за укрытием, поглядывая то в чеченскую сторону, то на Ивана с Андреем.

— Все, ребята, мне пора, — сказал Иван. — Держитесь тут...

Он стиснул зубы и сделал первый шаг из-за обломка скалы в сторону чеченцев. В ту же секунду на противоположной стороне каменной площади появилась фигура чеченца.

Они сходились медленно, приглядываясь друг к другу, как два зверя, готовые вступить в схватку. Иван забыл, что за спиной чеченца остались его вооруженные до зубов головорезы, что они могли в любой момент открыть пальбу. Он не думал об этом — просто выбросил из головы. Сейчас перед ним стояла одна задача, была одна цель — убить этого мужчину-чеченца, убить на его земле... Отобрать у него право на эту землю, право на жизнь. Хотя какая тут земля? Голые камни. Да и зачем она нужна была Ивану? Он и сам не знал. Но древний инстинкт требовал — в бою выяснить, кто хозяин на этом зажатом среди скал клочке пространства. И толкал Ивана вперед, наполняя его мускулы силой, а голову — всеми вариантами атаки, какими только он владел...

Для победы в рукопашной схватке важно одно — знать, каким оружием располагает противник... Ни у Ивана, ни у чеченца не было копий, мечей, крепких сеток, остро заточенных трезубцев — всего того, чем мужчины в древности убивали друг друга на полях сражений, на гладиаторских аренах, в пьяных драках или при разборках из-за женщин. Не имелось даже ножей, не говоря уже об огнестрельном оружии. Только их собственные тела, которые они должны были сделать орудиями убийства. Если у противника нет иного оружия, кроме рук и ног, главное — выяснить, как он умеет их применять. Если ты знаешь о противнике все — ты его победил. Так учили Ивана в лагере спецподготовки, и он не раз убеждался в справедливости этого утверждения...

...Иван не знал о своем враге практически ничего. Лишь то, что боец, по-видимому, опытный — раз предложил Ивану встретиться один на один. Но какими приемами он владеет, чего именно следует опасаться? И самое важное, — чего он не умеет? Где его слабое место?.. Противники остановились шагах в четырех-пяти друг от друга и посмотрели в глаза, стараясь внушить страх, победить взглядом. Иван не мог представить себе, что выражал его собственный взгляд, но не сомневался — это все, что угодно, только не страх. И еще Иван был уверен — там не отражалось даже малейшего сомнения, даже намека на то, что он, Иван, может быть побежден... Взгляд победителя, брошенный им на противника за несколько мгновений до победы.

Глядя в глаза чеченцу, Иван интуитивно почувствовал, что схватка будет короткой, очень короткой. Глаза его врага были непроницаемы, темны...

Чеченец сознательно тушил их блеск, не пуская взгляд Ивана вглубь, скрывая что-то от него. Иван вдруг понял, что чеченец его боится. Вряд ли он боялся Ивана осознанно, вряд ли признался бы в этом самому себе, но чувство страха в нем жило, и Иван это уловил.

Страх! Великое чувство, спасающее человеку жизнь и толкающее его на гибель. Дающее человеку энергию и парализующее его волю. Страх — это спасение или смерть. И тут не угадаешь, что ждет тебя через мгновение, твой страх сам выберет тебе судьбу. Иван понял это давно, еще на спецтренировках, когда их учили преодолевать трех-четырехметровые пролеты между крышами домов. Те, кому страх мешал набрать нужную скорость перед прыжком через зияющую впереди пропасть, срывались вниз с высоты восьми-девяти этажей, не имея никакой страховки. А ты должен был прыгнуть следом, сразу, когда еще не успел затихнуть внизу вопль сорвавшегося, и забыть о своем страхе, чтобы не повторить его ошибки... Сорвавшиеся — это был «брак», неудачники, не сдавшие теста или экзамена, а у «брака» в лагере спецподготовки одна судьба — «естественная убыль», как писали в отчетах начальники. Из лагеря существовал только один путь — в профессионалы.

Вот и теперь у Ивана лишь один путь, один выход — победить. И он привычным усилием воли отбросил свой страх перед смертью, забыл о нем, загнал глубоко внутрь.

У чеченца же страх был где-то совсем рядом, близко — вот-вот отразится в глазах, и потому он гасил их лихорадочный блеск, чтобы не давать Ивану преимущества в схватке. Но Иван, хоть и не разглядел этого страха, все же почувствовал его. «Если враг тебя боится, значит, он захватил с собой дубину», — этой мудрости боя их тоже учили в лагере. С «дубиной» даже трус чувствует себя героем.

Посмотрев чеченцу в глаза, Иван через мгновение уже знал, что тот вооружен. «Нож?» — промелькнуло в голове у Ивана. Да, это был нож. Иван краем глаза заметил его в правой руке чеченца, когда тот бросился на него, сделав ложный выпад влево и затем атакуя справа. Атака чеченца не отличалась большой изобретательностью. «Великий воин» надеялся, вероятно, больше на свой нож, чем на свою ловкость. Хотя в этом был смысл, и если бы Иван не приготовился к появлению ножа, он позволил бы чеченцу ударить себя кулаком в живот — сконцентрировавшись и превратив его в непробиваемую стену мускулов. Ивану требовалось только войти в контакт с противником, дальше тренированное тело само выбирало один из уже известных ему вариантов борьбы. Но чеченец выдал себя, и страх вел его к смерти, а не к победе... Под нож Иван подставлять свое тело, конечно, не стал. Противник с оружием — это уже другие правила игры. Он слегка ушел влево, пропуская руку чеченца с ножом мимо своего тела, но к нему. Затем обхватил его руку обеими своими руками снизу и резко дернул вверх, одновременно ударив чеченца головой в лицо. Кровь, хлынувшая у того из носа, залила лицо Ивана, попала в глаза, лишила возможности видеть. Нужно было сделать лишь одно движение, чтобы стереть кровь с глаз, но у Ивана не было времени на это движение. Вывихнутая рука чеченца обвисла, но он не выпустил ножа, а рванулся всем телом назад, выдирая руку из Ивановой хватки, вспарывая ему ножом мускулы предплечья и кожу на груди. Иван успел перехватить руки и, уцепившись за кисть, не выпускающую нож, дернул чеченца на себя и ударил его коленом в пах.

Чеченец согнулся, подняв плечи и втянув голову, и упал на колени. Все. Следующий последний удар был за Иваном. Уже повернувшись, чтобы нанести его, Иван на долю секунды замедлил свое дыхание — в голове его вдруг возникла картина: переполненные народом трибуны, тысячи разодранных в крике ртов, тысячи рук с опущенными вниз большими пальцами... Он будто услышал оглушающий, на весь мир разносящийся единый вопль: «Убей его!»

Чеченец уже почти пришел в себя, когда Иван, резко очнувшись от своего видения, носком армейского ботинка сломал ему грудную клетку. Чеченец упал навзничь, выпустив наконец нож, сослуживший ему плохую службу. Вопль «Убей его!» все еще звучал в ушах Ивана. Он сделал шаг к лежащему чеченцу, упал рядом с ним на колени и взял в руки увесистый валун размером со свою голову.

— Ты слово давал, — сказал Иван. — Сейчас я убью тебя.

Чеченец лежал с открытыми глазами, глядя на Ивана уже без страха, только с ненавистью.

— Там никого нэт. Я одын. Они ушли. Вчера. Я хотэл взять вас в плэн. Я нэ вэликий воин. Убэй мэня...

Иван опустил валун на его голову.

— А-а-а! Су-у-ки! — заорал Кузьмич, поливая свинцом скалы и скачками приближаясь к позиции чеченцев. За ним, тоже с воплем, выскочил Андрей и помчался вслед за Кузьмичом. Он не стрелял, но сорвал кольцо с гранаты и на бегу замахивался, намереваясь всадить ее прямо в чеченскую щель.

С криком «Стой!» Иван еле успел подскочить к нему и, перехватив его руку, сжать кулак Андрея сверху пальцами обеих своих рук.

— Ты же нас похоронишь тут. Щель сейчас завалит и сдохнем все, как в могиле... Нет там чеченцев.

Кузьмич перестал палить из автомата, выглянул из щели, которую раньше занимали чеченцы, и сказал удивленно:

— Командир, тут нет никого...

— Кузьмич, быстро выводи наших, пока мы с Андрюхой отдохнем на камушках, — сказал Иван и усадил Андрея на валун, где еще недавно сидел чеченец. — Извини, Андрюша, я тебе помогу ее держать.

Через две минуты остальные восемь человек Ивановой группы уже перебежали каменную площадку и скрылись в щели, ведущей к выходу из ущелья. За ними двинулись и Иван с Андреем, в три руки неся одну гранату. Когда они вышли из ущелья, Иван отпустил руку Андрея и скомандовал:

— Бросай!

Грохнул взрыв, скалы дрогнули, глыбы чуть сдвинулись, и вход в ущелье перестал существовать. Ручей, отрезанный от своих истоков, убежал вниз, оставив в своем русле только мокрые камни...

Через пять минут около ущелья не было ни души — группа Ивана быстро уходила подальше от этого места. Ведь никто не знал — надолго ли ушли чеченцы, оставив часового сторожить попавших в ловушку русских? Тишина и покой на какое-то время завладели пространством, даже звенящий ручей укатился вниз по склону горы.

Только за стеной скал — на месте поединка Ивана с чеченцем — обстановка все время менялась: поток прибывающей с гор воды, не находя привычного выхода, останавливался перед каменной преградой, вода непрерывно заполняла ущелье, постепенно покрывая каменное дно, труп убитого Иваном чеченца и валун у бывшего русла ручья, глыбы гранита, за которыми прятался Кузьмич с автоматом... Вода поднималась все выше и выше, ища выхода из запертой камнями теснины, и пока, не находя его, скапливала энергию для того, чтобы потом, когда будет найдено слабое место в стене камней, обрушиться вниз по склону все сметающим на своем пути потоком...

* * *

Да, убивать врагов Иван умел. Но чеченцы научили его убивать друзей.

Вскоре после поединка с чеченцем в ущелье Иван и попал в плен, вместе с Андреем и Кузьмичом.

Чеченец все же основательно попортил Ивану руку. Рана была не особенно глубокой, но длинной, с неровными краями. А главное, Иван потерял порядочно крови, пока возились с гранатой и уходили от ущелья, пока он окончательно пришел в себя и вспомнил об израненной руке. Серьезных опасений рана не внушала, но тем не менее Ивана лихорадило, бросало то в жар, то в холод, а отлеживаться и лечиться не было возможности. Как всегда, раны приходилось зализывать на ходу.

В ту злополучную ночь он пошел проверить пост: как там Андрей, не уснул ли на дежурстве. За последние дни они все основательно вымотались, поднимаясь на перевал, и заснуть каждый мог в любой момент — не то что на посту, а даже просто на ходу. Добравшись с группой до перевала, Иван убедился, что дальше его люди идти не смогут, необходимо дать им отдохнуть. Впереди, в долине, уже лежала Грузия, где можно было и отлежаться, и подлечиться, да и вообще — там заканчивался их чеченский поход.

Возможно, кто-то из его группы и добрался до Грузии — Иван этого так никогда и не узнал. Андрей с Кузьмичом стояли в дозоре с чеченской стороны перевала, все у них было в порядке, если не считать крайней усталости, написанной на лицах и у того, и у другого...

Чечня осталась позади, впереди ждал отдых: возможность впервые за долгие месяцы нормально помыться, поесть, выспаться в постелях, а не на голой земле... Иван сел, прислонившись спиной к скале, прикрыл глаза и, послав всю эту войну к чертям собачьим, на секунду, как ему показалось, расслабился...

Иван не мог потом найти объяснение тому, как это чеченцам удалось незаметно подойти вплотную к их посту. Видно, усталость сказалась на остроте внимания, а близость Грузии расслабила обоих часовых, и Андрея, и Кузьмича. Что стало с остальными, Ивану было неясно...

С разбитым в кровь лицом Ивана волоком отволокли в какой-то сарай, так как сам он идти уже не мог. С трудом приподнявшись, Иван сел и оперся спиной о стену. Посредине помещения он увидел обнаженного Андрея, привязанного колючей проволокой к столбу. У противоположной стены лежал бревном обмотанный все той же «колючкой» Кузьмич... Разговаривать не хотелось. Да и о чем было говорить. О том, что им неповезло? Или о том, что они проиграли, не дойдя нескольких шагов до своей цели? Или о том, что теперь им, всем троим, конец? Зачем говорить об этом, когда и без слов все ясно.

Их продали через сутки, так ни разу и не освободив от «колючки»... В сарай вошел старик чеченец, долго по очереди их разглядывал: щупал мускулы, цокал языком, рассматривал рану Ивана, проверял, целы ли зубы, мял зачем-то яйца Андрею, поглядывал на его рост и качал головой, вздыхая и что-то бормоча по-своему...

Старик был старейшиной в своем ауле и даже вождем племени или рода в этом селении. Но война и неуемная агрессивность его сыновей, внуков и правнуков «очистили» селение от мужчин почти полностью. В живых остались, кроме него самого, лишь старший сын с женой и старший внук. А остальные... Те, кто уцелели на войне, поубивали друг друга. Поделив и земли, принадлежащие роду, и награбленные деньги, они не поделили власть — не смогли миром решить, кому она достанется, когда старик чеченец умрет. Умнее всех оказался старший сын: воевал только с русскими и не лез в междоусобицы, потому и остался жив. Старик возглавлял хиреющий, можно сказать умирающий, но чрезвычайно богатый чеченский род. Кроме всего прочего, он еще и выращивал опийный мак на плантации в горах, в укромном месте, а сын возил сырье на продажу, причем хорошо умел находить покупателей, преимущественно русских, а не чеченцев. Сами они на поле, естественно, не работали, старик покупал рабов из числа пленных русских солдат, благо денег у него хватало. Конечно, он старался брать что подешевле, ведь товар был специфический, чаще всего подпорченный, мало кто сдавался в плен без драки. А где драка, там и увечье — какой из пленного после этого работник? Если и стоит приобретать, то за гроши. Но за хороший товар старик денег не жалел. У хороших, сильных, здоровых рабов был всего один недостаток — они постоянно норовили удариться в бега, а то и убить хозяина. Чтобы беглых рабов ловить — держали собак. А насчет убийства хозяина... Чеченцы врагов-то не боятся, что уж про рабов говорить.

В итоге старик купил их, всех троих. Причем каждого со своим прицелом, со своей тайной мыслью. Он заранее все обдумал. Кузьмича брал работать на плантации — у того были широкие крестьянские ладони, и вообще Кузьмич выглядел мужиком крепким. Ивана старик приглядел как «бойцового» солдата, которого можно выставлять в «солдатьих боях» — новой забаве военного времени, распространившейся в чеченских селениях. Эти «бои» рассматривались не только как забава, но и как достойный способ заработать, поставив на хорошего бойца. А то и разбогатеть, если боец принадлежит тебе. Андрей должен был пока дожидаться своего часа. Его старик купил, исходя из своих далеко идущих планов. С деньгами всегда расставаться было жалко, даже если они шли на дело. Старик решил разводить рабов дома. Вот и купил Андрея «на племя». Какая-то русская баба с широкими бедрами, большой грудью, крепкая и здоровая у него уже была, на заказ брали для него в одной из ставропольских станиц. Вот ее-то Андрей и должен был «покрыть». А что с ним делать дальше — потом видно будет? Может быть, тоже «бойцовым» станет.

Старик погрузил их всех в телегу и увез высоко в горы, в свой аул. Неделю они там подлечивались, отлеживались. Кормили их полным дерьмом, но зато давали много: вонючей похлебки приносили по полведра на каждого. Однажды утром сначала увели на работу Кузьмича и притащили волоком часа через два назад, жестоко избитым. Работать, как видно, он отказался. Потом Андреем занялись — и тоже получился облом: не годился он «на племя», не стоял у него вообще, хоть ты тресни. Его тоже измочалили основательно. Бил рабов старший сын старика — сорокалетний, «черный», как все чеченцы, и бородатый. Он и от роду был злобен, а уж русских ненавидел всей своей чеченской душой. Иван ожидал, что вот-вот будет очередь и за ним, но его пока не трогали.

Кузьмича так и не сумели заставить работать на поле. Избив пару раз до полусмерти, оставили в покое. От Андрея тоже отстали, тут вмешался случай...

Внук старика, четырнадцатилетний пацан, сам каждый день забавлялся с запуганной насмерть русской женщиной, лупя ее плеткой, если она пыталась сопротивляться. И когда она ему надоела, придумал новое развлечение: затащил ее в сарай, где ночевали собаки, привязал «раком» к каким-то перегородкам и помог трем своим кобелям по очереди вскочить на нее. Пацан просто млел от удовольствия, глядя, как кобели уже сами обнюхивают и лижут ее, а затем сами вскакивают передними лапами ей на спину. Он даже кончил два раза подряд, наблюдая за всем этим... Когда он отвязал женщину, она уже вряд ли понимала, что делает: как была раздетая, она вышла из сарая и с остановившимся взглядом, не ускоряя, но и не замедляя шагов, направилась прямо к обрыву в пропасть. И не дрогнув, сделала последний шаг... Сознательно ли или же находясь в беспамятстве она так поступила — кто знает?..

Старший сын — отец парня — сильно кричал на него, ругая по-своему, по-чеченски, и даже отстегал розгами. Тот разревелся и долго оглашал окрестности противным визгом. Старик не ругался, не бил никого розгами — просто сидел и смотрел в одну точку полдня. Затем что-то сказал своему сыну, тот засобирался и отправился куда-то, а его жена принялась суетиться больше обычного по хозяйству.

К вечеру сын старика вернулся с гостями. Зашел в сарай, где держали на привязи рабов, показал пальцем на Кузьмича и на Андрея и сказал:

— Будэте драться пэрэд гостями. До смэрти.

И ушел, хлопнув дверью.

...Иван не видел, как дрались Андрей с Кузьмичом. Он только слышал доносящиеся снаружи резкие выкрики чеченцев, мат Кузьмича и лай возбужденных собак.

А минут через сорок Андрей вернулся в сарай. И Иван ни о чем его не спросил.

Ивана заставили драться с Андреем на следующий день вечером. На ровной площадке, вдалеке от хижин чеченцев и других строений, с одной стороны горели полукругом костры, образуя своего рода арену, а с другой расположились зрители. Их было человек десять. Лица рассмотреть было трудно, лишь изредка пламя костра освещало бороды, суровые глаза, кулаки, сжатые на рукоятках кинжалов, винтовки и автоматы на груди, за плечами или в черных от волос и копоти руках.

Обрезком железной трубы чеченец разогнал «бойцовых» по разным сторонам круга и крикнул хриплым голосом:

— Стоять здэсь. Гости будут дэлать ставки.

Гости молча разглядывали Ивана и Андрея, пытаясь оценить силу и ловкость того и другого: щупали глазами их тела, прикидывали объем мышц, рост, пытались по выражению лиц понять, кто чувствует себя увереннее. Иван смотрел на Андрея, плохо себе представляя, как будет драться... Драться с тем, кого он знал еще по лагерю спецподготовки, с кем не расставался больше года, кого выручал не раз, спасая от верной смерти, уже здесь, в Чечне. И сам Андрей не единожды заслонял Ивана от пули и от кинжала. Как же они будут убивать друг друга? Но... Убил же Андрей Кузьмича — не вернулся тот вчера вечером в их сарай...

— Где Кузьмич, Андрюша? — крикнул Иван застывшему в ожидании Андрею.

— Внизу, в ущелье, — хрипло отозвался Андрей. — Они заставили меня его убить.

Чеченцы насмотрелись на них и загалдели по-своему, ударяя друг друга по ладоням и плечам. В руках замелькали зеленоватые бумажки, в которых нетрудно было узнать доллары.

«Интересно, по скольку на нас ставят?» — подумал Иван. Он все еще не знал, что делать. У него было только два выхода — убить Андрея или быть убитым самому. Хотелось прямо сейчас броситься на чеченцев, расшвырять их и скрыться во тьме... Но Иван хорошо разглядел автоматные стволы, направленные на него и Андрея: он успеет сделать не более одного шага в сторону гостей, и тело его будет изрешечено пулями... Понимал он и то, что Андрей хочет остаться в живых, а значит, будет стараться убить его, Ивана. По крайней мере, попытается это сделать, хотя и знает, что Иван сильнее...

Ивана вывел из оцепенения легкий тычок железкой в плечо.

— Давай! — крикнул ему чеченец. — Убэй его! — и, огрев по пути Андрея обрезком трубы по плечам, присоединился к зрителям.

Иван в растерянности смотрел на ограничивавшие пространство костры, на застывших в напряжении чеченцев, на Андрея, который, согнувшись, легким кошачьим шагом приближался к нему. Все казалось ему каким-то нереальным, словно происходило с ним во сне или же он просматривал голливудский кинофильм о древнеримских гладиаторах... «Идущие на смерть приветствуют тебя!» — мелькнуло у Ивана в голове. И он расхохотался. Кого приветствуют?! Этих черных ублюдков с винтовками в руках, шелестящих бумажками и бряцающих кинжалами? Вот этих, которые боятся выйти в круг костров сами, а потому посылают туда Ивана и обезумевшего от страха смерти Андрея, чтобы быть свидетелями смерти, испытать острое наслаждение, наблюдая чье-то мучительное умирание?..

Сын чеченца-хозяина поднял винтовку и выстрелил не целясь. Он боялся за свои деньги, которые поставил на Ивана. Пуля, чиркнувшая Ивана по уху, оборвала его смех. Только в голове застрял обрывок фразы: «... смерть... приветствуют тебя!»

Андрей был уже близко, в трех шагах от Ивана, который, ничего не предпринимая, пока только следил за его движениями и машинально поворачивался к нему все время лицом. Иван в какой-то момент поймал взгляд друга и поразился: никакие человеческие чувства не отражались ни на лице Андрея, ни в его глазах. Словно Иван смотрел в глаза животному, вступившему в смертельную схватку с соперником...

— Андрей, — тихо сказал он с каким-то недоумением в голосе, — я должен тебя убить...

Он еще не успел договорить, когда Андрей бросился на него. Иван встретил его ударом колена в грудь и, упав на спину, перебросил через себя прямо в костер. Вопль Андрея слился с возбужденными криками чеченцев. Боль от ожогов заставила Андрея выпрыгнуть из костра и вновь броситься на Ивана. Тот ушел вправо, слегка дернул Андрея за плечо, разворачивая так, чтобы было удобнее нанести удар, и врезал ему в челюсть. Андрей покатился по земле, разбрасывая в стороны свои длинные руки и ноги. Не докатившись до чеченцев метра два, он сел на корточки, опираясь на руки, спиной к Ивану и, постепенно приходя в себя, уставился на зрителей. Седой чеченец, напротив которого сидел Андрей, поднял автомат и его стволом слегка качнул в сторону Ивана — иди, мол, продолжай, мы на тебя деньги поставили.

Андрей все сидел, не поднимаясь. Он был явно слабее Ивана и понимал это сам. Понимали это и зрители-чеченцы. Седой и еще двое зрителей вдруг резко заговорили, перебивая друг друга и показывая руками то на Ивана, то на Андрея. Старший сын хозяина подошел к старику, своему отцу. Они посмотрели друг на друга, сказали по паре непонятных Ивану фраз, после чего старик кивнул головой и что-то произнес скрипучим голосом — уже для всех. Чеченцы опять возбужденно затараторили. Опять замелькали по рукам зеленые бумажки.

Сын хозяина нырнул в темноту, вернулся всего через пару секунд и воткнул в землю рядом с Андреем обычные вилы с коротким полутораметровым черенком. Андрей вцепился в черенок правой рукой и, развернувшись, уставился на Ивана. Ивану вил не дали. «Вот как! — подумал он. — Уравняли, значит, силы».

Андрей вскочил на ноги. Он приближался к Ивану, держа черенок вил обеими руками, — очевидно, намеревался не наносить колющий удар, слишком велика вероятность промахнуться, а порезать Ивана острыми концами вил. Такой расклад заставил Ивана изменить тактику: он начал постоянно менять позицию, уклоняясь то влево, то вправо от вил, со свистом пролетающих перед его грудью. Вскоре надоела эта игра. Он уже подумывал, что пора отобрать у Андрея вилы и выкинуть их к едрене фене, а самого его вновь отправить к чеченцам, как вдруг Андрей после очередного взмаха вилами резко развернулся и черенком сильно ударил Ивана по лицу. Иван упал. Он еще не успел сообразить, что произошло, а Андрей уже занес над ним вилы.

И в этот момент Иван словно вынырнул из своего заторможенного состояния. Скорость его реакций резко увеличилась. Время для него как бы почти остановилось. Он видел концы вил, которые медленно, очень медленно опускались в направлении его живота. Иван просто посторонился, и вилы, звякнув о камни, отлетели в сторону. Иван поднялся, как ему показалось, не торопясь. Однако он уже стоял на ногах, а Андрей еще только поднимался. Иван сделал шаг к нему и подошвой ботинка толкнул в голову. Андрей попятился и сел на камни рядом с валявшимися на земле вилами.

— Бери вилы! — заорал на него Иван. — Бери вилы! Иначе я тебя не убью! Бери вилы! Нападай! Ты же можешь убить меня! Можешь! Бей точнее и попадешь! Ну же! Андрюха! Вставай! Ты мужик! Пусть они обосрутся от страха, глядя, как мы с тобой деремся. Вставай, Андрей! Все равно победит один из нас, а не они. Вставай, Андрюша, пришла пора умирать...

Андрей схватил вилы, вскочил на ноги. Иван сразу отметил перемену, которая в нем произошла. Теперь это был боец, а не загнанное в угол животное. Движения его стали четкими и выверенными, концы вил не дрожали, не шарахались из стороны в сторону, а были точно нацелены на Ивана, чтобы в подходящий момент мгновенно впиться в его тело.

Иван понял, что только теперь началась настоящая схватка. И если он вдруг вспомнит, что Андрей его друг, что сам Иван когда-то учил его обращению в бою с куском арматуры или ломом, то это будет конец — можно считать себя покойником. Иван встал в стойку, не сводя взгляда с глаз Андрея и одновременно держа в поле зрения вилы. Андрей в глаза ему не смотрел, переводя взгляд с его живота на грудь и обратно. Значит, туда и будут направлены вилы — либо в живот, либо в грудь.

Он спровоцировал Андрея на атаку. Выпрямившись, опустил руки, создав впечатление ослабленной защиты и рассеянного внимания. И в ту же секунду последовал бросок Андрея, которого ждал Иван. Правда, Иван не угадал точного направления броска и не сумел полностью уйти с линии атаки. Вилы всеми тремя концами воткнулись ему в левое плечо. Чеченцы дико заорали, Андрей — тоже. Иван молчал. Все шло почти так, как было им задумано. Ему важно было обезоружить Андрея без серьезного для себя ущерба. Подставляя свое тело под удар, Иван хотел лишить противника оружия... Выдернуть вилы обратно Иван Андрею не дал. Схватив правой рукой руку Андрея, держащую черенок, Иван дернул ее на себя и вправо и развернул таким образом Андрея спиной к себе. Когда он ударил Андрея головой в затылок, у него уже не было сомнений в том, что через мгновение тот будет мертв.

Андрей рухнул ничком на камни. Иван попытался наклониться к нему, но вилы, торчащие из плеча, мешали. Он ухватился правой рукой за черенок, сморщившись, выдернул вилы и зашвырнул их в костер. Затем наклонился, перевернул Андрея лицом вверх. Он хотел попросить у него прощения за то, что забирает его жизнь, но... просить было уже не у кого.

Плохо понимая, что он делает, Иван взял тело Андрея обеими руками — здоровой правой и пробитой вилами левой, которая отозвалась жгучей болью, но все же слушалась, — поднял его над головой и повернулся к чеченцам. Те замерли, перестав возбужденно обсуждать поединок. Иван сделал шаг в их сторону.

— Ну что, суки? — хрипло сказал он. — Я убил его. Вы заставили меня его убить. Но не заставите меня сдаться. Я обещаю вам всем, всей вашей Чечне, что убью вас, убью голыми руками. Так же, как убил сейчас Андрюху.

Иван сделал еще шаг в их сторону. Чеченцы что-то заорали, повскакивали со своих мест... Он же со всей силой, какая у него еще оставалась, швырнул труп Андрея в их сторону, сбив с ног троих или четверых. Иван услышал звуки выстрелов и одновременно почувствовал резкие удары в раненое вилами плечо, будто каким-то молотком или ломом. Боль волной захлестнула его, Иван потерял сознание...

...Второй звонок Ивана успокоил Крестного. Иван верил ему. На данный момент это было важнее всего. Слишком большие планы Крестный связывал с Иваном. Его нужно было оберегать...

От кого именно оберегать, какие силы вступили в игру? Кое о чем Крестный догадывался. Но он не гадалка с Тишинского рынка, чтобы уверенно выдавать свои предсказания, а на самом деле столь же верить в них, сколь адвокат верит в искренность подзащитного! Крестный хорошо знал цену человеческим заблуждениям. Самообман, к примеру, шел по твердой таксе: неверная интерпретация важного факта — жизнь...

— Ляг на дно, Ваня, — сказал Ивану Крестный по телефону. — На пару дней. Тебя ищут. Не знаю пока, кто именно. Но серьезные люди. Может быть, посерьезнее меня. Жди. Я постараюсь выяснить.

Крестный рассчитывал на встречу с Лещинским, помощником руководителя аппарата правительства. От Лещинского он должен был получить оставшуюся часть вознаграждения за ликвидацию строптивого банкира. Аванс был получен до операции, и Крестный уже перевел на секретный счет Ивана круглую сумму. Он был в курсе, что Иван никогда не проверяет, сколько ему заплатили. Но у Крестного не возникло даже такой мысли — пожадничать, сэкономить на оплате работы... За такую работу не жалко никаких денег!

Лещинский, занимая достаточно скромную должность, на деле был весьма большим человеком в правительстве. Статус его даже превышал статус человека, помощником которого он числился. Не все, правда, это знали. Ну и слава Богу! Роль его Крестный сопоставил бы со своей ролью, только Лещинский действовал внутри правительства, а он, Крестный, — снаружи, вне системы... Через скромного помощника руководителя аппарата шли все заказы определенного рода от чиновников и часть заказов — от политиков. Он обладал колоссальной информацией о связях чиновничества с криминалитетом и мог утопить любого, кто захотел бы утопить его. Молодой и симпатичный Лещинский знал все и обо всех, но это делало его существование не только в правительстве, но и вообще на свете крайне неустойчивым. Жизнь его могла оборваться каждую секунду, стоило лишь сделать неверный шаг, даже еще не сделать, а только ногу занести для неверного шага, только захотеть этого. Опасность исходила не от «динозавров». Каждый из них своим кланом, своими каналами для выкачивания денег, своей охраной и даже своим спецназом, каждый любовно возделывал свой «огород», не допуская к своей «капусте» молодых и голодных «козлов» и ведя регулярный отстрел «браконьеров». «Динозавры» поделили сферы влияния давно, еще когда он, Лещинский, был сопливым студентом Плехановской академии, алчно, с голодным блеском в глазах поглядывал на их вотчины и собирал информацию о каждом. Эта-то информация и дала ему возможность понять, что соваться в их закрытые структуры чужаку не следует — «динозавры» все страдали ксенофобией, и кадры для своих команд тщательно ковали и взращивали сами, с соблюдением всех требований современной селекции. Можно обмануть человека, но систему обмануть невозможно. Лещинский сделал такое заключение уже через пару лет своих студенческих исследований правительственных структур, настойчиво выявляя островки стабильности в турбулентном, вечно штормящем море государственной жизни России последних лет. Он научился понимать логику событий, в которых на первый взгляд вовсе не было никакой логики, научился видеть житейский рационализм в государственном абсурде. Лещинский искал нишу или хотя бы точку безопасного существования в условиях постоянной деструктуризации жизни...

Открытие, которое он для себя тогда сделал, не имело «народнохозяйственного» значения. Это была, по существу, банальная аксиома жизненного устройства, но по его личной шкале оценок открытие тянуло на Нобелевскую премию... Его место не «внутри», а «между» — вот что понял Лещинский. Системе нужен координатор, одной из функций которого будет учет и поддержание баланса интересов каждой корпорации, каждой группы. Пожалуй, даже главной функцией, от выполнения которой станет зависеть его существование, его безопасность, его уровень доходов и, соответственно, жизни. Что еще может входить в его задачи? Все, что угодно. Координатор в идеале способен подчинить себе структуру любого уровня, предназначенную для выполнения любых задач. Нужно только не увлекаться, обуздывать свое тщеславие и не стремиться на самый верх.

Крестному понравилась напористость Лещинского и интенсивность, с которой он поставлял заказы. Прежде приходилось держать целую команду, так сказать, менеджеров, осуществлявших связь с правительством. Теперь всех их заменил собой один Лещинский.

Уже при втором контакте Лещинский изложил свою просьбу-предложение: «Мой начальник, руководитель аппарата, слишком хорошо знает свою работу. Его компетентность — реальная помеха нашему столь удачно начатому сотрудничеству. На его месте должен быть другой человек... Нет, я вовсе не себя имею в виду. Нужен такой человек, который просто не будет мешать работать...» Эта-то фраза и убедила Крестного, что Лещинский именно тот, с кем следует сотрудничать. Если бы он заикнулся о собственной карьере, это была бы последняя их встреча. Крестного всегда убеждала логика целесообразности, здравый смысл. В Лещинском этого смысла было хоть отбавляй. И Крестный пошел ему навстречу. Спустя сутки начальника Лещинского нашли в самом центре Москвы, в Кремлевском переулке, с обширной гематомой в области затылка. Никто не мог ответить на вопрос, как он, никогда не покидавший пределов Кремля пешком, без машины, попал в этот аппендикс Красной площади. Впрочем, голову над этим ломали недолго. Вскрытие показало, что начальника хватил инфаркт, а гематома, скорее всего, образовалась от удара головой об асфальт при падении... Еще через два дня на освободившееся место назначили человека, показавшегося Крестному вполне подходящим. Он сам его выбрал, надавил на кое-кого из должников, кое-кого попросил, кое с кем попарился в Сандунах, заплатил кое-кому — короче, кадровый механизм скрипнул, шевельнулся, и нужный человек оказался на нужном месте. С Лещинского не взял ни копейки. Во-первых, потому что сам был заинтересован в конечном результате. Во-вторых, Крестный всегда предпочитал иметь кого-то в должниках, а не самому быть в долгу у кого-то. А потратив некое количество долларов на нужное дело, он не обеднеет. Скорее — выиграет.

Вот так Лещинский и обосновался на своем месте. И, надо сказать, обжился на нем неплохо. Для Крестного он был человеком из правительства. Для тех, кто обделывал через него свои дела, — связным с криминальным миром, его представителем. Лещинского и то, и другое вполне устраивало. На деле он не собирался становиться ни чьим, хотел быть сам по себе. Все знать обо всех, все или почти все мочь, видеть на много ходов вперед и, благодаря этому, иметь возможность уходить от опасности. Уже через полгода Лещинский мог реально влиять на события в России, направлять их в нужную для себя сторону. С «динозаврами» у него проблем не было. Он пас их «стада» и вовремя отгонял пытавшихся совершать набеги «хищников», подсовывая тем добычу попроще, менее сытную, но более доступную. Старики были довольны и не доставляли ему особых хлопот: со своими мелкими проблемами они справлялись самостоятельно. Гораздо больше мороки было с функционерами новой формации, которые ворочали мозгами не хуже Лещинского, но так и не нашли кормушки, способной удовлетворить их аппетиты. Да и аппетиты у них были — не сравнить со стариковскими. Их ненасытность его порой просто раздражала. Если у стариков мерки хорошей жизни были наши, российские, эталоны сохранились еще со времен Брежнева, когда ограниченность закладывалась в самих эталонах, то новые функционеры ориентировались на новые мерки. Представления о жизни «новых русских» сформировались под воздействием двух факторов: эталоном служил для них образ жизни миллионеров Нового Света; в их инфантильной психике сложился приоритет ментального «Хочу!» над реальным «Возможно». В основном от них Лещинскому и поступали заказы. Иногда они оказывались по своей сути совершенно неожиданными, даже для него, и, к сожалению, довольно часто — невыполнимыми. Один деятель, например, вызвался оплатить организационные усилия по перемещению столицы на Урал. Лещинский был несколько ошарашен. Подумав, увидел целесообразность этого проекта сразу для нескольких российских экономических групп. Но все решила простая мысль, вовремя пришедшая ему в голову: «А мне-то это на кой хрен?» И он выбросил проект из головы. Но это все так, экзотика.

Гораздо хуже было то, что некоторые из молодых, но резвых, бредящих большой властью и большими деньгами — большими по меркам нового времени — создавали свои тайные параллельные силовые структуры с целью активно вмешиваться в плавное течение традиционной российской неразберихи. И в последнее время эти структуры начали проявлять активность, в частности вмешиваться в дела, относящиеся к его, Лещинского, компетенции. Это его озадачивало, поскольку он не знал, как этому противостоять... Например, ситуация с «Интегралбанком». Ведь с самого начала деньги предполагалось выводить из бюджета через другой банк, не такой крупный и, уж точно, не такой строптивый. Так нет же, в последний момент было принято иное решение, и деньги попали к Кроносову. Кто вмешался? И как им удалось прижать министерство финансов? Этого Лещинский не знал. Но вызволять эти деньги довелось ему. И Крестному. Кстати, последнему пришлось туго. Наделал немало шуму... А закончилось все банальным инфарктом. Счастливая случайность? Повезло Крестному? «Повезло всем нам, — поправил себя Лещинский. — В конце концов, это уже не мое дело, от чего умер Кроносов. Его нет, деньги из банка попали к тем, кому предназначались. Заказ так или иначе выполнен и должен быть оплачен...» Поэтому Лещинский вез на встречу с Крестным туго набитый долларами дипломат — гонорар за выполненную работу. Кроме того, был у него к Крестному еще разговор, в перспективе стоящий гораздо дороже, чем несколько таких дипломатов...

...Свой разговор был и у Крестного к Лещинскому.

Прежде всего, что за идиотизм — своими руками отдают в банк деньги и тут же начинают вызволять их обратно. При всей российской неразберихе в других делах с деньгами у нас всегда обращались четко и продуманно, это Крестный знал твердо. Деньги никогда и нигде не лежали безнадзорной кучей и всегда попадали по назначению... Если, конечно, назначением считать не строку в бюджете, а реальное, конкретное, а порой и именное, использование... Хотя этого самого пользователя, или потребителя, чаще всего знали два-три человека во всей России. «Деньги с пути не собьются» — одна из поговорок Крестного, в которых он формулировал свои представления о жизненных законах. Тревожило его и другое. Что-то охрана у Кроносова была чересчур сильна. Не подобает банкам иметь в своем распоряжении таких вот головорезов с гранатометами, к тому же действующих столь профессионально. Для безопасности от мелких шавок, время от времени проверяющих надежность банковских стен, вполне достаточно и традиционной, втрое и даже вчетверо меньшей по численности, охранной службы. Никогда он не видел и не слышал, чтобы где-нибудь банковская охрана имела на вооружении гранатометы. Было в этом всем что-то необычное, что-то не так... И наконец, кто хотел убить Ивана? Лещинский должен во что бы то ни стало выяснить, кто заказчик, пусть хоть наизнанку вывернется! По мнению Крестного, один Иван стоил гораздо больше, чем тот же «Интегралбанк» вместе со всеми его знаменитыми бронированными потрохами для хранения денег, и даже вместе с содержимым этих потрохов...

При мысли об Иване Крестный помрачнел. Не

запсиховал бы Иван! Где гарантия, что он действительно заляжет на дно, как советовал ему Крестный. Специально для него, и только для него, Крестный держал свободной квартиру в Одинцово, о которой, кроме него и Ивана, не знал никто. Квартира и предназначалась именно для таких случаев. Но верит ли теперь ему Иван? Крестный хорошо изучил его повадки: Иван действовал, скорее, инстинктивно, чем рассудочно. Если Иван «психанет», как называл это Крестный, он ни за что не послушает совета и не пойдет на квартиру. Затеет игру со смертью. Будет, наоборот, торчать в самых людных местах, где у киллеров появятся тысячи возможностей всадить ему пулю в затылок. Почему в затылок? Крестный усмехнулся. Да потому, что в лоб ему никто и никогда не успеет даже прицелиться — раньше получит пулю от Ивана. Крестный пару раз видел его в деле. Это выглядело не просто красиво — страшно в своей красоте... В отточенности и строгой целесообразности движений будто присутствовала сама смерть собственной персоной. Иван как бы одаривал ею своих врагов, награждал их за достойное соперничество... Что греха таить, Крестный боялся Ивана. Любил и боялся.

Глава третья

Иван выполнил просьбу Крестного. Залег.

В Одинцово он, конечно, не поехал. Не потому, что не верил Крестному. Он доверял ему, верил его словам. Но не был уверен в его полной информированности, в точном понимании им ситуации. Иначе говоря, Иван интуитивно не доверял его источникам... Уж если его выследили у дома Кроносова, что может помешать тем же людям устроить засаду в Одинцове?

И Крестный тут, скорее всего, ни при чем. Иван хорошо знал себе цену, особенно в нынешней Москве. Он слишком нужная фигура для Крестного, и жертвовать им тот не станет. С чем он тогда останется? И с кем?..

...Ивана, откровенно говоря, так и подмывало на драку. Поймав себя на этом желании, он усмехнулся. На драку ли? Ему ли не знать, чем эта так называемая драка закончится? Одним или несколькими трупами. В зависимости от того, сколько человек против него выйдут. «Не ври, — сказал себе Иван, — тебе не драться хочется, а убить кого-нибудь!..»

...Крестный прав, нужно залечь. Но не затем, чтобы спрятаться от опасности, а для того, чтобы не убивать направо и налево, пьянея от близости смерти. Смерть не должна быть случайной. Ее нужно заслужить, совершив зло, и получить от него, Ивана, как возмездие. Не дарите милость свиньям, ибо, сожрав, превратят ее в свинину... Смерть, высшая в этой жизни милость, — награда, а не милостыня.

...Он вспомнил свои первые сутки, проведенные в яме под чеченским сортиром — в яме, заполненной почти доверху помоями, говном, мочой и всякими огрызками. Иван стоял по горло в этой жиже, от которой при каждом движении поднималась такая густая вонь, что он почти терял сознание. Руки его были прикованы цепями к вбитым рядом с сортиром толстым бревнам. Тусклый свет проникал к нему в яму только через зияющее над головой отверстие...

Ивана посадили туда после первого, неудавшегося, побега с маковой плантации... Его сильно порвали тогда посланные вдогонку волкодавы. Одного он разорвал почти пополам, схватив руками за челюсти, но остальные три на какое-то время задержали Ивана. Подоспевшие чеченцы набросили на него сеть и волоком притащили обратно на плантацию. Затем его посадили в «карцер» — так чеченцы называли свой сортир...

К концу первых суток он настолько ослабел от усталости и потери крови, что дрожавшие ноги сводило судорогой. Невозможно было даже присесть, не погрузившись с головой в зловонную жижу. Несколько раз он пытался дремать, повиснув на цепях. Но стоило сознанию хоть слегка затуманиться сном, как хватка рук ослабевала, и он резко приходил в себя оттого, что ноздри заполняла едкая, омерзительно воняющая жидкость. Теперь он знал ее уже не только на запах, но и на вкус...

Когда наверху внезапно скрипнула сортирная дверь и в отверстие над головой ударил яркий луч фонарика, Иван, задрав голову, разглядел через дыру бородатое лицо... не выдержал и заплакал. Он кричал что-то несвязное и, сквозь рыдания, просил, умолял пристрелить его, повесить, отдать собакам, сбросить со скалы в ущелье...

Он просил смерти как милости, подаваемой из жалости.

И замолчал, когда услышал в ответ смех чеченца:

— Вай, какой слабый... Нэ мужчина. Такой нэльзя убить. Аллах нэ вэлит. Такой сам сдохнэт.

Затем чеченец стал мочиться ему на голову, смывая горячей струей прилипшие куски говна с волос Ивана и засохшую вонючую грязь с его лба и щек. Иван рвался, дергал цепи, мотал головой, но струя, под хохот чеченца, все равно настигала его...

На вторые сутки Иван завыл... Сначала он просто орал, пока хватало сил. Потом стал завывать по волчьи, находя в диких звуках странное облегчение, забывая, кто он и где находится. Вой, который он издавал, приобретал важное, почти сакральное значение — это был знак его жизни, находящейся на грани смерти. Иван вкладывал в этот вой всю свою жажду свободы, жгучее желание мести, все свои воспоминания. Он сам как бы становился звуком и рвался наружу, вверх из своей зловонной тюрьмы... Собаки в селении поднимали в ответ истошный лай, а он, бессознательным удовлетворением, выл еще громче, еще сильнее...

Позже он мог только мычать и хрипеть, уже не тревожа собак. Но теперь Иван знал, что не захлебнется в чеченском дерьме, что умрет стоя.

Чеченец пришел еще раз. Прислушался к хрипам Ивана, спросил:

— Что пэть пэрэстал, а?

В ответ Иван смог только поднять голову, он хотел, чтобы чеченец увидел его лицо. На губах Ивана была улыбка. Страшная улыбка мертвого человека...

На третьи сутки он потерял сознание... Но не утонул в зловонной яме. Мышцы рук одеревенели и не расслабились, когда Иван впал в беспамятство. Он давно потерял счет времени и не смог бы сказать, сколько провисел без сознания на своих ставших, как каменные, и этим спасших ему жизнь руках... Через какое-то время окаменевшее, бесчувственное тело с неопускающимися руками вытащили из сортира да рядом с тем же сортиром и бросили...

Очнулся он от страшной боли в руках. Руки оживали и будили все тело, в первую очередь — голову, мозг. Первое, что сделал оживший Иван, — продолжил выть. Это был торжествующий вой зверя, познавшего смерть и вернувшегося к жизни, полюбившего смерть так же крепко и навсегда, как любят только жизнь...

Иван осознал, что жив. Из осознания этого факта как бы сама собой родилась и другая непреложная истина: все чеченцы, живущие в селении, у этого макового поля, обречены на смерть. От его руки.

...Иван вспоминал Чечню без страдания, без озлобления или боли, даже с каким-то ностальгическим сожалением. С таким чувством вспоминают обычно школьные или студенческие годы. Убивать ему приходилось и прежде, до того, как он попал в плен. Ведь Иван воевал в составе спецназа и приклад его автомата к тому времени украшала уже не одна зарубка. Много раз царапал он ножом приклад, но так ни разу и не понял глубокого смысла предшествовавшего события — просто отдавал дань обычаю...

И только много позже, в плену, валяясь у стены чеченского сортира, облепленный дерьмом и мухами, он наконец осознал смысл своего бытия: нести смерть тем, кто ее заслужил, кто ее достоин — вот миссия всей его жизни...

Он очнулся окончательно от тычка палкой: подошедший чеченец пытался его перевернуть на спину, очевидно чтобы удостовериться, что Иван сдох. Иван вздрогнул и вдруг понял, что может двигаться. Преодолевая слабость, он приподнялся на руках и сел, подставив улыбающееся лицо лучам солнца. Открыл глаза. Первое, что он увидел, было лицо чеченца — бородатое и суровое. Но Иван ясно прочитал на нем смешанное выражение удивления и испуга.

— Зачэм смэешься, вонючий собака! — хрипло закричал чеченец и ударил Ивана палкой по лицу. — Иди в рэку!

Иван поднялся, пошатываясь на дрожащих ногах, спустился к ручью и упал в него во весь рост, не подумав о том, что мог разбить голову о камни. Ледяная стремительная влага плотно обняла его, смыла ненавистный запах, открыла путь притоку свежего воздуха. Эта горная, снеговая свежесть влилась в Ивана, благодаря струям живительной воды, — летевшая с заснеженных вершин горная река отдала ему часть своей энергии.

«Я жив!» — сказал он реке, прибрежным камням и солнцу, как бы призывая их быть тому свидетелями.

«Я жив», — повторил он еще раз уже для самого себя, чтобы больше никогда в этом не сомневаться.

Дней десять он восстанавливал силы. Его и второго раба-русского, забитого и вечно дрожащего молоденького солдата, пресмыкавшегося перед чеченцами, кормили отбросами раз в сутки... Солдатик, всегда молчавший, а тут вдруг впервые заговоривший плачущим голосом, рассказал Ивану, что, когда он сидел в «карцере», бородатый чеченец пристрелил еще двоих русских, они отказались срать в сортире на Ивана. Их трупы отволокли к обрыву и сбросили в ущелье. Почему он сам еще жив, солдат не объяснил, а Иван не спросил, и так все было ясно. Больше они не разговаривали.

Как ни жидка была чеченская баланда, как ни противно было жевать маковые листья и горькие, хоть и сочные, корешки какой-то травы с сухими шершавыми листьями, но в течение этих десяти дней Иван старательно впитывал каждую калорию, каждый луч солнца, каждый глоток воды из ручья, поглощая энергию с какой-то почти ритуальной сосредоточенностью. Ближе к концу второй недели он почувствовал себя если не восстановившим прежние силы, то накопившим их вполне достаточно для выполнения той задачи, которую перед собой поставил.

Случай подтолкнул его к тому, чтобы осуществить уже созревшее решение. На поле за ними присматривали по очереди старик чеченец и его внук — подросток лет четырнадцати. Сын старика такой ерундой не занимался, он постоянно куда-то ездил в поисках покупателей, увозя с собой маковую соломку, и, по-видимому, еще и подбирал рабов для работы на плантации... Бежать с плантации было некуда, в этом Иван убедился при своем первом побеге. Кругом непроходимые горы, тропа одна — ни свернуть, ни спрыгнуть. Собаки, а за ними и хозяева на лошадях все равно догонят... Как-то вечером Иван, пропалывая мак, дошел до края поля, заканчивавшегося у обрыва, и остановился, глядя на сваливающееся за горы солнце. Закат в горах почти мгновенный по сравнению с равнинными закатами средней полосы России. И Иван распрямился и расправил плечи, чтобы впитать в себя последние лучи заходящего солнца... Он так сосредоточил внимание на зрелище заката, что не заметил подошедшего сзади старика чеченца. Привел его в себя удар палкой по голове.

— Хоп! Дэлать! Хоп! — надтреснутым старческим голосом прокричал старик, гораздо хуже сына говоривший по-русски.

Реакция Ивана была мгновенной.

— Делаю, — ответил он, не поворачиваясь.

Ориентируясь на голос, он шагнул влево, одновременно сложив пальцы правой руки в фигуру, характерную для жеста, которым в голливудских фильмах обычно сопровождаются слова «Фак ю!», поднял правую руку на уровень плеча и придал корпусу вращательное движение. Он даже не прикидывал, куда попадет его выставленный вперед средний палец, уверенный заранее, что не промахнется... Иван пробил висок старика так же легко, как пробивал фанеру на занятиях в лагере спецподготовки, — практически не почувствовав сопротивления. Лишь вынимая палец из головы чеченца, он оцарапал его об острые осколки костей черепа. «Почему бы и не сегодня? — спросил себя Иван. — Ждать уже нечего».

Он хорошо запомнил подробности своего первого побега, в том числе и то, кто первым его остановил. «Сначала собаки», — решил он. Собаки не заставили себя долго ждать. Каждый вечер они сами прибегали на поле и загоняли рабов в землянку, лая на отстающего и хватая его за ноги. Обученные пасти скот, они и людей пасли, как баранов... Три упитанные псины, каждая ростом до Иванова бедра, сразу почуяли неладное, увидев лежащего в маке старика и стоящего рядом Ивана. Они помнили, что уже рвали однажды это податливое мясо и заслужили за это одобрение хозяев... И вот это странное животное, убившее тогда одного из них, стоит, выпрямившись, рядом с беззащитно лежащим хозяином. Животные не должны выпрямляться во весь рост, эта поза угрожающая и опасная. Так могут ходить хозяева, но не животные.

Обученные драться с волками, собаки кинулись на Ивана без рычания и лая, как кидаются на опасного врага. От броска первого кобеля, бежавшего чуть впереди, Иван увернулся и на лету перерубил ему хребет ребром ладони. Второй промахнулся и пролетел мимо, тормозя всеми четырьмя лапами, чтобы развернуться и напасть на Ивана сзади. Но третий ударил его в грудь всей своей тушей и вцепился зубами Ивану в плечо, одновременно раздирая задними лапами его живот. На ногах Иван все же устоял. А это была уже половина дела. Возможность победы теперь зависела только от быстроты реакции. Не обращая внимания на боль, Иван повернулся вместе с повисшей на нем собакой навстречу новому броску промахнувшегося кобеля, оторвал от себя псину, схватив ее правой рукой за горло, а левой за заднюю ногу, и уже задыхающейся тушей отбил новый бросок.

Пока ошарашенный кобель вставал на ноги, Иван успел переломить о колено спину дергающейся у него в руках собаки и отшвырнуть ее в сторону...

Оставшись один, третий пес не спешил нападать — стоял и злобно-изучающе смотрел на Ивана. Бока его тяжело вздымались, задние лапы замерли в напряжении, готовые в любой момент бросить тело навстречу врагу. Кобель не привык отступать перед волками. Но это животное было уж очень похоже на человека. А человек гораздо сильнее и опаснее волка. Это пес знал по опыту, ему приходилось охотиться и на людей вместе со своими хозяевами. Иной раз справиться с человеком оказывалось сложнее, чем с двумя, а то и с тремя волками.

Пес уже готов был отступить и, не боясь позора поражения, бежать к дому хозяина, чтобы поднять там тревожный лай. Иван его хорошо понял. Но это не входило в его планы.

— Ну же! Иди ко мне, — сказал Иван псу.

И тот кинулся на него... Если бы Иван промолчал, пес не решился бы напасть на человека. Но услышав голос, так живо напомнивший ему волчьи завывания, не выдержал...

Иван отбил летящую на него морду ударом кулака, как боксеры отбивают перчатку атакующего соперника. Не дав псу даже упасть на землю, он схватил его за задние лапы; раскрутил и бросил в ущелье.

Собачий визг взметнулся над ущельем и затих в пропасти...

Иван отдышался и приложил маковые листья к сочащемуся кровью укусу на плече. «Осталось еще двое — отец и сын, — думал он. — Да не порвется связь времен. И серебряный шнур, обмотавшийся вокруг горла старшего, задушит два следующих поколения». Откуда взялся в его мыслях этот «серебряный шнур», Иван не понимал, но фраза ему понравилась, и он несколько раз повторил ее про себя по дороге к жилищу чеченцев...

Пацана он нашел около навеса, под которым спали ночами Иван и запуганный солдатик. Подросток-чеченец принес ведро с похлебкой, поставил перед дрожавшим даже перед ним солдатом и развлекался тем, что плевал в ведро, заставляя после каждого попадания съедать ложку похлебки. Он так увлекся этой игрой, что не услышал, как сзади подошел Иван, схвативший пацана за ворот кожаной тужурки и приподнявший его над землей. Пацан завизжал, начал хватать себя за пояс, где у него болтался кинжал, но никак не мог его ухватить.

— Поужинай с нами, парень, — сказал Иван и сунул его головой в горячую похлебку.

Ухватившись руками за края ведра и расставив по-паучьи ноги, пацан пытался, но не мог выдернуть голову из-под твердой руки Ивана, только пускал пузыри через жидкое, обжигающее варево... Вскоре ноги его подогнулись, он упал на колени, сунулся головой еще глубже в ведро, пару раз дернулся и окончательно затих.

Иван вытащил ошпаренную руку из ведра. Похлебка лужей растеклась под ногами застывшего с раскрытым ртом солдатика. Иван ладонью приподнял его подбородок, закрыв ему рот, и молча направился к хижине.

В хижине была только жена старшего сына. Она сидела за столом и при свете керосиновой лампы штопала какое-то тряпье. Увидев вошедшего

Ивана, она встала и молча застыла, глядя на него не то чтобы испуганно, но как-то обреченно.

— Где муж? — спросил Иван.

Она не ответила, но бросила быстрый взгляд на незатворенную Иваном дверь, за которой прямо от порога хижины начиналась дорога вниз, в долину. «Скоро приедет», — понял ее взгляд Иван. Что с ней делать, он еще так и не решил... Легким толчком он отбросил ее на лежанку.

Она упала навзничь и застыла, вытянувшись, с тем же покорно-обреченным выражением лица. «Женщина. Чеченка. Мать чеченца», — ворочались в мозгу Ивана какие-то бессвязные слова-мысли. Он двумя пальцами правой руки зацепил высокий, под горло, вырез ее платья и одним рывком разодрал ветхую материю. Платье расползлось по бокам, обнажив тело. Иван положил правую руку ей на горло. Она два раза глотнула, но по-прежнему не шевелилась. Пальцами Иван чувствовал толчки крови в горловых артериях. Пульс был ровный, спокойный.

Стоя у изголовья лежанки и глядя сверху вниз на женщину, Иван рассматривал ее тело. Торчащие костлявые ключицы. Иссохшие, с потрескавшимися сосками груди — они свесились по бокам, как пустые кошельки. Выпирающие наружу ребра. Впалый живот с явными следами растяжек после беременности. Высокий лобок с жидким кустиком выцветших волос. Дряблые ляжки... Взгляд Ивана вернулся к лобку. «Чрево, — подумал он. — Чрево рождающее...»

Сам не зная зачем, Иван положил левую руку на ее лобок. Средним пальцем раздвинул большие половые губы, провел по малым, раздвинул и их, нащупал отверстие, влажное и теплое. «Чрево, рождающее зло, — злосчастно», — возникла в мозгу у Ивана фраза, похожая на формулу. Пальцы его правой руки, лежащие на горле чеченки, сами собой сомкнулись...

* * *

Иван ждал чеченца всю ночь. Он стоял на тропе перед дверью хижины, загораживая собой вход в дом.

За спиной у Ивана лежал мертвый отец чеченца. Через дыру в голове старика вытекал его мозг, орошая поле, которое руками рабов возделывала чеченская семья.

За спиной у Ивана лежал мертвый сын чеченца. Сороки, привлеченные размоченными сухарями из похлебки, бойко скакали между неподвижным чеченским пацаном и почти таким же неподвижным русским солдатом, нисколько их не опасаясь.

За спиной у Ивана лежала мертвая жена чеченца. Иван лишил ее жизни, чтобы впредь не продолжился этот чеченский род.

За спиной у Ивана лежало прошлое, будущее и настоящее приближавшегося к нему по тропе чеченца. И тот, едва увидев Ивана, стоявшего на тропе спиной к дому, своей дикой чеченской натурой сразу все понял.

Он стал дергать из-за спины винтовку, руки его прыгали по оружию, дрожа и не попадая туда, куда он хотел их направить. Наконец он все-таки передернул затвор и выстрелил...

Иван стоял на месте, как прежде, загораживая собой его жизнь, отделяя его от всего, что ему было дорого. Он выстрелил еще раз. И еще раз. И оба раза не попал в Ивана.

А ноги несли чеченца вперед, все ближе и ближе к Ивану, делая столкновение неизбежным. Иван стоял невредимый и страшный, и в резком свете горной утренней зари была видна его застывшая улыбка. Чеченец шел к Ивану, уже понимая, что жизнь кончилась, что он — мертвый чеченец. И хотел уже только одного: чтобы этот страшный, воскресший из мертвых русский поскорее отобрал у него жизнь и присоединил его самого к родным чеченским мертвецам... Он еще хватался за кинжал, вдруг вспомнив о его существовании, когда пальцы правой руки русского, указательный и средний, вошли в его глаза, выдавливая из глазниц струйки крови, и загорелись в его мозгу ослепительными звездами...

Русский взял его за бородатое лицо, приподнял с земли и коротким, резким ударом о косяк хижины расколол чеченцу череп. Затем стряхнул брызги крови и мозга со своих пальцев, вытер их об оборванные армейские штаны и забыл о его существовании.

Иван сидел на тропе, спиной к побежденным врагам, и думал о тех, кто живет в долине... К нему сзади осторожно подобрался молоденький солдатик и забарабанил по спине Ивана своими маленькими, будто детскими, кулачками, всхлипывая и причитая:

— Дурак! Дурак! Что ты сделал, дурак? Зачем? Дурак! Ты злой дурак! Что ты сделал? Зачем? Зачем? Зачем?..

Иван протянул руку за спину, перетащил бьющегося в истерике солдата, да какого, на хрен, солдата — мальчишку, вперед и посадил перед собой. Секунд десять он слушал его бессвязные выкрики, затем положил ладонь на его лицо.

Парень повсхлипывал еще немного и затих, уткнувшись в руку Ивана.

— Как тебя зовут, сынок? — спросил Иван.

Тот что-то буркнул и резко помотал головой.

— Что? Как? — переспросил Иван.

— Не...е... зна...а...ю... — сквозь сдерживаемые рыдания еле ответил парень.

Иван положил ему на голову свою вторую руку.

— А чего ты расстроился?

— Ты наш... ужин... разлил... А... А они... все... мертвые. Кто нас... накормит?.. — короткие истерические вздохи сбивали его речь. Он смотрел на Ивана укоризненно, с обидой голодного зверька, у которого вырвали кусок изо рта.

«Зачем ему его жизнь, — думал Иван. — Одно короткое движение, и он успокоится. Пожалеть его? — Одна рука Ивана лежала у парня на затылке, другая — на подбородке. — Пожалеть? Нет. Он не заслужил смерти. Он умрет сам...»

Иван снял руки с головы безымянного солдата:

— Не бойся. Иди в хижину. Там есть еда. Женщина тебя не прогонит.

Парень пару раз порывался встать и наконец ему это удалось.

— Стой. Когда поешь, уходи отсюда. На юг. Через горы.

Парень был уже у двери.

— Погоди. Запомни: Иван! Тебя зовут Иван. Прощай.

Парень скрылся в хижине...

...У Ивана была своя собственная квартира, где он устраивал «лежки» в таких вот экстренных случаях. О ней, кроме него, не знал никто...

Логика у Ивана тоже была своя, не понятная никому. Когда все бежали от смерти, он шел ей навстречу. И чувствовал себя в большей безопасности, чем тот, кто убегал и прятался... Крестный считал, что Иван ищет драки от избытка сил. Но и Крестный иногда заблуждался. Иван был только убийцей. И если он хотел убить, он без труда находил кандидата в покойники. Стоило только выйти на улицу и посмотреть людям прямо в глаза.

Многие тогда просто шарахались от него.

Они боялись смерти, а от него пахло смертью так, что первой реакцией человека было зажать нос. Толпа расступалась перед ним. Но вот навстречу попадался какой-нибудь самоубийца, который, сам того не ведая, упорно стремился к ней, к смерти. Он вставал на пути Ивана, и тот наконец видел свое отражение в чужих глазах. Тогда Иван поворачивался и шел в одному ему известном направлении, уводя за собой будущего покойника... И никто ни разу не выстрелил ему в спину, не всадил нож, не сломал позвоночник мощным, хорошо рассчитанным ударом.

Смерть требует уединения. Уведя человека, завороженного смертью, подальше от лишних глаз, Иван останавливался и поворачивался к нему лицом. С этой секунды шансы их как бы уравнивались. Иван предоставлял ему возможность первым напасть и попытаться убить: давалась одна попытка... Но пока никто ни разу не использовал эту попытку как следует. Движение уходящего с линии огня Ивана всегда на долю секунды опережало выстрел и ответный выстрел противника. А после первого выстрела незамедлительно раздавался второй — ответный... Смерть не ходит дважды одной и той же дорогой.

Когда же Иван раздумывал или не хотел убивать, ему стоило лишь опустить глаза, спрятать их блеск, смотреть себе под ноги — и он сразу же становился незаметным в толпе, растворялся в море москвичей-обывателей.

...Глядя себе под ноги, Иван не спеша двигался со скоростью людского потока по Садово-Кудринской. Он добрел до площади Восстания и свернул к высотке. Зайдя в продовольственный магазин, купил хлеба, колбасы, сыру, желтую пачку «Липтона». Затем поднялся на лифте на свой восемнадцатый этаж.

Здесь у него была маленькая однокомнатная квартирка, купленная на имя женщины, которая, согласно записи в одном из его паспортов, числилась его женой... Иван бывал здесь так редко, что не помнил никого из соседей. И был уверен, что его тоже никто не помнит. Обычно он, не глядя по сторонам, проходил по коридору к своей двери, ключом, который был всегда с ним, отпирал квартиру, быстро заходил, нерезко, но плотно притворял за собой дверь и, лишь дождавшись характерного щелчка, проходил в комнату...

Окно комнаты выходило на зоопарк. Иван открывал его и, лежа на диване, мог слушать крики попугаев, вопли обезьян, иногда — глухое ворчание потревоженного тигра или истерический хохот гиены. Как это ни удивительно, но звуки зоопарка доходили до восемнадцатого этажа и слышны были гораздо явственнее, чем рев моторов машин-иномарок, пролетающих от Садового кольца к Красной Пресне... Он часто засыпал под эти звуки, а иногда, как, например, теперь, вспоминал Чечню.

...Иван спускался по тропе и думал о чеченцах, живших в долине. И чем ближе подходил к их жилищам, тем лучше, как ему казалось, понимал дикую, первобытную правду их бытия.

Он не жил с ними, не обращался по-человечески с их отцами, женами и детьми. Но в своем воображении уже ясно представлял себе здешнюю жизнь: ее неспешность, размеренный ритм, веками выверенный уклад, в котором смерть не являлась каким-то особенным событием, а давно встала в ряд с другими явлениями природы: солнце, дождь, ветер, смерть...

Человек не может погасить солнце, остановить ветер, вызвать дождь. Он может лишь принять их существование или перестать существовать сам.

«Мы, — думал Иван, — смирились, но все ж не приняли это как данность. Солнце и ветер до сих пор для нас — боги, похожие на людей, наделенные желаниями и стремлениями, личной волей. Нас душит гордыня — мы пытаемся противопоставить свою волю воле солнца, ветра... Обижаемся на дождь и радуемся солнцу, ругаем ветер и боимся засухи... Ставили свою жизнь против жизни солнца, ветра, дождя...»

А люди, которые живут здесь, относятся к рождению и смерти так же спокойно, как к солнцу и дождю. Солнце для них — просто солнце, оно есть или его нет, оно как этот камень на тропе...

Иван поднял обломок базальта, покачал в руке: «Бог-камень. Бог-тяжесть. Чеченцы выбросили своих богов так же, как я сейчас зашвырну тебя в пропасть...» Иван размахнулся и швырнул обломок — он беззвучно скрылся за краем обрыва... Где-то внизу бежал ручей, шума которого не было слышно: он улетал куда-то по вертикали, отраженный почти отвесными стенами ущелья...

Нельзя остановить ветер, но можно остановить путь человека во времени.

Нельзя погасить солнце, но можно погасить огонь жизни человека или жар его предсмертного тления.

Нельзя вызвать дождь, но можно вызвать смерть.

Чеченец знает это еще во чреве матери. Родившись на свет и набравшись сил, он легко отнимает жизнь у другого человека, потому что уверен: он повелевает смертью. К тому же умирать так же естественно, как и жить...

«...И эти тоже ошибаются... — в голове Ивана из потока отрывочных мыслей и ассоциаций возникала одна, главная мысль. — Смертью нельзя повелевать, так же как нельзя приказать солнцу погаснуть!..»

Он остановился, поднял глаза на солнце и заорал что-то — дико и хрипло, невнятно, но повелевающе.

И так же хрипло засмеялся.

«...Смерть надо любить так же, как солнце, дождь или ветер. Смерти надо помогать, а не торопить ее, не заставлять делать то, чего она не хочет или не может сделать... Они не знали этого, — подумал он о тех, кого убил час назад, — и поэтому умерли. Я это знал, и поэтому они не смогли меня убить... Я победил этот народ!» — заключил он.

И люди, живущие в долине, перестали его интересовать.

* * *

...Он прошел мимо селений в долине, даже не вспомнив о них. Тропа повернула вправо, а он шагнул прямо, к виднеющейся впереди автомобильной дороге.

Иван не знал толком, в какой именно точке Чечни он находится, мог только предполагать, что где-то на юге. Сзади, за горами, — Грузия, справа — Дагестан. Впереди — Россия, Ставрополье. Что там слева, он не помнил...

Выйдя на дорогу, Иван пошел налево. Если бы он повернул направо, дорога привела бы его к селению в долине, а оно Ивана не интересовало. Куда он идет, Иван не знал, да и не думал об этом. Он направился к западу, хотя цель его пути, казалось бы, находилась на севере. Но и цели своей он не осознавал, двигаясь вперед чисто инстинктивно.

Через полчаса он наткнулся на обгоревшие «Жигули», стоявшие поперек дороги. Над рулем склонилась какая-то темная масса, в которой с трудом можно было угадать водителя. Метрах в десяти от еще коптящей дымком машины лежал полураздетый труп. Сапоги и одежду с него содрали, оставив только бриджи офицерского покроя. Иван остановился над ним.

— Стой, — услышал он позади себя тихий, но явно взволнованный голос. — Сойди с дороги и двигай в кусты.

Иван сошел с обочины и направился к кустам, откуда, как он уже понял, и раздался голос.

— Стой, — услышал он опять. — Теперь налево и вон в тот орешник...

В орешнике, повернувшись, он увидел моленького лейтенанта с «макаровым» в руке.

— Фу, бля, — русский! — облегченно выдохнул тот, рассмотрев Иваново лицо. — Ты кто такой? Куда идешь? Как зовут? Садись, бля, что стоишь!

— Иван, — хрипло ответил Иван одним словом на все вопросы.

— Чего голый-то? Из плена, что ли, идешь?

Иван промолчал.

— Ты чего тут сидишь? — так и не ответив на вопрос лейтенанта, спросил в свою очередь он.

— Машину, бля, расстреляли. Санька убили. Видел Санька на дороге? Убили Санька. Водилу тоже. Я, бля, еле выскочить успел... Ну, ничего. Мы еще вернемся. Там, впереди, станица, бля... Я их, бля, черножопых... — лейтенант скрипнул зубами. — За нами «Урал» шел, со взводом. Где ж они, суки, застряли? Мы и вырвались-то всего чуть-чуть...

Иван сидел молча.

— Слушай, чем это, бля, от тебя воняет? Обосрался, что ли? — Лейтенант хохотнул. — Не сри, брат. Мы их кровушки еще попьем...

Иван молчал. Он не чувствовал ни обиды, ни раздражения — только невыносимую скуку неосознанного существования, которой так и несло от этого сидящего перед ним пушечного мяса...

— Щас наши подъедут. Пушку мы тебе найдем. Отомстим, бля. За Санька. За тебя.

— Не понось, — ответил Иван. — Я эту войну закончил.

Лейтенантик напрягся.

Иван взглянул на него... И впервые разглядел и отметил про себя в глазах кандидата в покойники тот особенный блеск, который потом часто видел в глазах людей за считанные секунды до их смерти...

— Ты что же, сука... А за Санька?

Глаза лейтенанта побелели. Он поднял свой ПМ и вновь наставил его на Ивана.

Иван уже знал, что будет дальше. Сейчас он ответит лейтенанту. А потом тот будет нажимать на спуск. И это движение его сгибающегося пальца будет длиться долго, бесконечно долго. В течение этих почти остановленных близостью смерти, растянутых мгновений Иван, испытывая восторг от близости своей возлюбленной, сделает три движения и отберет жизнь у этого человека.

— Бросил ты Санька, — сказал Иван. — И дрищешь сейчас своим страхом. Ты мертвый солдат. Падаль.

Произнося эти слова, Иван ждал того момента, когда указательный палец правой руки лейтенанта начнет движение, и время остановится.

Лейтенанту, в его полном неведении ритма смерти, казалось, что он сейчас просто нажмет на спуск и застрелит этого вонючего дезертира. И будет дальше ждать свой взвод, предвкушая, как его автоматчики ворвутся в станицу и искрошат чеченцев в капусту, мстя за Санька, за собственный лейтенантов страх, за его унижение, пусть только перед самим собой...

В отличие от лейтенанта, Ивану ничего не казалось. Он точно знал, что ничего этого не произойдет. Нет уже взвода, хотя его прибытия все еще ждет лейтенант. Иван, как наяву, видел горящий посреди дороги «Урал», трупы солдат, разметанные взрывом вокруг машины, чеченцев, бродящих между ними — собирающих автоматы, выворачивающих карманы, стягивающих сапоги...

Палец лейтенанта слегка сдвинулся, но пока — только палец. Курок еще оставался неподвижным.

В то же мгновение начал свое движение и Иван. Его тело, устремившееся вперед, двигалось быстрее пальца лейтенанта, быстрее курка пистолета... Выстрел прозвучал одновременно с его ударом головой в пах лейтенанту. Это было первое движение.

Иван перевалился через голову и своим крестцом припечатал голову лейтенанта к каменистой осыпи, на которой они сидели. Это было второе движение.

Земля стала наковальней, а тело Ивана — молотом, и все, что попало между ними, должно было превратиться в труху. Но лейтенант случайным движением слегка отклонил голову, и его только контузило ударом Иванова бедра. Он был еще жив.

Настал черед третьему движению. Иван резко дернул локтями назад и взломал с обеих сторон грудную клетку лейтенанта, придавив его сверху спиной, зажав сердце между обломками ребер...

Минуты две Иван лежал неподвижно, ощущая спиной последние толчки лейтенантова сердца и ожидая, когда оно остановится... Наконец он убедился, что под ним лежало абсолютно мертвое тело.

Иван сел. «Я победил в этой войне, — сказал он тому, что лежало у него за спиной и еще недавно было лейтенантом российской армии. — Я никого не беру в плен и не убиваю побежденных».

Он раздел лейтенанта, забрал его форму, содрав с нее все знаки отличия и принадлежности к роду войск, сунул в карман ПМ и пошел по дороге, ведущей на запад, рассчитывая при первой возможности свернуть направо, к северу.

Он понял, что цель его движения лежала на север.

На севере была Россия.

Глава четвертая

Лещинский уже полчаса жарился на пляже, а Крестного все не было.

«Пижон блатной, — разомлев на немилосердном майском солнце, лениво поругивал он про себя Крестного. — Загнал же, сука, к черту на кулички. Торчу теперь тут как хрен в жопе». Он чувствовал себя идиотом на этом малолюдном пляже. Погода была типично майская: днем жарило на всю катушку, к вечеру холодало, а ночью — так и вообще задубеть можно было. Вода в Москве-реке еще совершенно не прогрелась, и желающих окунуться не наблюдалось. Хотя кое-какой народ по пляжу бродил. Метрах в двухстах от Лещинского, зайдя в воду по самые яйца, стояли трое рыбаков в болотных сапогах. Пару раз прошли мимо какие-то малолетки, бросавшие на Лещинского колючие, цепкие взгляды.

«Ну вот, еще шпана тут меня разденет, — подумал Лещинский. — Где же он, сука?» Его штальмановский костюм действительно смотрелся дико на грязном, неубранном еще после схода снега пляже. Лещинский снял пиджак и держал его в руках, опасаясь положить на песок. В белой рубашке и галстуке за тридцать баксов он почувствовал себя совсем плохо. Он снова надел пиджак и терпел, хотя спина сразу же взмокла. «Вырядился, козел! — ругнул он уже самого себя. — Правда, переодеться он мне времени не оставил...»

Крестный позвонил ему полтора часа назад и назначил встречу. Здесь, на этом пляже. Лещинский сначала даже не поверил своим ушам. Обычно они встречались в ресторанах. В том же театральном на Тверской. Лещинский, по старой памяти, называл его рестораном ВТО по имени театральной конторы, которой когда-то принадлежало это заведение. Готовили там отлично, хотя выбор напитков был не очень разнообразным, в основном — коньяки. Лещинский любил встречаться там с Крестным: беседуя с партнером, греть в руке пузатенькую, сужающуюся кверху коньячную рюмку с колышущейся на дне маслянистой, темно-янтарной жидкостью... Со студенческих, не слишком богатых лет он полюбил французский «Корвуазье» — коньяк не слишком дорогой, но через минуту согревания в руках дающий такой густой и приятный аромат, что можно было забыть обо всем. Лещинский в эти минуты ненадолго забывал не только о женщинах, с которыми приходил в ресторан, но даже о своем «банке информации», а о нем он не забывал практически никогда... Пару раз встречались в «Метрополе», где Лещинский любил бывать, но не любил встречаться там с Крестным: слишком много вокруг было «своих», знакомых лиц.

Свои контакты с Крестным и тем миром, который тот представлял, Лещинский предпочитал не афишировать. Он стремился держаться в тени, роль «серого кардинала» казалась ему очень выигрышной и гораздо более безопасной, чем имидж «крутого», но в силу своей «крутизны» очень уязвимого человека. «Закулисность» была у него в крови, а всякого рода бенефисы просто раздражали, поэтому теперь, чувствуя себя на пляже чем-то вроде белой вороны, он злился на Крестного, поставившего его в идиотскую ситуацию...

— Приедешь в Серебряный бор. Через час.

Лещинский решил проверить свой рейтинг — поиграть в занятость.

— Извини, через час не смогу, — уверенно соврал он, зная, что проверять Крестный не будет, — совещание. Давай часа через три.

Крестный не ответил.

Лещинский почувствовал себя неуютно.

— Ладно, через час. Проведут без меня. Далеко только. Поближе нельзя?

— Можно. Тебе где больше нравится — на Ваганьковском или на Калитниковском?

Лещинский заставил себя рассмеяться и ответить шуткой на шутку, словно речь шла не об угрозе:

— У Кремлевской стены.

— Заслужи сначала. В ту компанию ты пока не вхож.

Лещинскому очень не понравился тон Крестного. Обычно он бывал не то чтобы повежливее, но как-то поспокойнее.

— Ну, раз поближе к Кремлю нельзя, давай в Серебряном. Надеюсь, в первом?

— В третьем, — отрезал Крестный. — И не забудь то, о чем не должен забыть.

«Деньги», — понял Лещинский.

— Не забуду, — буркнул Лещинский в пустой эфир, поскольку Крестного на связи уже не было. Достал из сейфа бутылку коньяка, плеснул себе в стакан. Руки дрожали. «Шпана поганая, — думал он. — Гоняет, как мальчика». Коньяк его немного успокоил...

«...Конечно, если рассуждать здраво, без обиды, никакая Крестный не шпана. Ни по своему положению в криминальном мире, ни по своему развитию. В этом я уже давно убедился. Шпане явно не под силу то, что может Крестный. Он многое может. И ссориться с ним было бы очень глупо... — обида Лещинского прошла как-то сама собой. — Ну что с того, что гоняет, как мальчика? Ведь он по сравнению с Крестным и есть мальчик, и потому ничего в этом нет обидного. Кто он? Фактически — дебютант. А Крестный? Как ни смотри — гроссмейстер!..»

По фене Крестный не ботал. По крайней мере, разговаривая с ним, Лещинский ни разу не слыхал от него блатных выражений, никогда не ловил его не то чтобы на жаргонной грубости, но даже на неправильном словоупотреблении. Какая уж тут шпана! Лещинского всегда не покидало ощущение, что он разговаривает с человеком не менее образованным, чем он сам.

В этом была какая-то загадка Крестного, которая Лещинского интересовала, как любая загадка, но не особенно сильно волновала, поскольку никак не затрагивала их общих с Крестным дел.

Но вот сегодня он разговаривал явно как-то необычно. И место для встречи назначил странное. Что-то там у него случилось!.. Лещинский перебрал в памяти все свои разговоры за последнее время, все важные контакты — все чисто. Он ни в чем перед Крестным не был виноват...

«Но ехать в Серебряный бор, да еще в третий! Там же пустырь сейчас, в мае. Да и добираться туда — о, Боже!.. Черт! Еще на вокзал надо успеть заскочить. — Лещинский сразу засуетился. — Какого ж хрена я сижу? Не успею...»

Успеть-то он почти успел. Ну, опоздал на четыре минуты. На Белорусском долго провозился у камер хранения. Четыре минуты — херня. Тем более что Лещинский предчувствовал: сегодня, в любом случае, ждать придется ему. Может быть, из-за того, что кобенился в разговоре с Крестным по телефону. Тому ведь тоже имидж надо поддерживать! Поэтому, жарясь на солнце в пиджаке, Лещинский хоть и поругивал Крестного, но особенно-то не усердствовал. Запала не было.

«Куда, на хер, денется? Придет. Деньги-то его», — лениво думал Лещинский, бродя по пляжу и ковыряя носами ботинок слежавшийся за зиму под снегом песок.

После сорокаминутного ожидания он услышал шум моторной лодки. И сразу понял, что это плывут за ним, поскольку направлялась лодка именно к тому месту, где он в одиночестве торчал на пляже. Это ему уже совсем не понравилось.

«Ну пижон! — подумал он о Крестном. — Это вообще херня какая-то...»

В моторке, однако, был вовсе не Крестный, а здоровеннейший верзила в борцовской майке. Предплечья у него были толще, чем ляжки у Лещинского, а шеи не было вообще, так что золотая цепь, на которой висел крест граммов на двести, лежала прямо на плечах. Верзила выпрыгнул из лодки и встал на берегу, молча и нагло уставясь на Лещинского. Тому пришлось подойти.

— Лещ? — спросил верзила.

Лещинский открыл было рот, но снова его захлопнул и только кивнул.

— В лодку. — Крест на груди колыхнулся, когда гора мускулов показала головой на лодку, и из-за отсутствия шеи вслед за головой повернулось и все тело.

Лещинский понял, что из всех степеней свободы у него осталась только одна — та самая пресловутая осознанная необходимость. Он никогда не воспринимал такой формулировки понятия свободы... Только теперь до него дошло. И он молча прыгнул в лодку.

Верзила направил моторку в сторону четвертого участка Серебряного бора. Лещинский поначалу недоумевал — к чему весь этот цирк? Но когда они свернули в узкий проход, ведущий во внутренний залив, он не на шутку испугался. Зачем они едут в эту московскую глухомань? Оттуда можно и не вернуться!

Моторка обогнула какой-то остров, свернула направо, затем налево, и Лещинский совсем перестал понимать, где они находятся и что происходит... Он пытался мыслить логически, но страх, который охватывал его всякий раз, когда он оборачивался и видел сидящего на руле верзилу — тому ничего не стоило задушить его одной рукой, — путал мысли и направлял их все время в одно и то же русло — где Крестный? С тем, по крайней мере, можно разговаривать по-человечески. Объясниться можно. А что объяснишь этому питекантропу?.. Лещинский передернул плечами. Верзила в борцовке всю дорогу молчал и смотрел ему в затылок...

У Лещинского просто от сердца отлегло, когда он увидел, что лодка направляется к пологому берегу, свободному от кустов, и что метрах в десяти от воды, у нескольких чахлых березок, стоит «форд» с открытыми дверцами. Когда лодка ткнулась носом в берег, из «форда» вылез Крестный и направился к воде. Лещинский торопливо спрыгнул на песок. Он был рад Крестному, как родному, хотя и понимал, что весь этот театр затеян по его приказу. Крестный махнул верзиле рукой, и моторка, развернувшись, стала быстро удаляться.

— Ну и что же все это значит? — спросил Лещинский.

Крестный стоял чуть выше Лещинского, на склоне, и смотрел на него сверху вниз. Лещинскому приходилось слегка задирать голову, чтобы посмотреть ему в глаза. Когда же он держал голову прямо, взгляд упирался Крестному в грудь. Лещинского это разозлило. Он понимал, что мизансцена возникла не случайно, все заранее продумано Крестным.

— Я жду объяснений, — высоким и каким-то фальшивым голосом произнес Лещинский. И тут же расстроился. Вышло совсем не похоже на оскорбленное достоинство, которое он хотел изобразить перед Крестным.

Крёстный по-прежнему смотрел на него сверху вниз и молчал.

Пауза затянулась, и Лещинский растерялся. Он не знал, как выйти из ситуации, в которой ровно ничего не понимал. А ведь, судя по всему, он был одним из главных действующих лиц. «Что же происходит? — никак не мог он сообразить. — Крёстный просто так не станет портить отношения».

— Деньги где? — спросил наконец Крёстный. Голос у него был необычный — глухой и какой-то «тёмный».

— На вокзале. Как обычно, — ответил Лещинский. И торопливо добавил, сообразив, что ничего, собственно, не сказал по существу: — На Белорусском. Ячейка 243, код 899150.

— Я предупреждал тебя, чтобы ты брал случайные цифры? Самодеятельность разводишь? Это ж только идиот может вместо кода набрать месяц и год в обратном порядке. Если сейчас на Белорусском ничего не окажется, заплатишь второй раз.

— Я... — хотел было что-то объяснить Лещинский, но Крёстный не дал ему и слова сказать.

— Рот прикрой, пулю проглотишь. Ты, Лещинский, против меня играть стал? Руку, тебя кормящую, укусить хочешь? За домом Кроносова кто следил? Кто пас моих людей?

— Я... не знаю.

В глазах Лещинского было искреннее недоумение, но Крёстного оно не убеждало. Ивана пытались убить. Если даже этот хлыщ действительно ничего не знает, так пусть выясняет...

Насчёт денег Крёстный, конечно, блефовал. Дипломат с долларами уже лежал в «форде». Без труда сообразив, на какой из вокзалов повезёт деньги Лещинский, — времени у него было в обрез, и даже на Киевский он не успевал — Крёстный послал человека встречать Лещинского у автоматических камер хранения. Тот без труда выяснил номер ячейки. А уж открыть ее опытному медвежатнику труда не составляло. Но Лещинскому необязательно было знать, что с деньгами все в порядке.

— Тот, кто работал с Кроносовым, мне дороже любого золота. Дошло до тебя, рыба солитерная? Моли своего еврейского бога, чтобы с ним ничего не случилось.

— Да я-то тут при чем? — Лещинский чуть не плакал. Ему не верили, хотя он был абсолютно чист перед этим человеком. Его так хорошо начавшаяся правительственно-криминальная карьера грозила оборваться из-за непонятного недоразумения. И, может быть, оборваться трагически...

— Соображать перестал от испуга?

В тоне Крестного Лещинский, кроме насмешки и раздражения, уловил и нотки удивления. Все вместе прозвучало для него, учитывая ситуацию, почти комплиментом. Он попытался улыбнуться, но улыбка вышла жалкой, испуганной...

— Объясняю. Специально для тебя, — начал Крестный, и Лещинский двойственно услышал в тоне, каким была сказана эта фраза, угрозу для их дальнейшего сотрудничества. — Кроносова ты заказывал. Ты и ответишь за все, что вокруг него происходило. Было много такого, что в принципе не должно было иметь места. В частности — охота на моего человека. Его не убили только потому, что это вообще трудно сделать... И ты, Лещинский, найдешь мне того, кто заказал эту охоту...

Крестный говорил убедительно. Лещинский готов был принять на себя ответственность за создавшуюся ситуацию. Да и что ему еще оставалось? Он уже догадывался, как закончит свою речь Крестный. И тот не обманул его ожиданий.

— ...Иначе я убью тебя. Там, в машине, сидит один из моих воспитанников. Я взял его с собой, чтобы он тебя запомнил. Он один из лучших.

У него отличная память. И сильные руки, такие же, как у того, что привез тебя сюда.

Лещинский взглянул на машину, но сквозь ее затемненные стекла ничего не было видно.

— И не тяни время, Лещинский. Это нужно сделать быстро. У меня времени нет. А значит, и у тебя его тоже нет.

Крестный повернулся к машине.

— Все, Лещинский, — сказал он не оборачиваясь. — Даю тебе пару дней, не больше.

«Форд» давно скрылся за березками, а Лещинский все стоял в оцепенении — там, где его застала последняя фраза Крестного, обуреваемый противоречивыми чувствами...

«Вляпался, с-сука...» — шипел у него в голове тонкий, вибрирующий голосок. В сознании все заслоняло тупое лицо верзилы, везшего его на моторной лодке.

Однако вместе с тем из глубины молодого организма Лещинского, чуть ли не из области заднего прохода, поднималось по спине и разливалось по всему телу привычное и приятное чувство прочности своего существования в большом мире и в том мирке, который он создал своими руками. Вернее, своими мозгами...

Его уединенный, уютный кабинет, обновляемая каждую неделю бутылочка «Корвуазье» в сейфе, мягкое вертящееся кресло, сидя в котором, он за год своего сотрудничества с Крестным решил судьбы стольких людей... И каких людей!

Все в Лещинском негодовало против перспективы каких-либо изменений в том образе жизни, к какому он уже успел привыкнуть. Он, например, не мог представить себя живущим где-либо еще, кроме как в своей квартирке, занимающей половину этажа в одном из немногих домов-новостроек внутри Садового кольца... Он невольно зажмурился от удовольствия, подумав о сумме, которую пришлось отвалить за эту квартиру. И улыбнулся, припомнив новоселье, которое сам себе там устроил...

Справлял новоселье он, можно сказать, в одиночестве. Как объяснить бывшим друзьям, на какие все это шиши?.. Нынешних своих коллег он тоже пригласить не рискнул. Так и «праздновал» один... А чтобы не скучать, собрал пятнадцать проституток, раздел их и гонялся за ними с торчащим членом — играл в игру «Догоню — трахну!» Девочки были как на подбор и не очень-то стремились от него убегать... Лещинский и сейчас почувствовал неподдающееся контролю шевеление внутри штальмановских брюк, припомнив подробности: как расставил в ряд в позе «раком» всех пятнадцать девушек, как рассматривал, пробовал пальцем, нюхал и облизывал все, что хотелось обнюхать и облизать. И как потом трахал их всех одновременно... Он тогда кончил несколько раз подряд, вдохновленный не столько прекрасными телами, сколько сознанием своей сексуальной «мощи»: он один, а их пятнадцать!..

Он сунул руку в карман и ощутил сквозь ткань подкладки жесткость своего члена, конечно же не забывшего тот пир плоти... Лещинский почувствовал, что ему необходимо кончить прямо сейчас, иначе его просто разорвет от желания. Он уже расстегнул штаны, достал член и начал мастурбировать, стоя на берегу, как вдруг в его затуманенном мозгу всплыла финальная сцена того новоселья: когда он, совершенно обессиленный, пил коньяк, а проститутки трахались друг с другом, хотя он этого не оплачивал. Тогда ему, утонувшему в своем удовольствии, было абсолютно все равно, чем они занимаются, а сейчас до него дошло, что ни одну из них он тогда не удовлетворил...

Все его желание резко пропало. Он вдруг представил себя со стороны и ужаснулся. Дернув вверх молнию на ширинке брюк, он почти бегом устремился в ту же сторону, куда уехал «форд» Крестного, озираясь по сторонам. Лещинский очень надеялся, что никто здесь за ним не наблюдал. «Пара дней, пара дней», — колыхалось в его мозгу в такт шагам.

Неожиданно для себя он оказался на Таманской улице, у ее пересечения с третьей линией Хорошевского Серебряного бора, то есть уже попал в места, достаточно цивилизованные. Лещинский сразу почувствовал себя гораздо увереннее. Когда буквально через пять минут ему удалось поймать такси и он, откинувшись на заднем сиденье машины, назвал адрес и устало прикрыл глаза, тревога прошла окончательно. Он мчался по залитой майским солнцем Москве и думал только о том, как сейчас залезет в свою «джакузи» и смоет с себя воспоминания о пережитом страхе... а уж потом примется разгадывать загадку, заданную ему Крестным.

Машина на приличной скорости пролетела проспект Маршала Жукова, Мневники, потом долго пробиралась какими-то Силикатными и Магистральными — то ли улицами, то ли проездами, пока не выбралась наконец на Звенигородское шоссе...

Вскоре слева замелькала ограда Ваганьковского кладбища, и расслабившийся было Лещинский вновь вспомнил угрозы Крестного. Но до улицы Герцена, где недалеко от Никитских ворот стоял его дом, который, в полном соответствии с привычками хозяина квартиры, тоже не торчал на виду, а был запрятан в глубине квартала, оставалось уже недалеко. И Лещинский вновь почувствовал в себе ту уверенность, которой ему сегодня так не хватало в разговоре с Крестным. Он больше не ощущал себя инфантильным юношей, хватающимся при первой опасности за свой член, как бы ища у него защиты, — он вновь был «гением анализа», «виртуозом прогноза», «мастером обработки информации»...

Проезжая мимо высотки на площади Восстания, Лещинский уже полностью восстановил свое самоощущение «человека из аппарата правительства», который порой может сделать больше, чем само правительство, и главное — сделать быстрее. «Быстрее. Именно быстрее, — думал Лещинский. — Два дня — это много. Один...»

Он решит эту задачу сегодня — так внушал себе Лещинский. И сегодня же позвонит Крестному. Только таким путем можно восстановить с ним контакт. А это было, на настоящий момент, единственное, на чем основывалась стабильность жизни Лещинского.

Глава пятая

Вновь в своих воспоминаниях побеждающий Чечню, вновь и вновь возвращающийся во сне в Россию, Иван спал в своей конспиративной однокомнатной квартирке на восемнадцатом этаже высотки, восстанавливая силы после пережитых наяву и в воображении сражений. Вечернее майское солнце било через открытое окно прямо ему в лицо, заставляя жмуриться во сне... в котором чеченское солнце, такое же яркое и ослепляющее, освещало его путь домой.

...Перейти линию фронта особого труда не составило, поскольку и не существовало мало-мальски определенной линии фронта. Просто из местности, где чеченцы встречались чаще, чем российские войска, он попал в местность, где все было наоборот, даже не заметив, как и когда именно это произошло.

От контакта с чеченцами он уходил, всегда заранее чувствуя их приближение и не желая ввязываться в драку неизвестно из-за чего... Разве что только из-за принадлежности к разным народам?

Однажды он набрел на чеченца, который не воевал, а жил войной. Серая «Нива» торчала на опушке леса, куда вышел Иван. Он давно покинул дорогу — она стала слишком многолюдной — и пробирался на север более укромными местами. Чеченца он заметил уже потом, когда тот появился из-за кустов и, не видя Ивана, пошел к своей машине, обвешанный автоматами, связанными попарно сапогами, подсумками, какими-то вещмешками и планшетами.

Иван почувствовал, что жизнь этого человека ему нужна... Ведь он не воюет с живыми, он обирает мертвых, пытаясь перехитрить смерть, заставить ее служить себе...

...Это было скучное убийство.

Это даже нельзя было назвать убийством.

Это было мгновенным прекращением существования того, кто не был достоин ни жизни, ни смерти. Иван не мог даже наградить его знанием близости смерти.

Это был не воин, а могильный червь, сосущий мертвую плоть...

...Иван с одного выстрела пробил ему голову, попав в левый глаз. Мгновенная вспышка, которую человек не успевает даже увидеть, — так быстро покидает его мозг сознание, так быстро преодолевается грань между живой и неживой материей.

В «Ниве» Иван нашел трофеи убитого им мародера: целую гору, штук пятнадцать, «калашниковых», пару офицерских «макаровых», гранатомет, правда, без зарядов, бумажные мешки с грязной, окровавленной формой. Иван вытряхивал их на землю, сам не зная зачем...

В третьем по счету мешке оказалась гражданская одежда, причем как мужская, так и женская. Ивана она заинтересовала больше, чем оружие.

Ведь он пока еще не успел продумать, как, каким образом преодолеет он тысячи километров до Москвы без документов, без денег, в армейской форме. Так он доберется только до первого патруля... Иван порылся в куче тряпья, снятого с мертвых людей. Выбрал себе джинсы, которые оказались не рваными, а только сильно вытертыми и даже сравнительно чистыми, по крайней мере, без пятен крови. Нашел кожаную жилетку, вполне подошедшую ему по размеру. Рубашки, правда, не было. Да черт с ней, с рубашкой!.. Он снял с себя форму убитого лейтенанта и переоделся в подобранную одежду. На его взгляд, он выглядел теперь как типичный житель прифронтовой полосы: достаточно пообтертый войной, чтобы не привлекать к себе особого внимания в зоне военных действий, и одетый достаточно цивилизованно, чтобы не походить на беглого раба в глазах чеченцев или на дезертира в глазах русских... «Сойдет», — решил Иван.

Теперь у него была машина. «Это хорошо, даже очень хорошо, — думал Иван, — поскольку резко приближает цель, ускоряет путь на север...» Но у него не было документов. И это сводило на нет все преимущества от обладания машиной.

«Деньги, — пришло в голову Ивану. — Должны быть деньги». Он обшарил карманы застреленного им мародера. Денег нашлось мало — тридцать долларов и российской мелочью тысяч пятьдесят. Кроме того, Иван выгреб из его карманов больше десятка зажигалок, пяток авторучек и три колоды потертых игральных карт...

Сунув деньги в карман, он опять полез в машину. Еще один мешок, вытащенный им из машины, был битком набит всяким барахлом, извлеченным, вероятно, из солдатских вещмешков: часы, фляжки, записные книжки, компасы, медальоны, может быть, и золотые, охотничьи ножи и чеченские кинжалы в ножнах с выбитой на них чеканкой, несколько книг, офицерская фуражка, танкистский шлем с ларингофоном, солдатские кружки, помятые пачки чая, какие-то фотографии, тюбики с зубной пастой, бритвы...

Иван не стал копаться в этих атрибутах жизни, свидетельствующих сейчас только о смерти своих бывших владельцев, а еще раз осмотрел салон машины. Больше вроде бы ничего не было. Иван вспомнил про бардачок, открыл его и даже рассмеялся от удовлетворения своей находкой...

Деньги лежали аккуратными пачками, перетянутые разноцветными резинками. Иван взял одну, прикинул на глаз. Примерно миллион российскими деньгами. Купюры были в основном старые, попадались мятые и рваные. Понятно — собирали-то их в одну пачку по разным местам и из разных карманов. Таких пачек было два десятка... Долларов была всего одна пачка, но, судя по ее толщине и по тому, что с одной стороны лежали десятки, а с другой — пятерки, сумма обещала быть вполне приличной.

Захлопнув бардачок и сунув в карман еще один «макаров» с двумя запасными обоймами, Иван резко вывалил остальное оружие на траву... И запылил на «Ниве» по каменистой дороге, со все увеличивающейся скоростью покидая район, где он окончил свои боевые действия в российско-чеченской войне.

...Неделю он блуждал по .ечне, избегая проезжих дорог и терзая «Ниву» сначала предгорным, а потом степным бездорожьем. Иван стремился на север и был озабочен только одним — не впороться ни в Урус-Мартан, ни в Грозный, ни в Гудермес.

Несколько раз его обстреливали, но он уходил от столкновения, изображая паническое бегство. И ему всякий раз верили. Что может быть естественнее страха в стране, объятой войной?

Сложнее всего оказалось перебраться через Терек. Все мосты через него охранялись слишком хорошо, чтобы рассчитывать прорваться через них на лишенной брони «Ниве». Ему не удалось бы даже сбить легонькой «Нивой» массивные шлагбаумы, а если бы он все же как-то их проскочил, то был бы неминуемо расстрелян из тяжелых пулеметов, стоящих на выездах с мостов на каждом из берегов. Соваться через посты без документов — это было бы вообще равносильно самоликвидации. И с документами-то проезд через мост оставался проблемой!..

Он двинулся сначала вниз по течению Терека, рассчитывая прорваться в Дагестан, но вскоре чуть не лишился машины, попав в прибрежных местах на участок совершенного бездорожья. Пришлось вернуться, поскольку проезжая дорога в Дагестан была слишком хорошо прикрыта чеченскими стволами.

Ему ничего не оставалось, как продвигаться в сторону Гудермеса, то проселками в одиночестве, то по проезжей дороге, прячась в группах машин и при первых признаках приближения к посту сворачивая с нее и ища объезд...

Иван чувствовал, что нельзя затягивать свое пребывание в этой стране, еще не знавшей о том, что она Ивана больше не интересует как противник и что единственное его желание — раскрошить как можно меньше чеченских голов на своем пути в Россию... Его могли втянуть в боевой контакт, и тогда ему пришлось бы убивать, хочет он этого или нет. А заставлять его забирать чью-то жизнь, когда она ему не была нужна, было бы насилием над его волей. Насилия же над собой Иван теперь просто не воспринимал, само слово «насилие» лишилось для него прежнего содержания и приобрело какое-то новое значение. Что-то вроде «прелюдии смерти»...

Ему нужно было покинуть Чечню, и как можно скорее. Только тогда он сможет идти уже своим путем — той дорогой, которую видит перед собой он, и только он, а не той, на которую его толкает чужая воля, будь то воля его командира или его Президента, его Родины или его народа... Иван осознавал себя некой суверенной личностью, способной начинать войны, выигрывать их или объявлять о выходе из них. Объявлять об этом опять же самому себе, поскольку только на него и распространялся суверенитет... И никого другого он в свои дела посвящать не собирался.

Иван решил пересечь Терек там, где его никак не ждут. Там, где на автомашинах через Терек не переправляются, поскольку это считается невозможным. Невозможным, потому что никто и никогда еще этого не делал... Ну что ж, он продемонстрирует еще один, новый способ автомобильной переправы через Терек.

Иван объехал Гудермес с севера и, спрятав машину в достаточно густом, чтобы быть использованным для минимальной маскировки, кустарнике, несколько часов наблюдал за движением поездов по железнодорожной линии Махачкала — Минводы, вернее по ее ветке Гудермес — Моздок. Результаты наблюдения его удовлетворили. Поезда ходили нерегулярно: в среднем за час проходил один грузовой состав.

Он подогнал «Ниву» к более-менее пологому въезду на железнодорожное полотно и готов был пристрелить каждого, кто попытается помешать ему дождаться прохода очередного товарняка.

Мост, как выяснил Иван за время наблюдения, охранялся только от пешеходов. Составы проверялись где-то раньше и через Терек следовали без проверки под охраной немногочисленных стрелков. Пост охраны моста состоял всего из четырех охранников, по два с каждой стороны. Судя по их истомленным лицам и расслабленным фигурам, на мост давно уже, как минимум несколько дней, никто не совался. Ближайшая к Ивану пара охранников явно скучала на своем посту — метрах в пятидесяти от самого моста, рядом с автоматической стрелкой. Они резались в карты, курили, вяло переругивались друг с другом, а то и вовсе по очереди растягивались на склоне насыпи и дремали. Правда, пока один дремал, другой в это время хоть и клевал носом, но продолжал сидеть на своем месте. На проходящие составы они не обращали никакого внимания, разве что иногда кричали что-то выглядывавшим из вагонных дверей стрелкам — что именно, Иван не мог разобрать.

Иван ждал состав за небольшим поворотом, скрывавшим его машину, находящуюся, таким образом, вне поля зрения охраны моста. От того места, где он стоял, до поста было метров двести, столько же примерно до противоположного конца моста.

Очередной состав заставил Ивана ждать больше часа. Поезд шел медленно, как и предусматривалось техникой безопасности на железнодорожном транспорте при движении по мостовой переправе. Ивану это было на руку, поскольку он не слишком доверял ходовым качествам «Нивы» при движении по такой «пересеченной местности», как шпальная подушка рельсов. Он пропускал вагоны один за другим, примериваясь к скорости движения поезда. Стрелки охраны поезда не обращали на «Ниву» никакого внимания, не предвидя с ее стороны никакой угрозы для железнодорожного состава. Мало ли что там за чудак влез на своей колымаге в кусты? Им-то что за дело?

Охранника, устроившегося на крыше последнего вагона, — единственного, который мог ему помешать, Иван снял одним выстрелом еще снизу, из-под насыпи, когда последний вагон только поравнялся с его машиной. Тот выронил свой автомат и уткнулся носом в крышу вагона. Иван резко газанул, и «Нива» выскочила на полотно, с трудом, но все же благополучно преодолев ближний высокий рельс...

Машину немилосердно затрясло, на каждой шпале Ивана подбрасывало и ударяло головой о крышу, пока он не сообразил вывернуть руль так, чтобы левое переднее колесо скользило по внутренней боковой поверхности левого рельса, а правое заднее — по внутренней поверхности правого. Колеса перестали попадать в выемки между шпалами одновременно, и машина пошла значительно ровнее. Иван уже не сомневался, что она сможет таким образом доползти до противоположного конца моста. Он держался метрах в трех-пяти от последнего вагона и должен был появиться в поле зрения охраны моста достаточно неожиданно.

Они заметили машину, как только она поравнялась с их стрелкой. Иван успел увидеть, что один из них так и застыл с вытаращенными глазами и раскрытым ртом, зато другой мобилизовался быстро, сдернул с плеча автомат и первой же очередью разнес заднее стекло кабины «Нивы»...

Ивану было не до того, чтобы отвечать на их выстрелы. В это время он как раз резко газовал, потому что переезжал рельсы ветки, примыкающей к основной линии, потому что здорово отставал от поезда. А это грозило сорвать все его планы. Но вот он наконец преодолел рельсы и затрясся по шпалам, догоняя последний вагон состава...

Автомат лупил по «Ниве» практически безрезультатно — то ли из-за мешающего охраннику удивления, то ли из-за того, что машину мотало из стороны в сторону. Пули ложились по касательной к ее корпусу, сдирая краску, но даже переднее стекло было еще цело. «Кретин, — подумал Иван об открывшем огонь охраннике, — по колесам надо было бить...» И это было воистину так, поскольку на ободах ехать по шпалам стало бы невозможным, и Иван застрял бы посредине моста, как кусок баранины посредине шампура. А с обеих концов моста его как следует «прожарили» бы автоматными очередями...

Но ему повезло. Смерть не захотела забирать его к себе, надеясь, очевидно, на неоднократные встречи и еще более близкие отношения с ним в будущем...

...Переднее стекло кабины мешало Ивану. Покрытое сетью мелких трещин от попадания в него срикошетившей пули, оно сильно ограничивало видимость, и Иван, улучив момент, когда трясло чуть меньше, высадил его ударом кулака.

Единственной его заботой теперь стала встреча со вторым постом на той стороне моста. Там его уже ждали...

Охранники залегли на насыпи и следили за последним вагоном, поджидая, когда он поравняется с ними, а затем для обзора откроется источник переполоха, поднявшегося на той стороне.

В расчеты Ивана не входило приближаться к охранникам вплотную и тем самым увеличивать вероятность попаданий при стрельбе по нему из автоматов. Он остановил машину, не доехав метров пятьдесят до поста, и спокойно наблюдал, как удаляется от него последний вагон, постепенно увеличивая сектор прицельной стрельбы для него самого. Он опасался только, как бы не заглох мотор «Нивы», — это могло свести на нет все его усилия по перетаскиванию на другой берег реки этого «средства быстрого передвижения»...

Конечно, он мог бы без проблем форсировать Терек без машины, бросить «Ниву» и продолжить путь пешком. Но было мало надежд на то, что удастся раздобыть на территории Чечни документы и достать новую машину с помощью денег, а не стрельбы. Чечня снова начала бы затягивать его, как трясина, не пуская туда, куда он стремился...

...Первым машину Ивана увидел тот охранник, что залег на насыпи справа. Он немедленно открыл огонь, чего, собственно, и дожидался Иван, чтобы успокоить стрелка пулей, как только уточнит его позицию по вспышкам из ствола автомата.

Второй охранник вступил в перестрелку секунд через пять. За это время Иван успел не только сориентироваться, но и взять его на мушку. Иван оборвал его очередь, прострелив ему плечо, а когда тот пытался поменять позицию и взять автомат в другую руку, пробил пулей ему голову.

«Нива», к счастью, не заглохла и благополучно преодолела расстояние до относительно пологого съезда с железнодорожной насыпи.

Нужно было поторапливаться, пока не поднялась тревога, пока сообщение о его дерзкой переправе через Терек не поступило в ближайшее воинское подразделение, — удалиться от моста как можно скорее...

Ивана интересовали только дороги на север... Буквально нащупывая колесами какую-то еле заметную колею, ведущую в сторону от железной дороги, он выжимал из машины все, что можно, стремительно удаляясь от Терека в сторону Ногайской степи. У него еще хватило бензина, чтобы перебраться через какую-то полупересохшую речушку и доехать до окраины неизвестной ему станицы. Почти с сухим баком он выехал на проселочную дорогу, и тут «Нива» окончательно заглохла. Но Иван был уверен, что удача его не оставит и случай придет ему на помощь. Ведь на север его вела сама судьба.

Он сделал самое простое из того, что следовало предпринять в данной ситуации: откинулся на сиденье и мгновенно заснул, не выпуская, правда, «макарова» из лежащей на руле правой руки...

Разбудил Ивана шум мотора приближающейся машины. Он сидел не шевелясь и даже не открывая глаз. Судя по звукам, машина остановилась метрах в десяти от него. Хлопнула дверца, и послышались осторожные шаги, приближающиеся к «Ниве». Иван ждал, расслабив мышцы тела, но предельно сконцентрировав свою волю. Он внутренне был готов мгновенно проявить активность, хотя внешне производил впечатление человека, отключившегося полностью, — не то убитого, не то спящего беспробудным сном, каким спят «пахари войны».

Человек, дезориентированный мертвенной неподвижностью Ивана, приближался крадучись, держа его на прицеле своего оружия. Иван не видел, чем он вооружен, но чувствовал нацеленную на свою грудь пулю в его стволе так, как ощущают на себе внимательный взгляд. Не открывая глаз, Иван прекрасно представлял себе, как, приблизившись вплотную, неизвестный склонился к открытому боковому окну, вглядываясь в Ивана, а затем осторожно, медленно потянулся рукой к «макарову», ствол которого смотрел через лишенное стекла переднее окно кабины вперед, в сумрачное небо...

Иван открыл глаза. Человек, уже просунувший голову в боковое окно, вздрогнул, но это было единственное, что он успел сделать.

От неуловимо быстрого движения Ивановой левой руки голова человека резко дернулась вверх, и в его шею с силой врезалась верхняя кромка бокового окна. Хрустнули позвонки...

Мотор стоявшей прямо перед «Нивой» машины, оказавшейся «уазиком», взвыл, но правая рука Ивана действовала еще быстрее, чем сидящий за рулем «уазика» человек. В лобовом стекле чужой машины появилась аккуратная дырочка. Иван разглядел, что ее водитель упал грудью на руль и ткнулся головой в пробитое выстрелом стекло кабины...

Иван вытолкнул наружу из кабины «Нивы» так и висевшего на окне человека и сам вылез из машины. Раздумывать было некогда и не о чем. Даже не взглянув на того, кто подкрадывался к нему, Иван просто перешагнул через его труп и пошел к «уазику». Вытащил из-за руля труп парня лет семнадцати с обезображенным выстрелом лицом. Проверил бензобак... Он был заполнен наполовину. Хорошо, но мало. Путь предстоял долгий, надо было запастись горючим впрок.

Вернувшись к «Ниве», Иван выгреб деньги из бардачка, бросил их на сиденье «уазика» и, ни минуты не сомневаясь в необходимости того, что делает, направил машину прямо в станицу. Он хотел найти автозаправочную станцию, но по дороге сообразил, что в станице ее может и не оказаться. Черт его знает, каких размеров это селеньице и насколько оно цивилизованно... Что ж ему теперь, спрашивать у каждого встречного, где у них тут автозаправка?

Иван решил действовать иначе. «В конце концов, я же знаю, что это мертвый народ, — подумал он. — И те, кого я не убью сегодня, рано или поздно найдут свою смерть, потому что сами ищут ее. И раз я пришел сюда, значит, и она ищет их...»

Он остановил «уазик» у ворот крайнего дома на единственной улице станицы, рядом со стоящим у забора «Москвичом», и с «макаровым» в руке вошел во двор.

Первым выстрелом Иван застрелил собаку... Он уже знал, что здесь не встретит какого-нибудь серьезного сопротивления. Скучное занятие — убивать таких податливых смерти людей. Но Ивану необходимо было тщательно «зачистить» территорию, чтобы полностью обезопасить свое недолгое на ней пребывание... Выскочившему на звук выстрела из дверей дома мужику он прострелил лоб, и тот упал беззвучно. Мужик оказался русским, чем немало удивил Ивана... Внутри дома завизжала женщина. Иван вошел в дом и прекратил ее визг еще одним выстрелом. Женщина была чистокровной чеченкой, в этом не было никаких сомнений... Не было у Ивана сомнений и в том, правильно ли он поступает. Неправильным, с его точки зрения, могло быть только одно — его дальнейшая задержка в Чечне. Все остальное было абсолютно неважно и совершенно оправданно... В соседней комнате он нашел старуху, которая сидела на каком-то сундуке, на котором, видно, только что лежала. Она слабой рукой попыталась перекрестить Ивана православным крестом, злобно шипя при этом беззубым ртом:

— Шатана... Шатана...

Улыбнувшись, Иван покачал головой и застрелил глупую старуху.

Больше в доме, кроме какого-то мелкого ребенка примерно году от роду, он не нашел никого. Ребенка Иван оставил жить, потому что тот не обратил на него никакого внимания.

Для того чтобы умереть, нужно сначала понять, что ты живешь.

Бензин оказался в сарае, в огромной, вместимостью не меньше тонны, емкости. Иван разыскал в том же сарае с десяток канистр разной емкости, все их заполнил бензином и погрузил в «уазик». Потом, прикинув, что впереди пески, нашел в доме две молочные фляги и наполнил их водой. Фляги он тоже поставил в машину. Он еще забрал из дома убитых им людей кое-какую еду. Мертвецам она все равно была не нужна...

Кажется, все. Он был готов в путь. Теперь Иван окончательно покидал Чечню. Сожалений по этому поводу у него не было никаких.

Иван на основательно загруженной бензином и водой машине выехал из станицы, так и оставшейся для него навсегда безымянной... Вскоре он углубился в пески Ногайской степи. Через пять часов тряски по барханному бездорожью он пересек границу Чечни и оказался в Дагестане, не встретив по пути ни одной живой души.

Перед ним лежали Кумские болота, калмыцкие Черные земли... Ивану приходилось переправляться через русла высохших степных речонок с почти отвесными берегами, объезжать зыбучие пески и маленькие соленые озера...

На шоссе Астрахань — Элиста он выбрался где-то в районе Улан Эрге, там, где эта дорога пересекает Черноземельский канал. Иван просто истосковался по асфальту после многодневной езды по вязким пескам и степным кочкам. Когда «уазик» перешел на плавный и стремительный ход по асфальту шоссе, Иван чуть не уснул за рулем, убаюканный ровной дорогой и отсутствием необходимости быть постоянно настороже.

Наконец он въехал в Элисту... Там Иван бросил машину, купил себе документы и приличную одежду. Потом был многодневный сон в поезде, который вез Ивана сначала практически обратно, параллельно пути, проделанному на машине: через Ставрополь, Кропоткин, Тихорецк, Ростов... А уж затем — на Москву!

Но все это теперь не имело для Ивана значения, поскольку происходило не в Чечне.

Глава шестая

Лещинский лежал в ласкающе горячей, ароматной воде. Страх, охвативший его на пляже в Серебряном бору, заполнивший все поры его тела, постепенно вымывался пахнущей хвоей водой... Лещинский вновь становился великолепной машиной логического анализа.

Тело его почти висело в воде, опираясь на бортик ванны только верхней частью плеч и затылком. Руки и ноги были не вытянуты, а полусогнуты, мышцы — полностью расслаблены. Тело не напоминало о себе ничем, словно его и не существовало вовсе.

Лещинский как бы превратился в лишенный тела, автономный мозг, вся мыслительная энергия которого была направлена на решение единственной задачи... Той, которую задал ему Крестный.

Итак, исходные условия: имеет место внешнее вмешательство в деятельность слаженного и успешно работающего криминально-чиновничьего механизма — тандема Крестный—Лещинский...

...Стремящийся к объективному анализу, Лещинский привык называть вещи своими именами. При этом они обретали плоть и кровь, переставали быть абстракциями газетных статей или вульгарными схемами кухонных разговоров...

...Что мы имеем еще?..

...Рассуждая, Лещинский строил речь от первого лица множественного числа не столько в результате гипертрофированного восприятия своей личности (типа: «Мы, император всея Руси...»), хотя и это присутствовало, сколько из-за стремления избавиться от личностных интерпретаций и оценок, что повышало, на его взгляд, степень объективности анализа...

...А еще мы имеем очень интересное обстоятельство: абсолютную невозможность утечки информации.

В себе Лещинский был уверен. О его контактах с Крестным знали только трое: он, Лещинский, сам Крестный и еще Господь Бог. И в Крестном он тоже не сомневался. Крестный — человек умный. И даже очень умный. Разве стал бы он так нервничать и так наезжать на Лещинского, если бы чувствовал за собой вину? Нет, не стал бы.

Может быть, кто-то следит за Лещинским. Несмотря на все конспиративные предосторожности, принятые перед встречей с Крестным, кто-то сумел сесть ему на хвост, зафиксировать его встречу с Крестным? А затем уже через Крестного вышел на того человека, который работал по Кроносову, — на ликвидатора? Да нет, ерунда получается. Ведь такой расклад возможен, если допустить, что Крестный младенчески наивен в вопросах конспирации. А он в своем деле далеко не ребенок.

Наконец, есть еще одна возможность... Наивен тот, на кого, по словам Крестного, началась охота. Но это тоже ерунда, поскольку полностью противоречит характеристике, данной ему Крестным. Как он сказал? «Тот, кто работал с Кроносовым, — припомнил Лещинский, — мне любого золота дороже». И еще что-то — о том, что убить его очень сложно, сложнее, чем любого другого. То есть речь шла о его высокой квалификации.

Значит, не было утечки информации. А тем не менее информация у кого-то была. Это первый вывод. «Небольшой, зато объективный», — усмехнулся про себя Лещинский.

Далее. Информация о чем? Прежде всего — о готовящемся третьем покушении на Кроносова.

Ну, тут не надо быть гением, достаточно и бытового, кухонного здравого смысла, чтобы сообразить, — раз две попытки оказались неудачными, значит, должна последовать третья.

Важнее другое. Кто-то знал не только о неизбежности предстоящего теракта, но и о том, где и когда он состоится. С местом-то, пожалуй, проблем нет, место традиционное — дом родной. А вот как со временем? Если Лещинский правильно понял слова Крестного, а ему казалось, что это именно так, человек, проводивший ликвидацию, работал один. Это означает, что, кроме него, о времени проведения операции не мог знать никто. Даже Крестный.

Это уже хорошо. Просто отлично. Можно сделать второй вывод, поценнее первого: никто не располагал информацией о времени убийства банкира.

Первое следствие из этого вывода — именно первое, то есть самое важное, так как оно касается его, Лещинского, жизни, — он тоже не знал времени и тактического рисунка ликвидации. И соответственно не мог никому о нем сообщить.

Второе следствие — стороннее наблюдение велось не столько за ситуацией с Кроносовым, сколько за самим проводящим ликвидацию исполнителем. Только так можно объяснить знание кем-то времени ликвидации. Совпадение по времени ликвидации Кроносова и попытки устранения человека, который его убил, не могло быть случайным. Существовала причинно-следственная связь...

Лещинский был убежденным детерминистом, всегда искал причину всего. И находил ее...

Отсюда следовал простенький в общем-то вывод: кого-то очень интересует личность или деятельность исполнителя — того человека, о котором Крестный говорил столь взволнованно и которого ценил столь высоко...

Интересует потому, что он стал кому-то мешать...

Лещинский почувствовал, что наконец уцепился за ниточку, указывающую дорогу к ясному пониманию ситуации... Но может быть и так, что он держит в руке лишь обрывок, не привязанный к основной нити и не ведущий к клубку... Лишь сплетенный, спутанный с главной нитью отдельными волокнами. Дернешь чуть сильнее, чем можно и нужно, — и останешься с обрывком, то есть фактически ни с чем...

Лещинский осторожно, сдерживаясь, потянул на себя нащупанный логический обрывочек...

...Тесно соседствовавшие во времени события не имели внутренней связи между собой, но все же оказались выстроенными в хронологический ряд... Значит, кто-то их выстроил.

В итоге имеем третье следствие: события кем-то формально, искусственно связаны, чтобы создать впечатление их взаимозависимости в глазах наблюдателей, если хотите, зрителей. А зрителей было всего двое — он и Крестный.

Кому это нужно? И зачем? Первый вопрос пока отложим. Не все сразу...

В хаос социальной жизни Лещинский не верил. У каждого логически организованного действия или события должна быть цель, а иначе все — спонтанно, все в хаос...

...У того, кто пытался связать смерть банкира и покушение на жизнь его убийцы в единый узел, могла быть только одна цель — войти в контакт с заказчиками устранения Кроносова: с Крестным и с ним, Лещинским. Оригинальный, однако, способ привлечь внимание заказчика!..

Вода в ванной вдруг показалась Лещинскому слишком прохладной, хотя температура ее автоматически поддерживалась на том уровне, который он сам установил на программном пульте управления.

...Никакой это, на хер, не оригинальный способ... Это самый красноречивый способ! И даже не привлечь внимание, а предупредить. Крестного предупредить — что его деятельность кому-то не нравится. Предупредить его, Лещинского, о том же самом...

Лещинский вдруг понял: он пока жив только потому, что некто весьма сильный — не менее сильный, чем сам Крестный, — просто еще не вычислил, кто стоит за убийством Кроносова... Как и за целым рядом других убийств, несчастных случаев и скоропостижных смертей от естественных причин, повлиявших на российскую политическую жизнь последних месяцев... Он выскочил из ванной, внезапно почувствовав отвращение к воде и, в особенности, к той позе «лягушки», в которой только что расслабленно «парил»...

Требовались четкие, объективные, прочно обоснованные выводы. И он к этим выводам обязательно придет, поскольку от них теперь зависит его жизнь! В этом Лещинский уже нисколько не сомневался... Остатки высокого самомнения мгновенно выветрились из него, словно легкий хмель...

Лещинский зябко поежился. Он прошел в свою сорокаметровую гостиную, открыл бар, плеснул в «тумблерс» хорошую порцию «Барбароссы», залпом опрокинул в себя... Спиртное в первый момент колом воткнулось в желудок, перехватило дыхание и вызвало неприятные спазмы. Лещинский подавил подкатившее к горлу ощущение дурноты и плюхнулся в кресло. Сознание от выпитого нисколько не замутилось, а через минуту теплая волна поднялась из желудка и разлилась по всему телу. Он наконец-то согрелся...

...Сидеть и ждать, как дальше будут разворачиваться события, конечно, нельзя. Надо что-то делать. Но что? Звонить Крестному и бежать к нему — просить о помощи? А что Лещинский ему скажет: я испугался, хочу жить, боюсь кого-то, сам не зная, кого? Как бы Крестный после этого его сам не пристрелил...

Ведь узнать-то он еще ничего не узнал!

«Мыслитель, мать твою...» — подумал о себе Лещинский. Ему было стыдно перед самим собой. До него только сейчас дошло: Крестный сам к нему обратился фактически за помощью. Просил выяснить не что произошло, это для него и так, по всей видимости, было ясно, а кто за этим стоит!..

То ли от водки, то ли от страха, но кое-что в голове Лещинского прояснилось. «Хватит юлить, — сказал он себе. — Это не предупреждение. Это война». И глубоко задумался над тем, кому могла быть нужна война с подпольной структурой правительства.

Кому выгодно уничтожить механизм реального, а не только декларированного в Конституции влияния государственной власти на события в стране? Кому на руку, чтобы правительство не имело возможности справиться ни с одной сложной ситуацией? Кому нужно, чтобы события вели за собой действия правительства, а не наоборот?

Над ответом не надо было ломать голову... Только оппозиции. Только тем, кто мечтает перестроить существующую структуру под себя, для своей выгоды, в своих интересах, кто хочет расставить своих, проверенных людей на ключевых постах в правительстве.

Лещинский вздохнул. Задача казалась теперь почти решенной... Оппозиция была пестра, разнообразна по составу, но реальной возможностью создать новые дееспособные силовые структуры или влиять на уже имеющиеся обладали лишь две фигуры...

Прежде всего — бывший премьер-министр. Недавно вынужденный уйти в отставку, он потерял формальную власть над государственным аппаратом, но сохранил свое политическое лицо и, что еще важнее, свои связи с государственными силовыми структурами...

Вот уж с кем бы не хотел Лещинский иметь дело, так это с официальными силовиками! И вовсе не потому, что они могли, используя легальные, законные пути, формально и фактически почти не выходя из конституционных рамок, расправиться с любым человеком в России... Реальную опасность представляли как раз различные полулегальные, строго засекреченные и совсем нелегальные отряды специального назначения, о функциях которых можно было только догадываться, строя множество предположений. Но наверняка знали, в чем состоит их задача, лишь единицы из верхушки силовых ведомств.

Вслед за бывшим премьером самым достойным внимания лидером был генерал-афганец, давно и безуспешно рвущийся к власти. Он уже дважды проиграл выборы за президентское кресло, но сохранил при этом мощную поддержку среди потенциальных избирателей по всей России.

Лещинского мало интересовали настроения электората, но он знал, что политический «штаб» генерала опирается на разветвленную по всей стране структуру с четко выраженной силовой ориентацией... Кое-где, даже в некоторых крупных городах, генеральские «бойцы» захватили неформальную власть и диктовали теперь свою волю местному криминалитету. В Москве они пока чувствовали себя неуверенно, но могли в любой момент перейти к активным действиям и здесь...

Эта фигура и стоящие за ней силы, на взгляд Лещинского, были менее опасны. Пропагандистский аппарат генерала был вынужден организовывать его сторонников с помощью политических лозунгов. Отягченность генеральской политической программы идеальными или, лучше сказать, утопическими целями отрицательно влияла на уровень боевой подготовки силовых структур генерала.

Вот государственные силовики — те не морочили мозги своим подчиненным сказками о справедливости, а, наоборот, старательно выбивали из них любые идеальные представления, любые проявления прекраснодушия!..

Реальность, по своей сути, жестока и цинична, характер власти должен ей соответствовать, а механизму осуществления и поддержания власти — силовикам предопределено быть еще жестче и циничнее, чем сама власть. Лещинский, как никто, понимал объективную основу и абсолютную необходимость такого подхода. Так всегда было, есть и будет в государственных силовых структурах. Нельзя сказать, чтобы само по себе это Лещинского успокаивало. Скорее наоборот, перспектива испытать на себе возможности какой-нибудь «Дельты» или «Лиги профессионалов» его чрезвычайно тревожила. Потому что он все более склонялся к мысли: активные действия против Крестного начали не генеральские «бойцы», а люди бывшего премьера.

Он схватился за телефон... Номер, которым он всегда пользовался, вызывая Крестного на контакт, долго не отвечал. Наконец в трубке зазвучал знакомый мужской голос:

— ...Что передать?

— Передайте, что нужно срочно встретиться! Он сам знает, зачем...

Глава седьмая

...Встретившись с Лещинским и выслушав его предположения о вступлении в игру определенных сил, какие силы могли вступить в игру, Крестный не на шутку обеспокоился судьбой Ивана. Ведь если Лещинский, эта тварь, дрожащая от каждого шороха, сообразил все правильно, Ивану угрожала серьезная опасность...

Крестного заинтересовала, прежде всего, выдвинутая Лещинским версия, что именно Иван — как личность, как профессионал, как некий самостоятельный фактор — кому-то мешает. И что сложившаяся ситуация не имеет прямого отношения к убийству Кроносова... Может быть, он даже мешает бывшему премьеру. Не самому лично, конечно, а связанным с ним силовикам...

Крестного это обеспокоило, но вовсе не испугало. Он считал, что бояться следует только неизвестного противника: когда знаешь, с кем имеешь дело, ты уже готов к борьбе. В конце концов, какая разница, кого ликвидировать — банкира или генерала, министра или криминального авторитета? В любом из случаев, какой бы сложной ни представлялась задача, она тем не менее была выполнимой...

Для начала нужно выяснить: в поле зрения какой из силовых структур попал Иван и при каких обстоятельствах?

Если конкретизировать версию Лещинского, то

становится очевидным: вовсе не человеческая сущность, как бы она ни была незаурядна, и не «темное» прошлое Ивана, а его сегодняшние дела привлекли чье-то пристальное и недоброжелательное внимание...

За последние месяцы Иван выполнил несколько заданий Крестного. В основном это были заказы, полученные Крестным через Лещинского. Но два задания Крестный сформулировал сам, исходя из своих тайных планов, касающихся Ивана.

Путь, который избрал Иван для успешного выполнения одного из этих заданий, как раз ярко характеризовал его не просто как профессионала экстра-класса в своем деле, а как неординарную личность... В общих чертах суть задания была такова: нужно было заставить одного очень строптивого, можно сказать «упертого», бизнесмена добровольно подписать документы о передаче права управления принадлежащим ему имуществом людям, которые заведовали финансовыми делами Крестного. Но имелась у этого задания и своеобразная подоплека или предыстория...

Фамилия бизнесмена была Андреев. Он владел восемью магазинами в различных концах Москвы, торговавшими верхней одеждой, бытовой техникой, продуктами питания. Все магазины назывались одинаково — «Андреевский», но у каждого в названии было второе слово, которое отражало специфику магазина, — «technics», «fashion», «boots»... Среди магазинов был и супермаркет с аналогичным названием. А при нем — небольшой ресторан под вывеской «Гаргантюа». Супермаркет был, конечно, приспособлен к российским условиям, то есть представлял собой довольно небольшое помещение, до предела заполненное товарами всех видов и групп. И если бы не современный дизайн и отделка, то по подбору соседствующих товаров он напоминал бы своего рода «сельпо».

Но не сам магазин, а ресторан при нем попал в поле зрения Крестного. И вот каким образом это произошло.

К Крестному поступила «жалоба» на Андреева от небольшой криминальной группировки — «ордынской», контролировавшей территорию от Чугунного моста до Третьяковки. Магазин находился на границе между территорией этой группировки и зоной влияния «полянского» криминального сообщества.

Обычно и «ордынцы», и «полянцы» на подконтрольных им территориях имели неписаное право заходить в любое заведение, в какое хотели и когда хотели, не зависимо от того, были там свободные места или нет. Организовать себе свободный столик — это уже была их проблема. Они ее всегда успешно решали: если возникала спорная ситуация, просто вытряхивали кое-кого из посетителей на улицу...

Андреев, воспользовавшись пограничным положением своего ресторана и заручившись поддержкой районной милиции, где имел родственные связи, распорядился не пускать в «Гаргантюа» ни тех ни других. «Полянцы» расколотили ему пару витрин и на том успокоились. «Ордынцы» же отступиться не захотели. Изловив Андреева, который иногда привозил в «Гаргантюа» обедать или ужинать своих деловых партнеров и женщин, «ордынцы» выбили ему передние зубы, после чего четко сформулировали свои претензии... Хорошо себе представляя, что «ордынцы» — это всего лишь мелкая московская шпана, Андреев поставил на следующий день в дверях ресторана охранников и отдал жесткое распоряжение: никого из «ордынцев» не пускать в ресторан, даже если будут свободные столики.

«Ордынцы» озлобились. Перед ними появилась конкретная цель, придавшая их жизни смысл... И они ополчились на Андреева с его рестораном, готовясь штурмовать заведение, как неприятельскую крепость.

Попытки вести переговоры, подкупить охранников, постоянные угрозы оказались безрезультатными, и «ордынцы» выделили из состава своей группы киллера, который должен был убить Андреева.

Этот так называемый киллер, устроивший в подъезде дома Андреева засаду, едва успев вытащить пистолет из кармана, был тут же застрелен охранником, которого, как позже выяснилось, выделил Андрееву его двоюродный брат из райотдела милиции.

«Ордынцы» взвыли... Через полчаса после того как был застрелен их киллер, милиция арестовала восемь человек из их группировки. Их продержали под арестом в райотделе несколько дней, ничего толком не объясняя... Через несколько дней некий капитан милиции растолковал им, что за участие в убийстве двоим из них грозит лет по пять—семь колонии строгого режима, что имеются показания Андреева и его охранника, которые видели их на месте покушения, а также магнитофонные записи с угрозами в адрес Андреева. И что теперь перед ними стоит выбор — либо суд и соответствующий приговор, либо... платить каждую неделю ему, капитану, по сто долларов и охраннику по пятьдесят.

Это было, конечно, возмутительное, с точки зрения «ордынцев», но еще не самое наглое требование. После того как капитан изложил свои условия и выслушал в ответ гробовое молчание, в камере появился сам Андреев и, ухмыляясь беззубым ртом, заявил вконец растерявшимся «ордынским» лидерам:

— Давайте, пацаны, по-честному. Вы мне зубы выбили, в расходы ввели. У дантистов цены сейчас — у-у! — Андреев выразительно закатил глаза. — Короче, должны вы мне. Много должны. Но я все сразу не прошу. Я же не зверь. Вы люди небогатые, вам все сразу не по силам. Ничего, давайте в рассрочку. Однако режим жесткий. С вас двоих, — кивнул он на «ордынских» главарей, — всего по одному доллару. Каждый день. Но не больше и не меньше. Вы в ресторан ко мне рвались? Тебе и тебе, — он ткнул пальцем в лидеров, — разрешаю. Приходить будете каждый вечер, приносить по доллару, кидать в пустой аквариум. Если кто что спросит, скажете — должок мне отдаете...

«Ордынцы» молчали, потому что от такой наглости просто потеряли дар речи...

Садиться им не хотелось, перед «ордой» позориться — тоже. Своими крепкими в драках, но слабыми в размышлениях головами они все же понимали, что с районной милицией тягаться не смогут, уровень свой знали. «Ордынцы» решили просить помощи. Через третьи руки передали «жалобу» Крестному, который иногда выступал в роли третейского судьи в разборках между группировками.

Обычно Крестный подобными мелочами не занимался. Но в этом деле обещал помочь. Правда, не потому, что его возмутила наглость шантажистов, — это была вещь обычная. И его лишь забавляла ситуация, в которую влезла твердолобая замоскворецкая шпана. Руководил его действиями интерес к самому Андрееву, проявившему столько упрямства, даже, можно сказать, стойкости. Такой человек представлялся Крестному хорошим объектом, который можно было бы использовать для обучения и тренировок.

Крестный решил проверить возможности Ивана в «перевоспитании» человека. Случай показался ему подходящим. Крестный намеренно выбрал задание посложнее. Иван нужен был Крестному не только в роли ликвидатора, он должен был уметь решать и задачи другого плана. Пусть попробует добиться от этого человека практически невозможного...

Он определил Ивану следующие условия: не поднимать шума, то есть никаких массовых сцен, тем более с перестрелками; по возможности не портить интерьеры в этих самых «Андреевских»; уложиться максимум в недельный срок.

Сам Крестный искренне считал задание невыполнимым и сам никогда бы не взялся за него, даже за очень большие деньги. Иван, помнится, выслушал его молча, согласия не выразил, но и не отказался... А через два дня передал Крестному подписанные Андреевым документы на передачу имущества в оперативное управление другим лицам... Крестный спросил о подробностях. И когда Иван рассказал, как и что, даже видавший виды Крестный поежился. Он все более убеждался, что этот человек способен выполнить миссию, к которой его постепенно и целенаправленно готовили...

...Первое, что Иван сделал, — отправился поужинать в «Гаргантюа». Он умышленно пришел туда вечером, рассчитав, что в это время посетителей должно быть больше. Ему еще пришлось минут сорок сидеть у стойки бара в ожидании, пока освободилось место за столиком. За это время он осмотрелся и сразу же нащупал информацию, за которую можно было зацепиться в качестве повода для встречи с Андреевым.

Зал был небольшой — на десять маленьких, тесно стоявших столиков, которые были постоянно заняты, да еще у стойки бара сидело человек пять. Ивана интересовал, прежде всего, порядок расчета с клиентами... Двое официантов бегали со всех ног из кухни в зал и обратно с подносами, бутылками, грязной и чистой посудой. Освещение в зале ресторана было, скорее, интимным, чем ярким. И это несколько затрудняло Ивану наблюдение. Но от экрана огромного телевизора «Панасоник», с диагональю метра полтора, висевшего на стене, шло достаточно света, чтобы можно было целенаправленно следить за вечерней жизнью ресторана.

Усевшись за столик и сделав заказ, Иван около получаса потягивал сладковатый темный австрийский «Zipfer», курил, разглядывал посетителей. Народ потихоньку рассасывался, расплачиваясь с официантами.

Дождавшись заказа, Иван не спеша ужинал и попутно суммировал свои первые наблюдения. За полтора часа ресторан покинули компании из-за семи столиков. Все они, естественно, предварительно расплатились. Ни один из двух официантов не приносил за столики счет. Они раскрывали свои блокноты и просто называли суммы, которые посетители должны заплатить. Деньги относили старшему бармену за стойку. Тот, в свою очередь, ни разу не воспользовался кассовым аппаратом и не выбил ни одного чека...

Поев, Иван заказал литр пива с креветками и просидел в ресторане еще час... Народу осталось немного, заняты были всего три столика, и Иван отметил то, на что внимания, кроме него, никто не обратил. Все столики в зале стал обслуживать один официант, а второй пристроился у тумбочки, где у официантов хранились чистые приборы, повернулся к залу спиной и принялся сосредоточенно выписывать счета. Уверенный, что его действия вряд ли кого-нибудь заинтересуют, официант не особенно заботился о конспирации, хотя и старался закрывать корпусом от зала свою тумбочку, на которой писал. На него действительно никто не смотрел. Кроме Ивана, который пришел сюда, в ресторан, с вполне определенной целью и довольно скоро разгадал несложный смысл происходящего на его глазах.

Официант брал из стопки скрепленные по два чистые бланки, отрывал верхний, аккуратно его сворачивал и засовывал в левый карман брюк, стараясь делать это не очень заметно и поворачиваясь в этот момент левым боком к стене. Затем прикладывал ко второму экземпляру счета копировальную бумагу, сверху накладывал какой-то трафарет, скреплял все это скрепкой, чтобы не расползалось, и выписывал счет. При этом он каждый раз достаточно долго изучал свой блокнот, что-то там дописывал и вычеркивал. Закончив с одним счетом, он отдавал его старшему бармену — аномально высокому, за два метра, субъекту с застывшим на лице подобострастием, явно фальшивым, — а сам принимался за следующий. Высокий бармен смотрел сумму, некоторые счета откладывал в какой-то свой ящик сразу, взглянув на другие, пробивал некую сумму на кассовом аппарате и прикреплял к счету чек...

Иван усмехнулся. Нехитрый механизм позволял вычеркивать из реального счета все, что в баре и на кухне удалось сэкономить, а также все, что удалось пронести в ресторан барменам и поварам своего, не вписанного в отчетность. Ведь цены в ресторане, без всякого сомнения, были намного выше, чем в любом соседнем магазине...

Он подошел к долговязому бармену, потрепался с ним о коктейлях, спросил, много ли за день бывает народу, выслушал сетования бармена на не очень большую «проходимость», особенно в дневные часы, заказал еще пива и вновь уселся на свое место. Полистав меню, он прикинул среднюю стоимость обеда или ужина в ресторане, умножил на примерное число посетителей и получил ежедневную выручку. Затем подозвал официанта и доверительно-извиняющимся тоном попросил:

— Слушай, я в Москве в командировке. Мне нужно будет отчитаться... Счет выпиши, пожалуйста.

Официант пожал плечами и пошел выписывать счет. Он что-то сказал бармену, и тот внемательно стал разглядывать Ивана. «За налогового полицейского меня принимает? — подумал Иван. Через пять минут официант принес счет с полностью записанным заказом Ивана, но без чека. — Значит, не похож я на налогового инспектора, — хмыкнул про себя Иван. — И это хорошо. Иначе мне принесли бы чек, а это нарушило бы всю мою комбинацию». На счете стояли номер, дата, подпись официанта. Бланк был фирменный, андреевский.

Больше от ресторана «Гаргантюа» Ивану пока ничего не нужно было.

Он прошел в супермаркет, спросил директора и через минуту уже разговаривал с молодой женщиной, на первый взгляд весьма привлекательной... Но в процессе разговора ее лицо своим каким-то застывшим, безжизненным выражением напоминало ему, скорее, продукцию Московской фабрики игрушек, чем лицо живого человека. Иван представился главным менеджером московского филиала корпорации «Procter & Gamble» и от имени фирмы выразил желание видеть супермаркет «Гаргантюа» в числе ее постоянных клиентов. Как он и предполагал, компетенции директорши с кукольным лицом не хватило, чтобы решить этот вопрос самостоятельно, и она посоветовала обратиться к владельцу магазина — Андрею Владимировичу Андрееву. Ивану был нужен номер телефона Андреева, и он его получил.

Труднее всего оказалось преодолеть сопротивление секретарши, которая вешала трубку, едва заслышав о том, что Ивана интересует личная встреча с Андреевым. Ей почти удалось вывести Ивана из равновесия. Наконец, на седьмом его телефонном звонке секретарша, видимо, сдалась. Ивану ответил сам Андреев.

— ...Вы давно проверяли отчетность в ресторане «Гаргантюа»? — спросил Иван.

— Кто это?

— ...Ежедневно у Вас в ресторане крадут минимум пятьсот долларов.
— Плевать я на это хотел. Тебе чего надо?
Иван молчал. Он решил терпеливо выдержать паузу. Пятнадцать тысяч долларов в месяц — сумма, конечно, не такая уж большая. Но ведь лавочник... Копеечка к копеечке... И не ошибся.
— Гм, каждый день, говоришь?
— Иногда больше. Когда выручка большая.
— Откуда ты это знаешь? И кто ты такой?
— Наблюдательный человек.
— Чего ты хочешь?
— Показать вам, как это происходит. Прямо на месте.
— Да тебе-то что с того? Ты из налоговой, что ли?
— Нет. Просто есть у меня к вам одно дело. Вот и хочу сначала продемонстрировать свою компетентность. Может быть, доверять больше станете?
— Любопытный ты кадр. Ну, хорошо. Завтра в девять вечера в ресторане...
...Утром Иван связался с Крестным, попросил подготовить необходимые документы и к девяти вечера с тоненькой папкой в руках пришел в ресторан. В зале в этот день работала другая смена, и появление Ивана не вызвало у нее абсолютно никаких эмоций, для них он был впервые попавшим в их ресторан клиентом. Свободных мест в ресторане не было, и Ивану вновь пришлось ждать за стойкой бара. Впрочем, один столик оставался свободным, но на нем стояла табличка «Стол зарезервирован», и он понял, что этот столик приготовлен для хозяина.
Андреев не заставил себя ждать. Он появился в зале в сопровождении охранника, внимательно осмотрел сидящих за столиками, скользнул взглядом по Ивану и сел за приготовленный для него стол... Иван с удовлетворением отметил, что охранник не

остался в зале, может быть, потому, что просто негде было пристроиться, а сел в проходе из магазина в ресторан. Иван помнил условие Крестного — не поднимать шума, и сложившаяся мизансцена ему понравилась. Он хорошо знал, что в каждом ресторане стойка бара оборудована кнопкой тревожной сигнализации, но это его не особенно беспокоило. В зале он рассчитывал провести лишь первую часть спектакля — «Ухаживание».

Иван подождал, когда официанты закончат суетиться вокруг хозяина: они поставили ему на стол бутылку какой-то красной французской кислятины, если верить меню — что-то типа «Бордо», кажется «Шато Лассаль», принесли огромное, наверное полметра в диаметре, блюдо с устрицами и оставили Андреева в покое... Иван подошел к его столику, молча сел напротив, поднял руку, подзывая официанта.

— Бутылку белого бургундского «Жорж Февле», — сказал Иван подошедшему к столику стриженному под ежик официанту невысокого роста с серьгой с левом ухе, — и чистый бокал Андрею Владимировичу.

Андреев сначала бросил взгляд в направлении входа в зал, где должен был сидеть его охранник, потом — в сторону бара и, почувствовав, видимо, себя в безопасности, с раздраженным видом уставился на Ивана.

— Ты звонил? — спросил он.

Иван был в купленном часа два назад светло-сером костюме от Зайцева, ослепительно белой рубашке и строгом черном галстуке. Иван галстуки терпеть не мог, но этот обладал единственным, на его взгляд, достоинством — красноречиво свидетельствовал о своей высокой цене... Иван надеялся, да просто испытывал уверенность, что выглядит в глазах хозяина ресторана как человек, у которого нет никаких материальных проблем. Так было задумано: чтобы сам факт его контакта с Андреевым стал для того необъяснимым. Психологию «лавочников» Иван представлял себе хорошо. Андреева, по его мнению, интересовал сейчас один вопрос: если тебе не денег нужно, так чего же еще?.. Впрочем, нет. Это, конечно, второй вопрос. Первый и главный — о пятистах долларах, которых он каждый день лишался...

...Иван не любил отвечать на идиотские вопросы и поэтому чаще всего оставлял их без ответа. Неужели не ясно, что звонил именно он? Андреев, видимо, был не слишком чувствительным человеком, что предвещало дополнительные сложности в работе с ним.

— Устриц рекомендуют запивать белым вином, — сказал Иван.

Официант уже принес бутылку, открыл ее прямо на столике специальным штопором и налил им обоим по трети бокала.

Иван движением кисти показал ему, чтобы он удалился. «Серьга», как сразу же про себя стал называть его Иван, посмотрел на Андреева, но тот ответил ничего не выражающим злобным взглядом.

Официант ушел.

Иван с удовлетворением отметил, что правая нога Андреева непрерывно дергается нервной дрожью. Адреналин в крови, видно, требовал дать выход эмоциям...

— Так. Или ты сейчас объясняешь, зачем вчера морочил мне голову, или вылетишь отсюда как пробка! — Хозяин ресторана опять посмотрел в сторону входа в зал из магазина, где за углом сидел его охранник, затем еще раз на бармена, словно призывая его удвоить бдительность.

Иван заметил, что бармен смотрел в ответ на Андреева недоумевающе. До него не доходило, что Андреев не просто раздражен. А еще и боится сидящего перед ним человека.

— Голову вам морочат вот эти ребята, вместе с

управляющим баром и директором магазина, — кивнул Иван на стойку бара. — Смотрите, как они сейчас засуетятся.

Иван достал из своей папочки вчерашний счет и положил перед Андреевым. Сделал он это плавным, медленным движением, чтобы не сводящий с них глаз бармен успел рассмотреть, что не какую-то там бумажку показывает Иван его хозяину, а именно счет.

— Ну? — сказал Андреев. — Счет...

И действительно, смена засуетилась. Второй официант, с круглым, коротко стриженным черепом и туповатым выражением лица, забегал между столиками вдвое быстрее, чем прежде, взяв на себя обслуживание всего зала, а Серьга прямо за барной стойкой принялся строчить не выписанные еще счета. Время от времени стрекотал кассовый аппарат.

— Сегодня ребята останутся без своей ежедневной левой зарплаты, — прокомментировал Иван. — А выручка увеличится лимона на три. Старыми деньгами.

— Что ты лепишь? — раздраженно и агрессивно спросил Андреев. Он тоже видел, что работа смены изменилась, но не понимал причины. Слишком, на его взгляд, уверенный в себе и слишком сообразительный, по сравнению с ним, Иван его очень сильно раздражал, можно сказать, просто злил, но послать его подальше и выкинуть из ресторана Андреев уже не мог — речь шла о его деньгах...

— Имеющий глаза... — сказал Иван и сделал небольшую паузу. — Объясняю... — «Для дураков», — уточнил он, беззвучно шевеля губами. — Этот счет выписан вчера. Вот, на нем стоит дата. Чтобы понять, что сейчас происходит, достаточно найти второй экземпляр этого счета, который должен сдаваться в бухгалтерию.

Андреев тупо уставился на счет.

— Сумма, на которую выписан второй экземпляр счета, — продолжал Иван, — и которую смена положила в кассу, тысяч на двести меньше той, которую с меня вчера взяли. И так с каждым счетом.

Шея Андреева покраснела. Руки его дрожали, на бармена он кидал яростные взгляды.

— Только давайте без крика, — сказал ему Иван, подливая в бокал белого вина. — А то вы всех клиентов распугаете. Да и убедиться нужно сначала.

До Андреева уже дошло, что Иван во всем прав. Действительно, его обкрадывают, кладут себе в карман круглую сумму — практически с каждого столика. Он уже жаждал разборок, готов был закрыть ресторан сейчас же и начать трясти смену. Но сначала нужно было и в самом деле получить доказательства.

— Тебе вернут твои деньги. Иди за мной.

Как Иван и предполагал, в бухгалтерию они прошли через кухню, а не через торговый зал магазина, и на глаза охраннику, таким образом, не попались. Бармен же сейчас гораздо больше был озабочен своими проблемами, чем безопасностью хозяина.

Как ни был зол Андреев, на глазах у посетителей ресторана он себя еще сдерживал. Но уж в подсобных помещениях разошелся во всю... Открывал двери только ногой, а одну дверь, которая вовсе не заперта была, а просто открывалась в другую сторону, даже сорвал с петель. Говорить спокойно не мог — все время срывался на крик... В общем, переполох среди своих подчиненных он устроил страшный.

И это тоже входило в планы Ивана.

Директорша со своим и без того кукольным, а теперь совсем окаменевшим лицом следовала за ним молчаливо, как тень, и только время от времени пыталась что-то сказать.

— Андрей... Андрей... — неуверенно начинала она, но он тут же заглушал, затыкал ее своим криком и производимым шумом, пинком открывая двери, отшвыривая со своей дороги всех, кто не успевал юркнуть куда-нибудь за угол...

Иван держался рядом, стараясь не упустить подходящий момент.

— Зажрались, суки?! — орал Андреев. — Ну, блядь...

Он наконец обратил внимание на следовавшую за ним хвостом директоршу.

— Я тебе, тварь, мало плачу? Я тебя мало ебу? Как ты могла, сука?..

— Андрей... я не знала, — пролепетала та, но больше добавить ничего не смогла.

Он бегал из комнаты в комнату, грохая дверями, гоняя работников подсобных цехов магазина и ресторана и не находя себе места... Наконец, Андреева занесло в разделочный цех. Мясники, побросав работу, пулей выскочили оттуда.

«Годится», — подумал Иван. Он открыл кран над ванной, где мясники обмывали туши, налил воды в какую-то кружку, подал Андрееву. Тот выпил и тяжело опустился на трехногий табурет. В дверь просунулась голова директорши.

— Отчетность за вчерашний день принесешь сюда! — крикнул ей Андреев.

Иван занял позицию у двери, готовый выкинуть из цеха любого, кто попытается помешать ему приступить к завершающей части операции...

Пачка вчерашних счетов появилась в разделочном цехе практически мгновенно. Иван положил их перед Андреевым на железный разделочный стол и сам быстро разыскал нужный счет... Сумма, вписанная в него, действительно оказалась значительно меньше, чем в первом экземпляре на сто девяносто три тысячи. Пиво и креветки в этом счете вообще отсутствовали. По нему выходило, что Иван вчера ограничился только мясным салатиком под названием «Фигаро» и чаем с пирожными. О свиных краях, фаршированных грибами, которые, кстати, Ивану вчера показались чрезвычайно вкусными, во втором экземпляре счета тоже не упоминалось.

— Ах, твари!.. — задохнулся Андреев. — Счета переписываете?.. Официанта сюда, — рявкнул он за дверь, уверенный, что там внимательно прислушиваются к тому, что происходит внутри.

Секунд через пятнадцать в разделочный цех вошел официант Серьга. Он двигался настороженно и плавно, готовый то ли к прыжку, то ли к удару... «Да ты, дружок, не так прост, как выглядишь, — подумал Иван. — Кое-что, наверное, в жизни видел, раз запах смерти чуешь...»

— Это что? — спросил Серьгу Андреев, кивнув на лежащий на столе счет.

— Счет, — односложно ответил официант.

— Ты мне, блядь, не умничай! — заорал Андреев. — Ты переписывал?

Официант открыл было рот, собираясь, вероятно, объяснить, что вчера работала другая смена и он, мол, не мог выписывать именно этот счет, но дальше Иван не дал ему ни договорить, ни додумать... Официант не должен был больше ничего произносить, да и тянуть с ним нельзя было — он мог почувствовать ожидающую его судьбу и, начав ненужную возню, поднять шум.

...Иван выбрал длинный, почти полуметровый, нож из тех, что в изобилии валялись среди кусков говядины на разделочных столах, и, зайдя сбоку, проткнул им официанта насквозь — вогнал в его тело, а точнее в область солнечного сплетения, заточенную остро, как бритва, мясницкую сталь...

Официант напрягся всем телом, выпучил глаза и крепко схватился за нож руками, разрезая себе при этом ладони. С кистей его рук на пол потекли струйки крови.

Андреев тоже вытаращил глаза и оцепенел.

Иван взял из руки владельца ресторана счет, который тот чисто автоматически продолжал сжимать в пальцах, и вложил в его ладонь ручку ножа, на котором торчал, почти висел официант. Андреев невольно схватился за нее, так как Серьга стал заваливаться на него, явно собираясь упасть в его объятия...

Иван тем временем был уже у двери. Щелкнув задвижкой, он успел подумать: «Сейчас они там сами решат, кому еще придется умереть...»

Но этот вопрос, как выяснилось, был давно решен. Стоило только щелкнуть задвижке, дверь тут же приоткрылась, и в нее просунулась голова бармена, у которого была, очевидно, уже готова своя, реабилитирующая его смену версия ответа на любой вопрос, связанный со счетами. Иван чуть посторонился, чтобы бармен мог хорошо рассмотреть Андреева, держащего мясницкий нож с висячим на нем официантом.

— Ты что сделал, сука? Я же тебя зарою... — закричал в этот момент Андреев.

Голова бармена моментально исчезла, а дверь захлопнулась.

Андрееву удалось оттолкнуть от себя официанта, и тот упал спиной на пол. Нож сантиметров на тридцать торчал вверх из его живота. Капли крови стекали по лезвию, на белой официантской рубашке расплывалось ярко-красное, под цвет форменной жилетке, пятно. Рукоятка ножа слегка покачивалась из стороны в сторону.

— Теперь ты заткнешься и будешь слушать, — сказал Иван бледному как мел Андрееву. — Внимательно слушай. И тогда останешься в живых.

— Кто ты? — сдавленным шепотом спросил Андреев.

— Угадай с трех раз, — хмыкнул Иван.

Он подошел к двери, открыл ее и рявкнул на собравшихся у дверей:

— А ну, быстро по местам! Работать! Работать!

Коридор опустел.

Закрывая дверь, Иван специально повернулся спиной к Андрееву, чтобы стимулировать его активность. Нужно было окончательно сбить с него спесь... Услышав сзади легкий шорох, Иван помедлил еще секунду, делая вид, что возится с защелкой замка, затем резко повернулся.

Если бы убийство не стало профессией Ивана, его призванием, если бы он не изучил это дело досконально и теперь не чувствовал бы интуитивно эффективность того или иного движения в любой ситуации, вид стремительно нападавшего на него Андреева с занесенным над головой коротким мясницким топориком мог бы внушить ему серьезные опасения, а то и просто напугать.

Но для Ивана, с его особым восприятием и особыми реакциями в момент опасности, Андреев двигался вовсе не стремительно, а даже вяло и неуклюже, как при замедленной съемке. Иван словно находился на тренировке и спокойно отмечал дилетантские недочеты, допускаемые молодым курсантом при выполнении фронтальной атаки с рубящим оружием: «...Голова слишком втянута и сковывает активность плечевых мышц, удар из-за этого выйдет ослабленным... Руки занесены слишком далеко назад, центр тяжести не впереди на полшага, где ему положено быть, а сзади выдвинутой вперед ступни правой ноги. При таком положении ударить сильно вообще очень трудно. Да еще существует возможность без посторонней помощи самому грохнуться, завалившись назад, если еще чуть сместить центр тяжести. Ноги поставлены на правильное расстояние, но слишком выпрямлены, что лишает тело нападающего возможности маневрировать как в вертикальной плоскости, так и в горизонтальной...»

Все это Иван вычислил мгновенно, за доли секунды. И успел еще подумать о том, что самым эффективным приемом противодействия был бы бросок в ноги, после которого нападавший с занесенными вверх руками крепко приложился бы к мраморному полу, да еще, скорее всего, получил бы по голове обухом своего же топора. Однако Иван вовсе не собирался кататься по полу и пачкать коровьей и человеческой кровью свой свеженький зайцевский костюм. Сегодня работа должна быть чистой, опрятной. Тем более что никаких особых сложностей в общении с клиентом не предвидится.

Отступив на шаг в сторону Иван прогнулся и ударил Андреева носком ботинка в живот. Тот будто сломался: уронил топор, ноги его подогнулись и он упал на колени. Иван сгреб в кулак длинные светлые волосы Андреева и, потянув за них вниз, задрал его голову подбородком кверху.

— Ты еще не понял, — спросил его Иван, — что твоя жизнь изменилась в тот момент, когда ты увидел меня?..

Андреев с ужасом смотрел на него, делая судорожные движения, будто что-то пытался проглотить.

Иван подтащил его к трупу официанта, нагнул к лицу Серьги, искаженному гримасой боли, чтобы Андреев видел его застывшие, незакрывшиеся глаза. Что увидел в них Андреев, Иван не знал, но тело хозяина ресторана содрогнулось, губы его задрожали.

— Сейчас ты или умрешь, — сказал Иван, — или будешь жить дальше. Но уже по-другому. Не так, как ты жил прежде.

Андреев, согнувшись, стоял на коленях над трупом и молча слушал.

— Недавно ты сделал ошибку, — продолжал Иван. — За ошибку тебе придется заплатить дорого. Я бы мог взять твою жизнь. Но она мне не нужна. Я возьму твои магазины и твой ресторан. Ты сам мне их отдашь.

Иван сделал паузу, но Андреев молчал, лишь плечи его согнулись чуть сильнее.

— Правда, у тебя есть выбор, — усмехнулся Иван. — Ты можешь отказаться. И ляжешь рядом с ним. — Иван толкнул ногой тело официанта. — Я убью тебя этим же ножом, — продолжал он. — Но ты не откажешься. Ты согласишься и будешь жить. На условиях, которые я тебе назову. На любых условиях. И не потому, что очень хочешь жить... Потому, что ты меня боишься. И сделаешь все, что я тебе прикажу. Все.

Иван подошел к Андрееву вплотную и поставил ногу на его спину. Сквозь подошву он чувствовал, как мелко вибрировало тело Андреева.

— Вытащи из него нож, — приказал Иван.

Андреев судорожно помотал головой.

Иван скользящим ударом стукнул его каблуком в ухо. Тот уткнулся лицом в тело мертвого официанта. Не глядя, даже не поднимая головы, нащупал рукой нож, потащил его вверх...

— Отрежь ему ухо, — вновь приказал Иван.

Андреев застыл над официантом с ножом в руке...

— Отрежь ему ухо, — повторил Иван. — Ты меня понял? Или тебя ударить?

Андреев, не глядя, протянул руку к голове официанта, нащупал ухо, с видимым трудом заставил себя скосить глаза в ту сторону, чиркнул острым как бритва ножом... Отрезанное ухо он поднял и держал на вытянутой руке как можно дальше от себя, стараясь касаться пальцами только серьги.

— Положи его на стол, — сказал Иван. — На тот, у двери.

У двери стоял единственный относительно чистый стол во всем цехе. Иван бросил на него папку с бумагами, вытащил документы, положил рядом авторучку.

Андреев тем временем, очень аккуратно держа отрезанное ухо двумя пальцами, осторожно нес его к столу, не сводя со своей руки сосредоточенного взгляда. Нож он не бросил и держал его в другой руке, совершенно, однако, забыв про него.

— Подписывай, — поторопил Иван.

Андреев посмотрел на бумаги, попытался их прочитать, несколько раз тряс головой, но так, видимо, и не смог это сделать. Взгляд его каждую секунду возвращался к лежавшему перед ним на столе уху.

— Не заставляй меня ждать, — тихо сказал Иван.

Андреев быстро взглянул на него, согласно кивнул, бросил нож и схватился за авторучку... Секунд через десять документы были подписаны.

— Ты молодец, — похвалил Иван. — Ты все правильно понял. Теперь ты останешься жить. Но я знаю — ты захочешь меня обмануть, как только выйдешь отсюда... Я бы мог посадить тебя в тюрьму. За его убийство.

Иван кивнул на мертвого.

— Ведь это ты его убил. Бармен это подтвердит. Он видел все своими глазами... И ты сидел бы в камере с убийцами. Они трахали бы тебя в жопу и давали бы тебе сосать свои члены. Потому что ты беззубый и твой рот показался бы им соблазнительным.

Андреев не сводил глаз с отрезанного уха...

— Но я избавлю тебя от этого, — продолжал Иван. — Я не дам совершить тебе еще одну ошибку. Я просто возьму с тебя клятву. Ты поклянешься мне отрезанным ухом, что никогда, слышишь, никогда тебе даже мысли такой в голову не придет — меня обмануть. А чтобы я поверил твоей клятве, сейчас ты...

Иван сделал паузу, наблюдая, как напряглось тело Андреева. Тот еще больше втянул голову в плечи, неестественно согнулся, так что руки его висели почти до пола...

— ...Съешь это ухо, — закончил Иван.

Андреев затравленно оглянулся, но тотчас же перевел взгляд на то, что лежало перед ним, — на поблескивающее серьгой человеческое ухо в лужице крови.

— Если ты будешь медлить, — сказал Иван, — я отрежу твои уши. И заставлю тебя их съесть тоже, — он нагнулся, поднял брошенный Андреевым нож и сделал шаг к столу...

Андреев судорожно схватил отрезанное ухо, зажмурился и сунул его в рот.

Иван криво усмехнулся. «Дрожащая тварь», — подумал он.

Андреев бессмысленно таращил глаза и размеренно двигал челюстями, ломая о серьгу последние зубы и совершенно этого не замечая.

— Теперь я тебе верю, — сказал Иван. — Держи его во рту. Дома выплюнешь.

Иван заставил Андреева снять грязный пиджак и смыть кровь с рук. Нашел у него в кармане расческу, причесал его. Андреев двигался покорно-механически, по-видимому совершенно ни на чем не способный сосредоточиться, кроме того, что держал во рту...

— Сейчас ты поедешь домой, — наставлял его Иван. — Позвонишь из дома брату в ментовку и скажешь, чтобы он здесь прибрал. Жить будешь на пенсию. Тебе оставили десять процентов доходов с твоих магазинов. Ты доволен?

Андреев согласно кивнул.

— Домой поедешь с охраной. И не бойся, по дороге тебя никто не тронет. Ну? Не боишься?

Андреев что-то промычал и помотал головой из стороны в сторону.

Они вышли из разделочного цеха. Иван, выходя последним, плотно прикрыл за собой дверь. Прошли в ресторан. Бармена за стойкой не было...

Проводив Андреева к выходу, Иван жестом подозвал второго официанта:

— Андрей Владимирович приказал закрыть разделочный цех на замок и никого туда не пускать. Сами тоже не заходите. Скоро подъедет брат Андрея Владимировича, вот его и проводите туда. Сам хозяин немного приболел.

Иван шел пешком по Чугунному мосту... Ему было просто противно оттого, что жизнь устроена именно так, а не иначе. «Как легко сломать человека, — думал он. — Какое это мягкое и податливое существо. Достаточно причинить ему боль, показать, что рядом с ним стоит смерть, и он уже готов на все, что угодно, лишь бы сохранить свою жизнь, которая, в сущности, ему совсем не нужна. Он совершит любое зло, сожрет самого себя, вывернет весь мир наизнанку из одного только страха потерять жизнь. Вот так и получается, что сама жизнь есть причина и источник зла...»

Глава восьмая

...Крестный припомнил, что из «эксперимента» с бизнесменом Андреевым тогда чуть было не вышел довольно большой шум, районного, правда, масштаба... Но все же шум. Пришлось прятать концы в воду, кое что после Ивана подчищать... И все из-за его излишне резкого стиля работы. «Однако задание он все же выполнил, — подумал Крестный. — А как его еще можно было выполнить?..»

Бармена, сбежавшего тогда из «Гаргантюа», на следующий день нашли в Водоотводном канале под Комиссариатским мостом с перерезанным горлом.

Крестный, волей-неволей вынужденный следить за развитием событий, навел справки и через «ордынцев» выяснил, что это дело рук милицейского братца Андреева. Капитан не был профессиональным убийцей, поэтому наследил — оставил свидетеля-помощника и, главное, породил подозрения у собственного начальства о своей причастности к этому убийству. Ниточка могла привести и к «Гаргантюа», а Крестному такой геморрой вовсе не был нужен...

Капитана потребовалось срочно убрать, и его убрали. Сделал это, правда, не Иван, но сделано было оперативно и чисто. Капитан был убит прямо на рабочем месте, у себя в райотделовском кабинете, выстрелом через окно. Его помощник — тот самый охранник, что свидетельствовал против «ордынцев», — пропал бесследно. Крестный тут был ни при чем. Наверное, «ордынцы» постарались, а может быть, и сам сбежал.

На этом все вроде бы успокоилось.

А Андреев сошел с ума. Он почти месяц ходил по бывшим своим магазинам, хватал там с витрин мелкие предметы и совал их себе в рот. В «Гаргантюа» заходил ежедневно: бросал в аквариум железные рубли, мешал работать официантам — заглядывал им в глаза, трогал за уши... Потом куда-то резко пропал, по всей вероятности, озабоченные родственники или под домашний надзор его посадили, или уж сразу на «канатчикову дачу» отправили...

Иван Крестного устраивал во всех отношениях, и как исполнитель его замыслов представлялся почти незаменимым. И действительно: достаточно было только четко сформулировать задачу, и Иван практически всегда добивался нужного результата.

Работал он очень жестко...

Крестный поймал себя на том, что здесь вместо слова «жестко» ему хочется употребить слово «жестоко»... Смерть для Крестного все больше становилась понятием абстрактным. Самому лично сталкиваться с ней ему не приходилось уже давно.

За все время своего негласного управления московской криминальной жизнью он сам, своими руками, убил двух, нет, трех человек. Это было еще тогда, когда он только боролся за свое место под солнцем... Существовала необходимость убрать этих людей, без этого не обошлось бы ни в коем случае, поскольку они стояли на его пути, так сказать, загораживали ему дорогу...

Тогда он работал один и, собственно говоря, не звался еще даже Крестным. Это имя он получил позже, уже став фактически тем, кем он был сейчас. А тогда он выступал лишь одним из претендентов — не самый авторитетный, не самый сильный, но самый умный среди них и, именно в силу этого, имевший блестящие перспективы. Он оказался наиболее удачливым...

Да, самому ему пришлось ликвидировать лишь троих, хотя весь его долгий путь к дню сегодняшнему «украсили» десятки трупов людей, убитых чужими руками. Но для него теперь это была «черная» работа, на которую всегда находились исполнители, работавшие ради денег или идущие на это из страха быть убитыми... Одни отрабатывали таким образом долги, другие «зарабатывали» этим путем положение в «обществе», поскольку другим путем — просто не умели...

Одного из тех двоих, а потом и еще одного Крестный положил сам... Не было тогда у него ни денег, ни своей собственной организации, ни проверенного «отряда». Сделал он это совершенно спокойно: не думая о том, что чувствует жертва в момент своей смерти, не представляя себя на ее месте, не терзая себя сомнениями, вправе ли он забирать чужую жизнь. Он отнесся тогда к этим трем убийствам как-то формально, довольно-таки бесчувственно — как к стрельбе по мишеням в тире. Человек, в которого летели его пули, представлялся ему лишь черным силуэтом очередной мишени, поразив которую он выигрывал, а промахнувшись — терпел поражение... Поражение было равносильно смерти, а умирать он не собирался.

...Работа Ивана привлекала его пристальное внимание — так работа профессионала высокого класса всегда обращает на себя внимание соответствующих специалистов. А уж в этом деле Крестный разбирался как самый настоящий специалист, эксперт и ценитель...

Будучи не исполнителем, а организатором, он тем не менее досконально знал «искусство убивать»... И щедро передавал знания и опыт тем, кто был в состоянии их усвоить во всем объеме. Правда, таких попадалось немного. Людей приходилось тщательно отбирать, как отбирают из многих абитуриентов всего нескольких кандидатов в студенты престижного вуза. За год из примерно двадцати человек, пришедших к нему для обучения, образно говоря, в «ученики», оставалось обычно, дай Бог, два, а то и один. Остальные превращались в «учебные пособия»... При этом ни сам Крестный, ни кто-то иной формально никого никуда не отбирал и уж тем более не назначал на какие-то там роли... Все совершалось как бы само собой. Оставался тот, кто хотел и, главное, мог остаться. Процесс обучения был таким же естественным, как естественный отбор в природе, как процесс выживания. И соответственно течение этого процесса зависело прежде всего от природных качеств претендентов на «звание» киллера... Методы обучения основывались на тех же принципах, что и миллионнолетняя эволюция человека, — если, конечно, верить Дарвину, а не Ветхому завету... Право на жизнь принадлежало тому, кто был сильнее не только физически, но и во всех прочих отношениях.

Крестный ставил выше физической силы особые природные данные: быстроту реакции как физиологической, моторной, так и психической, умственной; интуицию, то есть способность предчувствовать, предвосхищать события; аналитические способности и умение их применять в конкретной, текущей ситуации. В сочетании с хорошей физической подготовкой и врожденным стремлением к лидерству эти качества давали, позволяли достичь высоких результатов в «искусстве убивать», а значит — и в школе киллеров Крестного...

...Крестный сразу почувствовал, что Иван совершенно не похож на остальных «учеников» уже хотя бы тем, что постоянно сам шел навстречу смерти, даже искал ее, но каким-то странным образом каждый раз оставался в живых...

О нем Крестный не имел почти никаких сведений. Знал только, что в Москву Иван попал прямой дорогой из Чечни, что убивал он, как специально обученный киллер, и что работал всегда один. Судя по его технике, он прошел подготовку в каком-то специальном лагере.

...Обращало на себя внимание то особое удовлетворение, которое ощущалось в нем в критических ситуациях: чем сильнее проявлялась угроза для его жизни или, по-другому говоря, чем ближе он был к смерти, тем лучше он себя чувствовал. Этим он резко отличался от остальных «учеников», даже лучшие из них в подобных ситуациях излучали нормальный человеческий страх перед расставанием с жизнью...

Любопытная история была связана уже с первым появлением Ивана в Москве. Узнав об этой истории, Крестный, собственно говоря, и заинтересовался Иваном.

...Выйдя на Киевском вокзале из поезда «Ростов-на-Дону — Москва», Иван не провел в столице и часа, а о его существовании уже узнал Крестный. Так уж сложились обстоятельства — можно сказать, рука судьбы...

В Москву Иван приехал потому, что в свой родной город, крупный областной центр на Волге, возвратиться он не мог: там его знали слишком многие, его появление неизбежно привлекло бы внимание. У Ивана не было абсолютно никакого желания встречаться с теми, кого он знал когда-то раньше и кто сам хорошо знал прежнего Ивана — любителя и любимца девушек, надежного в драке и в дружбе, озабоченного всеобщей справедливостью, проблемой добра и зла и защитой своей собственной чести и достоинства... Слишком разительная произошла с ним перемена. В конце концов, Иван просто хотел бы и дальше остаться в одиночестве...

Все, что было связано с жизнью живых людей, не вызывало у него собственно никакого интереса: он знал и цену их жизни, и цену жизни вообще... Он понял, что жизнь не имеет абсолютно никакого смысла и абсолютно никакой ценности.

Ценен и интересен единственный момент в существовании человека — момент перехода от жизни к смерти. Лишь тогда человек осознает, что он жив, когда понимает, что в следующее мгновение жизнь его прекратится. Но и это происходит далеко не с каждым. Большинство тех, кому предназначено умереть, расстаются с жизнью неожиданно и неощутимо для себя — просто прекращают свое человеческое существование, и все.

...Иван шел по Украинскому бульвару. Он не имел никакой определенной цели и не выбирал направления движения — просто шел... На лавочках, мимо которых он проходил, сидели пенсионеры, так до сих пор и не познавшие истинной цели, хотя и завершающие свое неосмысленное существование. Навстречу ему молодые мамаши катили коляски с младенцами — те еще не имели ни цели, ни направления, их короткие жизни пока оставались неосознанными... Иван не мог бы точно сформулировать, чем его пребывание на свете отличается от их существования. Да и есть ли ныне у него вообще хоть какая-то жизнь? Есть хоть что-то, чем стоит дорожить?..

Иван знал одно: у него когда-то была жизнь, и она осталась там, в Чечне. А сейчас здесь, в Москве, он не имеет ничего, кроме некоего острого чувства... И это чувство Иван испытывает только тогда, когда балансирует на границе между жизнью и смертью...

...Выйдя к реке, Иван постоял немного на набережной, наблюдая за едва заметным шевелением ленивой московской воды. Ему невольно вспомнилась стремительность горного ручья, утолявшего его жажду в чеченском плену. Спокойная и мутная, московская вода не вызывала ни жажды, ни желания окунуться в ее мертвенно-стальную неподвижность... Не хотелось даже остановиться и взглянуть на свое отражение в ней!

Иван свернул направо и пошел по течению, направление которого можно было угадать, следя за медленным перемещением плавучего мусора. Медлительное течение Москвы-реки составляло разительный контраст с суетой московской уличной жизни, наполнявшей пространство вокруг Ивана. Он издали приметил высокое здание гостиницы «Украина» и обратил внимание на столпившиеся вокруг него иномарки... И тут Иван словно очнулся. Знакомое ощущение все убыстряющегося темпа времени подхватило его и заставило мгновенно включиться в анализ ситуации... Он словно скользил с ледяной горы, с каждой секундой набирая скорость, мимо мелькали кадры изображения и слуховые впечатления...

Впервые после Чечни на Ивана вновь дохнуло запахом опасности. Он остановился почти напротив гостиницы, достал сигареты, пошарил по карманам, якобы ища зажигалку, а на самом деле проверил, удобно ли расположены оба его «макарова» с полными обоймами. Он не верил этому городу, его кажущемуся благополучию, демонстративной неподвижности его реки. Короткого взгляда по сторонам было достаточно, чтобы отметить словно разлитое в воздухе напряженное ожидание какого-то события. Это ожидание особенно чувствовалось в пространстве вокруг гостиницы.

В самом расположении иномарок у гостиницы было что-то настораживающее. Три из них занимали именно те места, которые выбрал бы и сам Иван, если бы ему нужно было держать под прицелом вход в гостиницу. Это были самые удобные огневые позиции, дополняющие друг друга. Иван представил себе, что вот эти темно-зеленый джип и две черных БМВ связаны одной целью. И уже не сомневался, что через мгновение эта цель покажется на мраморной лестнице — спуске от дверей гостиницы...

В планы Ивана не входило ввязываться в чужую драку. Жизни людей, которые, как он понял, собрались друг друга убивать, в настоящий момент не интересовали его... Если бы судьбе было угодно, Иван просто прошел бы оставшиеся двадцать метров до поворота в сквер и стал бы лишь одним из свидетелей беспорядочной стрельбы у гостиницы «Украина». Но смерти, видимо, нравилось быть рядом с Иваном. И в тот момент, когда событие, ради которого собрались около гостиницы его участники, начало совершаться, Иван оказался на линии огня.

Случайность?

Крестный, анализируя по свежим следам происшествие около «Украины», поначалу так и решил. Хотя тоже не очень-то верил в случайности. Но у этого залетного стрелка, как назвал он тогда Ивана, не могло быть и не было никакой информации о том, что должно произойти. Значит, он оказался там случайно.

Только потом, не раз уже поговорив с Иваном и кое-что о нем поняв, Крестный смог убедить себя, что эта обычная, на первый взгляд, случайность являлась случайностью особого рода...

Иван мог на Киевском вокзале спуститься в метро. Мог, перейдя площадь, пересечь Москву-реку по Бородинскому мосту, благо это ближайший путь к Садовому кольцу и центру города. Мог, наконец, если уж пришла охота прогуляться, свернуть с площади направо к Бережковской набережной... Но Иван ничего этого не сделал. Он почему-то выбрал именно тот путь, который привел его к гостинице «Украина», причем в точно определенное самим Крестным время. И вмешался в его операцию.

Это не могло быть случайностью.

Появление Ивана никак не связывалось с обычной игрой господина Случая. Его привел нюх, бессознательное чутье на смерть — и столь же бессознательное и безошибочное стремление к ней. Иван, как думал Крестный, может быть, и сам не подозревает об этом. Для него это и не важно.

Важно это для Крёстного. Крёстный тогда им очень заинтересовался: именно такой человек был ему нужен — не ждущий подсказок, всегда знающий, как поступить в любой ситуации, и сам принимающий решения... И в то же время не имеющий тех целей, которые имел Крёстный... Человек убивающий... Убийство как образ жизни...

...Тогда, у гостиницы, Иван не размышлял — случайно или не случайно он там оказался. Размышлять в такой ситуации может либо самоубийца, либо философ. Иван не был ни тем ни другим. Он был профессионалом смерти и действовал в соответствии со своим статусом...

Иван четко уловил одновременность двух событий: начала открываться дверь гостиницы и начало опускаться стекло стоящей напротив входа БМВ. На крыльцо гостиницы вышел толстый лысоватый хохол с запорожскими усами, одетый в светло-серый костюм, в галстуке, с серым дипломатом в руке. Иван понятия не имел, что это крупный харьковский бизнесмен, а два дюжих хлопца, сопровождавших его, телохранители, прошедшие подготовку в лучшем центре украинского спецназа. Но он отметил слегка оттопыренные полы их пиджаков, за которыми угадал кобуры пистолетов.

Почему этот толстяк должен умереть, Иван не знал. Но понял, что через несколько мгновений усатый запорожец точно умрет.

Ствол автомата уже торчал из БМВ, готовый выплюнуть сгусток огня, когда появившаяся из дверей троица сделала первые шаги по лестнице.

И тут Иван понял: если он не хочет оказаться под перекрестным огнем притаившихся в засаде иномарок, он должен действовать нестандартно — не ждать, когда ситуация обрушится на него свалившимся с фасада кирпичом, а поймать этот кирпич и бросить его в другого. Которому сегодня в любом случае суждено умереть.

Иван, неожиданно для стрелка в БМВ, упал на

асфальт и покатился вправо, к газетному киоску, освободив тем самым от лишней фигуры сектор стрельбы. Но прежде, чем прозвучала очередь из окна машины, он успел выхватить из кармана «макаров» и послать две пули в живот застрявшему на ступеньках «запорожцу»...

Очередью из машины разнесло голову одному из телохранителей.

Второй успел сделать несколько выстрелов по Ивану, прижавшемуся к кирпичному фундаменту газетного киоска. На него посыпались стекла. Раздался визг киоскерши.

Неизвестно, удалось бы Ивану уйти из-под огня второго охранника, спрятавшегося от автоматчика за мраморным лестничным ограждением, если бы еще один автоматчик из джипа, о котором украинский спецназовец не подозревал, не прошил очередью его спину, разнеся заодно и стеклянную дверь гостиницы.

Взвыла сирена сигнализации. Из дверей гостиницы выскочили три охранника, экипированные, как ОМОН — в бронежилетах, шлемах, с автоматами наизготовку, и заозирались по сторонам, пытаясь разобраться в ситуации...

Иван лежал на засыпанном стеклами асфальте у киоска и был фактически единственным объектом, который мог привлечь внимание милиционеров. У него не было абсолютно никакого плана отхода. А брать на себя всю ответственность за только что осуществленный террористический акт он не собирался, хотя ему и пришлось принять непосредственное участие в операции... Каждая секунда промедления грозила оказаться для него последней. Иван принял единственно возможное, хотя и неожиданное для всех, кроме него самого, решение. Он вскочил и бросился к стоявшей немного поодаль другой БМВ. Из нее огня не открывали, но Иван был уверен, что она тоже задействована в операции.

И он не ошибся. Обе машины, обозначившие себя стрельбой, БМВ и джип, уже взревели моторами и, быстро набрав скорость, устремились в сторону Калининского моста. Третья машина будто ждала его, Ивана. Когда он был метрах в десяти от машины, стекло в задней дверце начало опускаться. Иван, сделав еще три прыжка, рыбкой нырнул в оконный проем дверцы и упал на заднее сиденье БМВ. Мотор взревел, и машина рванулась с места, мгновенно набрав под восемьдесят...

— Ну же! — выкрикнул парень, сидевший рядом с водителем. — Давай!

Иван сел на заднее сиденье и осмотрелся. Водитель, неестественно выпрямив спину, выкручивал руль, обходя редкие машины. Сидевший рядом с ним парень, высокий, почти на голову выше водителя, с зачесанными назад прямыми темными волосами, обернулся к Ивану и оскалил в улыбке ровные крепкие зубы:

— Ты чего там застрял? Помирать собрался? Не торопись, брат...

— Куда едем? — спросил Иван.

— Тебе-то какая разница? — искренне удивился темноволосый. — Раз уж ты сам нам на голову свалился...

Водитель помалкивал, сосредоточенно вертя руль.

«В самом деле, — подумал Иван, — какая мне разница?»

— А здорово ты толстопузого завалил, — вновь оскалился высокий. — Крестному твой стиль понравится.

— Кому? — переспросил Иван. Он впервые тогда услышал это имя.

— Узнаешь кому... — туманно ответил тот.

Они летели по Кутузовскому проспекту в сторону от центра, слившиеся с потоком машин, среди которых черных БМВ было, пожалуй, больше, чем автомобилей любых других марок и окрасок...

Они еще помотались какое-то время по Москве, тщательно высматривая, нет ли за ними хвоста, и внимательно следя за реакцией постовых милиционеров, пока не убедились, что ничьего особого внимания машина не привлекает. Иван в некоторые моменты уже не мог понять, какое это место Москвы проносится за окном БМВ. Лишь иногда мелькали знакомые московские ориентиры. Он, к примеру, не сумел бы объяснить, каким образом они попали на другую сторону города, но четко уловил, что к ресторану «Савой» они подъехали со стороны Старой площади и «Детского мира»...

За время пути Иван успел обдумать свое положение. Не прошло и часа, как он ввязался в чужую драку. Но это было даже хорошо. Иван понимал, что в Москве ему нужно вписаться в какую-то структуру, чтобы не стать одиноким волком, вечно уходящим от облав и обреченным рано или поздно попасть в кольцо красных флажков... Он умел делать профессионально только одно — убивать. И полагал, что на это умение всегда найдется спрос в столице. Стоял вопрос — на кого работать? «А какая тебе разница?» — вспомнил он вопрос высокого черноволосого парня...

Ивану нравилось спокойствие, с которым его спутники относились к сложившейся ситуации. А ведь у них за спиной сидит вооруженный человек, которого они совершенно не знают! Что мешало Ивану убить одного из них, а другого заставить везти себя куда вздумается? Однако они сразу поняли, что у него и в мыслях нет ничего подобного.

И он почему-то не ожидал с их стороны никакого подвоха... «Ну что ж, Крестный так Крестный. Какая разница?» — повторил он про себя еще раз.

...И все же в тот раз он передумал. Выйдя из машины на стоянке у ресторана «Савой», он сказал только:

— Все, ребята. До следующей встречи.

Водитель сделал было какое-то движение в сторону Ивана, но высокий схватил его за рукав и, усмехнувшись, ответил:

— Иди. Куда ты денешься? Все равно к нам вернешься!

Иван спокойно повернулся к ним спиной и пошел вперед, не ощущая никакой опасности. Ему с этими ребятами делить было нечего.

— Надумаешь чего — спросишь про меня у портье... Меня зовут Илья! — крикнул ему уже в спину высокий.

...Иван не имел разумного объяснения тому, что не пошел тогда на встречу с Крестным. Просто в последний момент он почувствовал, что поддается влиянию обстоятельств: ситуация ведет его за собой, лишая возможности самому воздействовать на ситуацию и изменять ее так, как ему хотелось бы. Он еще не знал, кто такой Крестный, но понимал, что попал в сферу интересов этого человека... Рано или поздно встреча должна состояться... В тот момент он решил, что пока еще рано.

...Крестного чрезвычайно заинтриговал отказ Ивана встретиться с ним. За этим волевым актом виделась самостоятельность такого рода, какую Крестный больше всего ценил в своих исполнителях, хотя никогда и не говорил им об этом. Ему не нужны были роботы с компьютерным мышлением, выполняющие свою работу по заданному алгоритму. Их действия можно было просчитать, предвидеть, а затем и предотвратить... А Крестного всегда интересовал только стопроцентный результат.

Еще ни разу не увидев Ивана, он уже знал, что это тот человек, который ему нужен.

Глава девятая

Лещинский метался по Москве, не находя себе места от страха. Он очень боялся, что его уже вычислили, что по его следам уже идет киллер, что пуля вот-вот вопьется в его спину, голову, живот или грудь... Он ожидал выстрела отовсюду и ото всех — от прохожего, от шофера такси, от продавца в магазине и даже от лоточника, от милиционера, от любого из сотрудников министерства или ведомства...

Страх сжимал тисками его грудную клетку, не давая свободно вздохнуть, почувствовать прежнюю уверенность в себе, которой он еще совсем недавно наслаждался.

Лещинский давно не использовал свою служебную машину, предполагая, что она в первую очередь привлечет внимание тех, кто будет его искать... Он спускался в метрополитен, проезжал одну станцию и, выскочив из вагона, бежал наверх, на улицу... Там он стоял и старательно всматривался в поток идущих мимо людей: не попадется ли в толпе лицо, виденное им только что в вагоне метро или на станции? Вдруг его уже преследуют?

По улице он тоже не мог идти спокойно, не озираясь и не привлекая своей суетой внимания прохожих, в которых ему тут же начинали чудиться преследователи. В особенности собственная спина казалась Лещинскому уязвимым местом. Он останавливался у какого-нибудь дома, прислонялся к стене и напряженно всматривался в окружающих людей, с облегчением переводя дух, когда какой-нибудь молодой мужчина проходил мимо, не обратив на него никакого внимания... Впрочем, и женщины не казались ему безопасными. На его напряженный взгляд, устремленный на них, женщины отвечали по-разному — улыбкой или выражением недоумения на лице, но у Лещинского все они вызывали лишь одно чувство — страх.

Лещинский понял, что больше всего на свете он хочет просто жить. Он уже даже жалел о том, что вообще сунулся в это криминальное гнездо — российское правительство. Теперь иначе он родное государственное учреждение не воспринимал.

Ему стала казаться очень привлекательной жизнь какого-нибудь маленького, незаметного — о, сладкое слово! — клерка небольшой и небогатой фирмы. Пусть он будет жить впроголодь, как и все основное население России, пусть у него никогда не будет ни превосходной квартиры, ни машины, зато его дела и его жизнь не привлекут ничьего злого внимания...

Опасного внимания. От одной мысли о котором — холод по спине, дрожь по позвоночнику до самого копчика...

Конечно, Лещинский, глядя на свое поведение со стороны, понимал, насколько все это глупо, и испытывал жгучий стыд, но все равно не мог ничего с собой поделать...

К примеру, он не мог заставить себя пойти домой. При одной мысли об этом ему начинали мерещиться засевшие с винтовками на крышах снайперы, машины с автоматчиками, поджидающие его на улице, пистолетные выстрелы в подъезде... Он слишком хорошо был знаком с различными способами уничтожения человека — любого, кто имел неосторожность помешать кому-то из сильных мира сего. Лещинский никак не мог усмирить свое воображение... Стоило ему представить свою огромную квартиру и себя одного в ее необъятных пустых комнатах, как он готов был часами кружить по улицам, лишь бы не прислушиваться, замирая от страха, к безмолвной пустоте жилища, лишь бы не ждать с ужасом в душе, что вот-вот откроется дверь и на пороге появится человек в черной маске на лице...

К вечеру Лещинский изнемог от постоянного напряжения. Он уже дважды звонил Крестному, но не получил в ответ обычного разрешения на встречу. Лещинский знал, что Крестный — единственный человек, который может ему сейчас помочь. «Спрятать в Москве человека для Крестного — пара пустяков, — успокаивал себя Лещинский. — Сколько раз он проделывал такие штуки, хотя бы с тем же красноярским губернатором, которого искали по всей Москве неделю, но так и не нашли. И меня Крестный может спрятать так, что никто не найдет».

Он было немного успокоился, но тут до него дошла двусмысленность последней фразы. И снова крупная дрожь сотрясла его тело... Лещинский чуть не плакал от страха. Пальцы его дрожали, когда он в очередной раз набирал номер, по которому через диспетчера связывался с Крестным, в телефоне-автомате. Свою «Мотороллу» он давно уже выбросил в Москву-реку, боясь, как бы его не запеленговали предполагаемые преследователи.

— Лещ, — услышал он вдруг в трубке голос самого Крестного, — поедешь домой. Там тебя будет ждать мой человек. Пойдешь с ним и сделаешь все, что он скажет. Все. Мне больше не звони, — заныли гудки отбоя...

Он не поверил ни одному слову, сказанному Крестным. За каждым его словом Лещинский слышал свою смерть. Крестный решил его убрать! Для Лещинского это было ясно как божий день. Домой нельзя было ехать ни в коем случае. Это же просто самоубийство!.. Но и не ехать домой тоже было самоубийством. Самое позднее через час человек Крестного, не дождавшись Лещинского, сообщит о том, что он не приехал домой, в свою квартиру, и Лещинского начнет искать сам Крестный. А его возможности Лещинский знал. И был уверен, что Крестный его найдет очень быстро. Для того, чтобы убить или убедиться, что он уже мертв. «Что же делать? — стучало у него в висках. — Я не хочу умирать. Что же делать?..»

...Крестный вовсе не собирался убирать Лещинского. Его раздражала глупая суета обезумевшего от страха чиновника, способного и в самом деле попасть в какую-нибудь историю, если он будет продолжать метаться по городу и шарахаться от первого встречного... Крестный, безусловно, понимал, что рано или поздно ликвидировать Лещинского придется. Но пока еще было рано. Крестный собирался до поры использовать его способности по сбору и анализу информации. Скажем, поступающей по каналам, которые самому Крестному были недоступны. Поэтому он в действительности хотел только спрятать Лещинского. Километрах в восьмидесяти к северу от Москвы на одной из подмосковных баз отдыха располагался его «запасной аэродром», или «отстойник», как он иногда называл это место. Время от времени Крестный увозил туда из Москвы людей, вокруг которых поднимался ненужный шум... И держал их там — кого неделю, кого месяц, пока интерес, проявляемый к ним правоохранительными структурами, не «отстоится» и не «выпадет в осадок». Вот куда хотел он увезти Лещинского, заставив того предварительно придумать какую-нибудь отмазку для своего начальства.

...Лещинский ничего этого не знал. Он думал только о том, что человек, которого Крестный решил убрать, все равно что уже мертв. Но Лещинского такая перспектива не только не устраивала... Он решил во что бы то ни стало остаться в живых.

Выход ему помогла найти привычка к постоянному анализу информации. Даже во сне его сознание автоматически продолжало прокручивать в мозгу поступавшие за день сведения. Поэтому решения проблем иногда выскакивали из головы Лещинского как бы сами собой, казалось, без какого-либо усилия с его стороны. Так и произошло: в ответ на вопрос «Что делать?» в его мозгу сама собой всплыла фамилия Белоглазов... Да, это единственная сейчас возможность остаться в живых! Соответствует ли это утверждение действительности, издерганный страхом логический аппарат Лещинского уже не мог дать ответа.

Белоглазов еще недавно был премьер-министром России. «Раз люди Белоглазова заинтересовались Крестным настолько, что решили убрать его человека, — лихорадочно соображал Лещинский, — значит, их заинтересует любая информация о Крестном. Крестный меня уже похоронил. И тем самым записал меня в свои враги. А я ведь очень многое знаю о его делах. И за эту информацию смогу купить себе жизнь. Белоглазов — вот кто мне нужен!»

Лещинский понимал, что до Белоглазова сейчас, поздним вечером, ему не добраться... До него и днем-то добраться было нелегко. Даже Лещинский, знавший все ходы и выходы не только в аппарате правительства и министерствах, но и в аппаратах оппозиционных структур, не мог рассчитывать на немедленную встречу с лидером политической оппозиции, уже заявившим, кстати, что он обязательно выдвинет свою кандидатуру на ближайших выборах Президента России.

Белоглазова охраняли, и нешуточно. Причем охраняли именно те структуры, которые должны были бы подчиняться президенту. Формально они ему и подчинялись, но слишком много среди силовиков было недовольных его политикой, в особенности кадровой. Слишком много было обиженных, обойденных и чинами, и вниманием, и даже доверием. Они берегли Белоглазова, всегда принимавшего их под свою защиту в разборках на ковре президентского кабинета. Он олицетворял для них надежду на лучшую жизнь.

Их представления о лучшей жизни Лещинский хорошо себе представлял: неограниченная власть в стране, неограниченное влияние на президента и правительство — по образцу тридцать третьего — тридцать седьмого годов. Целям их Лещинский не сочувствовал, у него всегда были свои цели, индивидуальные. Но сейчас не оставалось выбора: либо в ФСБ, либо под пулю Крестного!..

Лещинский набрал номер телефона офицера, к которому ему часто приходилось обращаться в связи с выполнением своих аппаратных обязанностей. Когда он начал говорить в трубку, голос его срывался.

— ...Меня хотят убить, — заявил он, едва представившись. — Вышлите за мной машину, пожалуйста. У меня есть ценная информация. Я знаю, кто заказал убийство Кроносова... Я нахожусь недалеко от станции метро «Аэропорт». Жду вас там через полчаса.

Когда уже через пятнадцать минут, причем в трех кварталах от назначенного Лещинским места, рядом с ним остановилась «девятка» и выскочившие из нее двое коротко стриженных молодых крепышей затолкали Лещинского в машину, он успел лишь подумать, что даже не знает, кто они — фэ-эсбэшники, люди Крестного или представители какой-то еще силы, о которой ему ничего не известно. Он сидел, зажатый на заднем сиденье телами двух ребят, что втащили его в машину, и молча прощался с жизнью...

...Немного отлегло от сердца, когда в человеке за рулем он узнал того самого офицера, которому недавно звонил, а сидевший с ним рядом полноватый мужчина с обвислыми щеками, явно постарше и по возрасту, и по званию, повернулся и, не представляясь, спросил:

— Ну, Лещинский, так что вы там знаете о Кроносове?..

— За мной охотится человек, организовавший его убийство, — заторопился Лещинский. — Как настоящее имя, я не знаю. И никто не знает. Его все зовут Крестный. Это он послал исполнителя, который и убил Кроносова.

— Ты знаешь, как найти этого исполнителя? — Собеседник Лещинского как-то очень быстро перешел с ним в разговоре на «ты», и Лещинскому это не очень понравилось. Он сразу засомневался — правильно ли поступил, обратившись к ним?

— Я знаю, что он скоро найдет меня, — буркнул расстроенный своими мыслями Лещинский.

— А ты этого очень не хотел бы! — рассмеялся фээсбэшник. — Так, Лещинский? А теперь слушай внимательно. Сейчас поедем к тебе домой. Ведь там тебя ждут?

— Зачем? — быстро и нервно спросил Лещинский. — Я не поеду.

Полноватый заулыбался во весь рот.

— Ты здесь сойдешь? Да, Лещинский? Ты нас с трамваем не перепутал? У нас нет остановки «по требованию».

— Да я-то вам зачем? Меня убьют, — засуетился перепуганный Лещинский, стараясь тем не менее, чтобы слова его звучали убедительно. — Мне домой нельзя. Я дам вам ключи. Там очень крепкая дверь. Без ключей войти просто невозможно...

При этих словах полноватый иронически взглянул на него, и Лещинский сбился:

— ...Наверное, невозможно. Я не хочу домой! Он меня убьет. Он...

— Лещинский, — перебил его знакомый офицер, что сидел за рулем, — заткнись! Ты уже так навонял со страха, что дышать нечем...

Лещинский заметил, что они только что миновали стадион «Динамо» и уже приближались к Белорусскому вокзалу. Он решил сделать еще одну попытку избежать посещения собственной квартиры.

— Ко мне нельзя. Там засада. Меня предупредили. По телефону.

— Кто предупредил? — быстро спросил Лещинского тот, что был постарше.

— Крестный...

Лещинский почувствовал, что совсем запутался... Он посмотрел на часы.

— Через пятнадцать минут, — решился он наконец сказать, — мне приказали быть дома и ждать человека от Крестного... Но он придет только затем, чтобы меня убить. Нам не нужно туда ехать.

Увидев в окно машины памятник Маяковскому и колонны Концертного зала имени Чайковского, Лещинский понял, что его усилия изменить маршрут остались безрезультатными.

Тем временем знакомый офицер счел нужным ответить на последнюю фразу Лещинского:

— Кому это нам, Лещинский? Мы тебя в свою компанию не приглашали. Сам напросился. И вообще... — он замолчал, резко выворачивая руль вправо и сворачивая с Тверской в какой-то переулок.

— ...И вообще, Лещинский, — резко и раздраженно закончил за него полноватый мужчина, видимо бывший у них за старшего, — не учи отца ебаться!

За те несколько минут, что оставались до назначенного Крестным времени, они успели вырулить на Тверской бульвар и подъехать к дому Лещинского, еще имея в запасе две-три минуты.

— Вы со мной наверх, — сказал старший молодым оперативникам. — Выходи! — приказал он Лещинскому.

Тот нехотя вылез, пытаясь тянуть время...

— Вперед! И побыстрее! — Интонация полноватого фээсбэшника заставила Лещинского ускорить шаги, чтобы не испытывать судьбу...

Открыв дверь своей квартиры, Лещинский едва заставил себя переступить порог. Чувствительный толчок в спину помог ему преодолеть нерешительность. Он все ждал, когда же раздадутся выстрелы, а из-за углов начнут выпрыгивать фигуры в масках... И думал только о том, как бы вовремя упасть на пол и закатиться куда-нибудь — хоть бы забиться под кровать, только чтобы его не было видно и слышно. Лещинский умом понимал, что все это глупо, что если его захотят убить, то непременно убьют, но не мог преодолеть детской надежды спрятаться от опасности...

Старший неожиданно рассмеялся.

— Да не трясись ты, как яйца у кобеля при случке! — уверенно, громко и даже как-то весело сказал он. — Мы здесь первые.

Он быстро расставил своих парней по удобным позициям, так, чтобы они могли одновременно и держать под прицелом дверь, и быстро спрятаться, если того потребует ситуация. Внезапно он насторожился, хотя никакого постороннего звука ни в квартире, ни на улице Лещинский не слышал.

— Лампу настольную включи, — уже тихо, сдержанным, но очень твердым тоном приказал он Лещинскому. — Пусть видят, что ты дома.

Лещинский семенящими шажками пробежал в свой кабинет, включил лампу и тяжело опустился на венский стул с высокой спинкой в стиле ампир, стоящий за письменным столом.

Еще раз оглядев широкий коридор, ведущий от входных дверей к кабинету, старший остался доволен расположением своих людей.

— Пропустите его в кабинет, — сказал он двум своим помощникам. — Если он вас, конечно, не обнаружит. Но не убивать. Мне нужно с ним поговорить.

И он многозначительно улыбнулся.

Глава десятая

Иван всегда сам появлялся на горизонте, причем именно тогда, когда особенно был нужен Крестному. На это у него тоже было чутье — он просто возникал где-то рядом, как тогда, у гостиницы «Украина», и дальше события уже не могли развиваться без его участия. А вывести его из игры было ох как непросто!..

После того как Лещинский сообщил Крестному свои умозаключения о причастности к покушению на Ивана кого-то из силовиков, связанных с бывшим премьером Белоглазовым, Крестный сам дважды ездил в Одинцово в надежде отыскать там Ивана. Он не хотел посвящать в подробности этого дела больше никого из своих подопечных. Это касалось только Ивана и его самого...

Отсутствие Ивана на тайной квартире в Одинцове сильно беспокоило Крестного. Если Иван решит устроить самостоятельную разборку, неизвестно еще, что из этого выйдет. Конечно, Иван не настолько самолюбив, чтобы объявлять войну силовой структуре государства. Но сумеет ли он правильно оценить расстановку сил, если самостоятельно выяснит, кто хочет его убрать? Больше всего Крестный не хотел, чтобы Иван вновь применил свой традиционный метод выяснения непонятных для него отношений — выставить себя самого в качестве приманки, одновременно играя и роль охотника. Охотник он, что и говорить, классный! Но и те, кто охотится на него, тоже не дети... И стрелки неплохие.

Крестный нервничал, но надеялся, что в самый нужный момент Иван объявится сам, как это уже не раз бывало.

Когда Лещинский запсиховал и начал метаться по городу, тереба Крестного звонками с требованием встречи, тот быстро понял, что Лещинского надо увозить из Москвы: от страха человек часто совершает необдуманные поступки... Страх опьяняет человека, лишает его способности четко осмысливать ситуацию. Страх разрушает вестибулярный аппарат самой способности логически мыслить, логика начинает шататься и спотыкаться при каждом умозаключении, и в результате на свет появятся такие выводы, которые не имеют ничего общего с реальностью...

...Иван позвонил Крестному минут за пятнадцать до последнего звонка Лещинского. Крестный назначил ему встречу в одной из принадлежащих ему самому забегаловок на Арбате — в маленьком баре-ресторанчике, работавшем круглосуточно. Главным достоинством этой забегаловки считалось наличие двух уединенных кабинетиков, о которых почти никто не знал, кроме разве что самых проверенных постоянных посетителей. Там можно было спокойно «ширнуться», трахнуть свою подружку или своего дружка, если кому из постоянных клиентов приспичит, а можно — и серьезно поговорить, не опасаясь быть услышанным посторонними ушами. В общем, одно из немногих мест в Москве, где у стен нет ушей.

Ивана проводил в кабинет какой-то мрачного вида верзила с абсолютно пустым взглядом из-под мохнатых бровей... Едва увидев его, Иван вспомнил бойца-великана по прозвищу «Гризли» из своего взвода в Чечне: непонятной национальности, всегда заросшего бородой до самых глаз, вечно мрачного и молчаливого... Про него рассказывали, что он голыми руками отрывал головы чеченцам: садился им на плечи, фиксировал ногами туловище, голову жертвы тянул вверх, чтобы растянулись шейные позвонки, затем делал четыре полных оборота в одну сторону и вновь резким движением дергал вверх... И головы будто бы отрывались. Сам Иван, правда, этого не видел и до конца не верил этим рассказам...

Крестный уже приканчивал цыпленка-гриль, когда Иван вошел в тесную комнатушку. Он кивнул Крестному, проводил глазами унесшего грязную тарелку верзилу и спросил:

— Кто это?

— Что? — не понял Крестный. — Ах, этот... Не волнуйся, он абсолютно надежен. Глухонемой. Когда-то давно он настучал на одного из наших. Ребята хотели его шлепнуть, кстати, здесь же, в этой комнате. Но я посоветовал оставить его здесь работать. Ему только отрезали язык и проткнули барабанные перепонки. Ничего. Лет пять уже служит нормально...

— Что ты узнал? — спросил Иван, не уточняя, о чем именно спрашивает.

Крестный его прекрасно понял.

— Кое-что узнал. Ваня, вот те крест, вот гадом буду — я тут ни при чем. Лещинский кое-что разнюхал. Говорит, это люди Белоглазова. Кто именно, еще не знаю...

— Вот что, Крестный. Я ведь и сам узнаю.

— Не надо, Ваня. Не горячись. Лещинский еще понюхает. У него нос на это чуткий. Только он сейчас запаниковал сильно. Его пока спрятать надо, чтобы не напорол чего со страху-то. Отвезешь его в «отстойник», пусть недельку-другую посидит там, успокоится. Тебе и самому надо бы отдохнуть, но есть у меня к тебе одна просьба. Дельце так, небольшое, но кроме тебя доверить некому. Отвезешь его и свяжись со мной, подробности расскажу при следующей встрече.

В это время зазвонил телефон. Крестный взял трубку, поморщился и сказал совершенно другим тоном, как будто это не он сейчас добродушно-заботливо разговаривал с Иваном:

— Лещ, поедешь домой. Там тебя будет ждать мой человек...

Разыскав у Никитских ворот дом Лещинского, Иван не торопился подходить близко. Он видел, как на пятом этаже загорелся слабый свет в окне — то ли телевизор, то ли настольная лампа.

Чутье, которое так ценил в нем Крестный, не подвело Ивана, как не подводило еще ни разу после Чечни... Ну не хотелось ему входить в подъезд, не шли ноги, и все!.. Тем более что у подъезда стояли две машины — «форд» и «Жигули» девятой модели. Не любил Иван машин у подъезда. Мало ли кто там скрывается за темными стеклами? Нет ничего хуже, чем подниматься по лестнице с чувством опасной неизвестности за спиной...

Иван достал пачку «Винстона», закурил...

...Нет, не верит он этому Лещинскому, хоть и в глаза его никогда не видел. У него свое представление о чиновниках, жирующих на государственной власти. Крысы они, готовы друг другу горло перегрызть из-за денег. А когда чувствуют опасность, рвут в клочья всех, кто оказывается рядом, — такой уж у них инстинкт самосохранения! Закон крысиного подвала — чем больше ты утопишь своих сородичей в вонючей жиже под ногами, тем выше твоя голова поднимается над ее поверхностью...

Только зря они боятся смерти. Они же мертвы, эти люди, от рождения. Забирать их жизни легко, но скучно, словно на тренировке: отрабатываешь одно движение, повторяя его тысячу раз, доводя до автоматизма и не чувствуя уже его реального содержания... Профессионалу без этого не обойтись, автоматизм реакций — вещь необходимая в его профессии, но вместе с тем автоматизм убивает чувство реальности происходящего. Если нажимаешь на спуск автоматически, то лишаешь смерть ее глубокого содержания, ее энергии... Смерть имеет смысл не для того, кто умирает, ему уже все равно, а для того, кто убивает. Если убиваешь, ничего не чувствуя, значит, ты сам скоро будешь мертвым — твоя смерть уже ходит где-то неподалеку... Убийство становится бессмысленным, поскольку оно ничего не изменяет в тебе, не дает тебе энергии для того, чтобы продолжать жить и продолжать убивать...

...Иван докурил сигарету до фильтра, затушил пальцами огонек чуть тлеющего окурка.

Он уже принял решение. В подъезд он не пойдет. Пусть идиоты в машинах дожидаются кого-нибудь другого. Такого же идиота, как они... Так. В доме всего три подъезда. У одного из двух оставшихся тоже стоит машина. Но если они (Иван не знал, кто это они, но готов был поклясться, что эти самые они его ждут!) хотели бы перекрыть все входы в дом, машины стояли бы у каждого подъезда. Значит, в подъезде его не ждут. Но в какой из подъездов идти? Иван не доверял умозрительной логике, он доверял только логике событий. Если не можешь выбрать один из двух одинаковых вариантов, нужно дождаться, пока вмешается случайность.

Иван взглянул на часы: без пяти минут двенадцать. В такое позднее время он может и не дождаться никакой случайности. На этот счет у него было еще одно правило: если случайный фактор медлит, нужно его организовать...

Иван вернулся на Тверской бульвар... Нужный объект попался ему минут через пять. За одной из бульварных скамеечек, схоронясь в зарослях каких-то кустов с уже распустившимися листьями, лежал тот, кто ему был нужен... Обычный московский пьяница, не сумевший дойти до дома. Может быть, загулявший «гость столицы». Это не существенно. Главное, чтобы он не успел еще проспаться на свежем воздухе и не начал соображать...

Подняв непослушное тело алкоголика, Иван попробовал поставить его на ноги. Самостоятельно тот мог простоять не более двух-трех секунд. Затем ноги его подгибались, и он устремлялся к облюбованному им месту за бульварной скамеечкой.

«То, что нужно», — решил Иван.

Он обхватил мужчину за талию... Тот оказался или «лицом кавказской национальности», как выражаются менты в своих сводках, или грузинским евреем — парень, лет двадцати пяти от роду, был давно не брит, видно, не первый день уже «гулял», перегаром от него несло так, что Иван даже произнес мысленно: «Однако!..»

Около дома Лещинского Иван и пьяница, в обнимку друг с другом, появились еще минут через пять. Постоянно падая и поднимаясь, они направились прямиком через клумбу к среднему подъезду, у которого машин вообще не было. У дверей подъезда Иван затеял возню с пьяницей, роняя его и поднимая снова, чтобы иметь время подобрать шифр на кодовом замке. Удалось ему это далеко не сразу, но пьяный «кавказец» ему хорошо подыграл. Он наконец пришел немного в себя и заявил:

— Ты че возишься, брат? Пошли, я выпить хочу. У Вальки есть. Открывай. Че, никак? Вот, блин, я всегда тоже по полчаса вожусь. Щас. Не ссы. Щас вспомним.

Он задрал голову и заорал:

— Ей, Валька! Какой у нас код, я забыл.

Ивану, к счастью, удалось справиться с замком, иначе пьяница разбудил бы весь дом. Пришлось бы делать вид, что они перепутали дома, и начинать все сначала.

— О! — радостно воскликнул пьяница, когда Иван распахнул дверь. — Молоток! Дай пять.

Ивану пришлось с ним поцеловаться, и, обнявшись, они кое-как вписались в дверь...

Далеко тащить его Иван не стал. Слегка стукнув алкаша ребром ладони по шее, чуть ближе к левому уху, Иван усадил его в темном углу под лестницей, уверенный, что до утра «спящего» там никто не обнаружит, а сам он тоже вряд ли очнется.

Иван был доволен его работой.

...Вещи и люди в его руках именно работали, а не просто подчинялись его воле.

Взять хотя бы оружие.

Конечно, в экстремальных ситуациях Иван пользовался любым оружием, которое попадалось под руку. Желательно было только, чтобы оно могло стрелять... Другое дело, когда Иван выбирал себе оружие. Он был уверен: у каждого пистолета есть свой характер. Дело не в системе — из иного нагана положишь больше целей, чем из первого попавшегося современного полуавтомата... Главное — почувствовать пистолет. Не пристрелять, это само собой, а именно почувствовать. Осечки не происходят сами собой, как и кирпичи сами собой на голову не падают. В руках Ивана никогда ни один пистолет, который он выбрал сам, не дал осечки... Просто Иван всегда знал: выстрелит пистолет, когда он нажмет на спусковой крючок, или нет. И потому не стрелял, когда знал, что последует отказ...

Свои пистолеты Иван любил. И они его не подводили.

С людьми, которых он, по необходимости, использовал, было то же самое. Если Иван выбирал кого-то на какую-то роль сам, он обычно не раскаивался в этом. Потому что выбранный человек точно соответствовал этой роли...

...Иван похлопал по щеке отключившегося пьяницу и двинулся наверх. Выход на чердачную площадку был загорожен решеткой, закрытой на довольно внушительный амбарный замок. Не тратя времени на замок, Иван просто разогнул слегка прутья решетки, скорее, декоративной, чем призванной преградить кому-то путь, и протиснулся между прутьями. Зато на двери чердака вообще никакого замка не было.

Пройдя через помещение технического этажа, как теперь в новых домах стали называть обычные чердаки, Иван выбрался в подъезд Лещинского, проделав ту же операцию с другой решеткой, только стараясь производить как можно меньше шума. Это ему всегда удавалось.

На пятый этаж он спустился очень спокойно и бесшумно. А вот перед дверью квартиры Лещинского застрял на несколько минут... Иван стоял и прислушивался. Не к звукам — квартира молчала мертвым молчанием. Иван прислушивался к своим ощущениям. И чем дольше прислушивался, тем меньше ему хотелось браться за замок. У него было смутное подозрение, что кто-то ждал от него именно этого действия, чтобы он открыл замок и вошел в дверь... Будто кто-то посторонний спланировал действия Ивана, а он сейчас должен только подчиниться чьей-то чужой логике, чужой воле...

Чужой логике Иван подчиняться не умел. А чужая воля для него и вовсе не существовала. Он не знал, что это такое. В его голове, после того как он победил Чечню и закончил там свою чеченскую войну, этого понятия просто не могло быть...

...Иван очень легко, можно сказать нежно, коснулся входной двери квартиры Лещинского. И она тут же отозвалась, выдала ему свою тайну... Дверь оказалась незапертой.

«Ясно, — сказал себе Иван, — меня ждут».

Существовала только одна причина, по которой дверь могла оказаться незапертой, — чтобы хозяину не пришлось к ней подходить... Если Лещинский подойдет к двери, как рассуждали, видимо, те, кто ждал Ивана в квартире, у Ивана будет возможность просто выдернуть его из квартиры и попытаться скрыться вместе с ним. А может быть, и убить на месте. А так, если Иван ничего не подозревает и позвонит в звонок, Лещинский крикнет погромче: «Открыто!..» И тому придется самому входить в квартиру...

Если здесь его ждут, этот путь закрыт. Это аксиома — одна из тех, по которым жил Иван.

Он осторожно поднялся на шестой этаж. Попытался вспомнить, как расположены лоджии в квартире Лещинского, но потом сообразил, что лоджии есть в каждой квартире, а ему подойдет любая. Однако необходимо было выбрать, и Иван выбрал ту, к которой он случайно оказался ближе...

Хозяева, видно, были победнее, чем зажиревший Лещинский, и замок в двери их квартиры был намного проще, чем замок у их соседа под ними. Иван справился с ним секунд за тридцать.

Первое, что он сделал, проскользнув внутрь, — принюхался... Псиной не пахло. «Неплохо, — подумал Иван. — Чем меньше шума, тем лучше». Отсутствие собаки сильно облегчало выполнение его плана...

Если бы в квартире оказалась собака, пришлось бы ее убивать, причем руками и как можно тише. Иван справился бы с этим, справился бы и с хозяевами, но только в том случае, если бы собака кинулась на него молча. Если бы она залаяла, Иван был бы демаскирован, и к его появлению в квартире Лещинского этажом ниже могли бы уже подготовиться соответствующим образом...

...Едва войдя в квартиру, Иван услышал, что работает телевизор. Квартира имела стандартную планировку, и Иван сразу определил: телевизор находится в зале, то есть в самой большой комнате. Темную кухню он миновал спокойно, там явно никого не было. Подойдя к открытым дверям в зал, Иван вытащил из кармана маленькое зеркальце и с его помощью внимательно рассмотрел что там, в зале...

В кресле, почти спиной к дверям, сидел перед телевизором мужчина в трусах и, увлекшись, смотрел на экран. Шел футбольный матч на один из международных кубков.

Ивану вновь повезло.

«...Матеус проходит в штрафную, — услышал он голос комментатора, — обыгрывает защитника... Удар! Штанга! Но мяч вновь отлетает к нему. Еще удар! Гол! Главный бомбардир немцев сравнял счет в матче с голландским «Аяксом». Теперь все начинается сначала, счет вновь ничейный...»

Под эту тираду Иван спокойно прошел за спиной у мужчины, сидящего перед телевизором, уверенный, что тот не сможет сейчас глаз оторвать от экрана. Теперь его интересовала комната справа по коридору, то ли спальня, то ли детская. «Какая разница, — подумал Иван, — лишь бы без шума...» Освещение в этой комнате было выключено. Иван заглянул в ванную, нашел широкий махровый халат, набросил его на себя поверх одежды и тихо проскользнул в комнату... Ее наполнял слабый, рассеянный свет от фонарей за окном и крепкий, возбуждающий запах сладковатых духов. Это была явно спальня.

— Насмотрелся, что ли, на свой футбол? — не повернув головы, встретила его недовольным вопросом лежавшая на постели ничком женщина. — Что, теперь мужики в трусах тебя больше привлекают, чем голые бабы?

Иван пригляделся к ней. Она была обнажена, толстые ягодицы подрагивали, бедра слегка ерзали из стороны в сторону. Руками она сжимала свои груди.

— Я с твоим футболом, блин, сама научусь кончать, без тебя! Ну, иди скорее, сунь в меня свой член, — она слегка раздвинула ноги и немного приподняла зад.

Иван тихо подошел, положил ей руку между ягодиц, на пыщущее жаром скользкое влагалище.

— А-а-а! — простонала она.

Тихим аккуратным ударом в затылок Иван на время прекратил ее сексуальные мучения... В себя она придет теперь не скоро... Он прикрыл ее халатом, открыл дверь на лоджию и вышел наружу.

С помощью нехитрого приспособления, представлявшего собой крепкий металлический крюк, заключенный в резиновую трубку, Иван бесшумно спустился с шестого этажа на лоджию пятого...

Он стоял на лоджии квартиры Лещинского, прижавшись к стене, и раздумывал, что делать дальше. Не столько даже раздумывал, сколько ждал момента, когда решение само родится в его мозгу. Своей интуиции он доверял больше, чем своей логике...

Тихий звук открываемой дверной защелки прервал его ожидание. Решение само шло навстречу Ивану. Он весь подобрался и застыл в неподвижности, готовый к любым активным действиям...

Пока Иван путешествовал по подъездам, чердакам и квартирам, окольными путями добираясь до жилища Лещинского, в его квартире уже начали нервничать. Старший фээсбэшник связался по рации с офицером, что остался в машине, и тот сообщил, что в подъезд пока не вошла ни одна живая душа.

Полноватый начал злобно поглядывать на Лещинского, словно он был виноват, будто из-за него ожидаемый человек опаздывает. Сам Лещинский сидел ни жив ни мертв, гадая, к добру или к худу то, что никто еще не появился, хотя назначенный Крестным срок давно уже прошел.

Два молодых оперативника уже просто измаялись на своих постах, не понимая обстановки и поначалу каждую секунду ожидая появления в дверях фигуры с пистолетом в руках. Но никто все не появлялся и не появлялся. Они постепенно устали от напряжения и, незаметно для себя, расслабились. Поэтому, когда старший приказал одному из них выглянуть на лоджию и проверить визуально обстановку внизу, у дома, тот подумал, прежде всего, что на лоджии можно быстренько курнуть втихаря. Все равно никто, как видно, сегодня в эту квартиру уже не придет, раз не пришел раньше...

На лоджию он выходил расслабленно, будто у себя дома, а не на задании, в квартире объекта... Иван убрал его тихо. Он резко, но бесшумно ударил его большим пальцем в основание шеи, пробив трахею и тем самым сильно ослабив поток воздуха, идущий через голосовые связки. Пытаясь вздохнуть, парень выпрямился и расправил грудную клетку. Иван ударил его второй раз, тем же большим пальцем попав точно в солнечное сплетение и пробив расслабленные брюшные мышцы.

Чтобы падающее тело не произвело лишнего шума, Иван подхватил оперативника и уложил его на бетонный пол лоджии лицом вверх. Тело парня конвульсивно вздрагивало, он пытался вздохнуть, но кровь, затекающая из раны в горло, мешала ему. Мучиться ему оставалось не более минуты.

Наблюдать картину его агонии у Ивана не было ни желания, ни времени. Он бесшумно проник в комнату через дверь лоджии. Комната оказалась спальней. Дверь в нее была приоткрыта, и сквозь щель пробивался слабоватый, рассеянный свет из коридора. Иван осторожно выглянул в коридор...

Полутемный коридор был пуст. Насколько Иван мог видеть, двери в остальные комнаты были плотно притворены, кроме одной, тусклый свет из которой и освещал коридор.

«Меня ждут там, — подумал Иван. — Ну, вы почти дождались, ребята. Я сейчас буду. Интересно, сколько вас там?»

Он открыл дверь пошире и сделал несколько шагов по коридору, специально ступая так, чтобы его было слышно. Чтобы не попасть в зону видимости тех, кто находился в открытой комнате, Ивану пришлось идти вдоль самой стены. Он уже был в двух шагах от дверного проема, когда в тишине, нарушаемой только его шагами, раздался характерный звук спускаемой в унитазе воды.

«Одна из закрытых дверей — сортир, — пронеслось в голове у Ивана. — Сейчас из него кто-то выйдет».

Он знал, что у него на размышление есть секунда, не больше. Он торчал в коридоре, как мишень на стрельбище. Путь у него был один — в открытую комнату, где его ждали. Нырнув в любую другую, он получал, может быть, больше тактических преимуществ, но оказывался на обочине ситуации...

Схватив первое, что оказалось под рукой, напольную китайскую вазу, Иван размахнулся, как дискобол, и, сделав шаг вправо, чтобы увидеть источник света в открытой комнате, швырнул вазу в настольную лампу. Он успел заметить округлившиеся глаза человека, сидящего за огромным письменным столом, и поднимающийся пистолет второго, расположившегося в кресле у окна.

Не дожидаясь выстрела, Иван оттолкнулся ногой от косяка двери и влетел в комнату, стараясь придать своему телу наиболее непредсказуемую траекторию движения. Он не слышал выстрелов, но успел во время своего падения заметить две вспышки и в ответ дважды нажать на спуск. Кто-то тонко и пронзительно завизжал.

Вслед за грохотом упавшей лампы, разбившейся вазы и, очевидно, выбитого стекла в книжном шкафу, стоящем за креслом у письменного стола, наступила относительная тишина и одновременно почти полная темнота. Ивана занесло влево, он оперся спиной о что-то твердое и замер, вслушиваясь в беспорядочные негромкие звуки в темной комнате.

Через мгновение он разобрался в местоположениях источников слабого шума и сделал еще два выстрела — один в направлении, как он полагал, двери в коридор, другой — в сторону кресла у окна. И тут же, оттолкнувшись спиной от опоры, сменил позицию, рассчитывая, что письменный стол прикроет его от возможных ответных выстрелов человека у окна. Ответного выстрела не последовало. Отдаленный визг мешал Ивану определить, движется ли еще кто-нибудь в комнате, и он вынужден был выжидать, прислушиваясь.

Опасности Иван не почувствовал. Если и был в комнате кто-то живой, вреда причинить он уже не мог. Иван мысленно плюнул на «подранка» и бросился к выходу. Споткнувшись о чье-то тело, он едва не врезался в косяк, но все же попал в дверной проем. Машинально рассчитывая в темноте коридора расстояние, Иван в несколько прыжков достиг входной двери и распахнул ее. Визг доносился уже с нижних этажей. Иван резко одернул себя, затормозил свое внутреннее стремление охотника преследовать добычу. Лещинский, а визжал именно он, в этом Иван не сомневался, поднял на ноги уже половину подъезда. Иван прислушался. Хлопнуло несколько дверей, раздавалось невнятное гудение чьих-то голосов и время от времени — вопросительные возгласы. Иван различил среди общей сумятицы один голос с уверенными, командными интонациями...

Иван понял, что надо уходить, пока свободен путь, которым он попал в квартиру Лещинского. По крайней мере, Иван надеялся, что этот путь еще свободен... Брать Лещинского в такой ситуации было бы совершенно неоправданным риском. Сколько противников ждет его внизу? Иван не мог даже примерно предположить. Да и самого Лещинского, скорее всего, уже отправили подальше из опасной зоны.

Оперативник, оставленный Иваном лежащим на лоджии, уже не хрипел. Да Иван и не обратил на него ни малейшего внимания. С помощью того же крюка он легко поднялся на лоджию шестого этажа. Осторожно заглянув в окно спальни, Иван убедился, что там по-прежнему темно. Дверь на лоджию была не заперта: видно, после ухода Ивана больше никто к ней не подходил. Резко распахнув дверь, Иван увидел уже знакомого ему мужчину — голого и пыхтящего над своей бесчувственной женой. Забавно было, что тот трахал жену, явно еще не пришедшую в сознание. Мужчина едва успел поднять голову, как Иван въехал ему в нос рукояткой пистолета. Тело мужчины от удара сдвинулось назад, и он уронил окровавленный нос прямо между ягодиц супруги...

Прихватив в прихожей какую-то шляпу и сдернув с вешалки длинный плащ, Иван взял также стоявший у зеркала дипломат и вышел на лестничную клетку. Прислушался... Тишина. Шум в соседнем подъезде не вызвал здесь никакого оживления. У капитальных стен звукоизоляция, видимо, была неплохая.

Иван быстро спустился по лестнице в подъезд и осторожно выглянул наружу...

У соседнего подъезда стояла группа мужчин, судя по их домашним халатам и тренировочным костюмам — жильцов дома. Высокий мужчина в кожаной куртке, своей крепко сбитой фигурой и сдержанными движениями очень напоминавший типичного мента-оперативника, стоял у «девятки» и говорил что-то в трубку мобильного телефона.

Лещинского видно не было. Весьма вероятным представлялось, что его уже увезли, поскольку второй машины, «форда», рядом с подъездом теперь не наблюдалось.

Иван спокойно вышел на улицу и направился в сторону бульвара, постепенно удаляясь от толпившихся у дома людей.

Он услышал возгласы у подъезда, направленные, как он понял, в его адрес:

— ...А это кто такой?..
— Да вроде не знаю такого...

— Эй, друг, подойди-ка сюда!..
— Эй!..

В следующее мгновение чутье подсказало Ивану, что его спина превратилась в мишень... Взрыв адреналина в крови бросил его в сторону, заставив прокатиться по луже, оставленной недавним первым майским ливнем. Одновременно со своим падением он услышал выстрел. Выстрелив в ответ наугад, не глядя, Иван не стал даже выяснять, попал он в кого-нибудь или нет.

Он бросился за находящийся от него метрах в пяти угол дома, на ходу сдирая с себя грязный мокрый плащ. Шляпу и дипломат он выбросил еще при падении.

Выбравшись на Тверской, Иван, насколько это было возможно, привел себя в порядок и тут же принялся ловить попутку, благо время, по меркам ночной Москвы и ее ночных «извозчиков», было еще не позднее.

Какая-то мысль как заноза засела в его мозгу, не желая покидать его, но и никак не оформлялась до полного и ясного осознания... Что-то было неправильное во всей сегодняшней ночи и в тех событиях, которые только что произошли. Иван никак не мог сообразить — что именно?.. Он прокрутил еще раз в голове все свои действия, с самого начала, и не нашел в них ошибки. Разве что вообще не надо было соваться к Лещинскому после того, как интуитивно почувствовал опасность?

Интуиция предупреждала, и только. Она ничего не объясняла. Теперь же он, по крайней мере, получил достаточно много информации о противнике. И о Лещинском. Тот выступал в качестве приманки. А значит, успел заложить Крестного и рассказать все, что знал. Если и не успел, то скоро расскажет. «Жалкий слизняк, дрожащий над своей жизнью», — подумал он о Лещинском. И тут наконец Иван понял, что именно не давало ему покоя. Сознание долго отталкивало от себя эту мысль, стремясь уклониться от анализа необычного и неприятного для Ивана факта...

Сегодня он впервые со дня своего появления в Москве не выполнил задания: Лещинский остался жив и попал в руки противника. Это была его, Ивана, прямая вина.

Крестный никогда не станет, да и просто не захочет его в этом винить. Но Иван всегда сам и обвинял себя, и оправдывал. И сам себе выносил приговор...

«Ты не профессионал! — вынес он суровый приговор. — Ты должен был убить Лещинского, когда понял, что он в чужих руках. Сегодня ты обманул смерть, оставил ее голодной, неудовлетворенной. И не сможешь теперь считать себя ее человеком, тем, кто ей служит, пока Лещин-ский будет жив. Как, когда и где он расстанется с жизнью — абсолютно не имеет значения. Но если хочешь себя уважать — любой ценой сделаешь это!..»

Иван даже скрипнул зубами от досады. Неудовлетворенность собой червем копошилась у него внутри. И с этой червоточиной в мозгу Иван отправился к Крестному.

Глава одиннадцатая

Лещинский сидел в машине фээсбэшников. Он скорчился на заднем сиденье «девятки» и негромко по-собачьи подскуливал, не отдавая себе при этом отчета в том, что он здесь делает и что происходит вокруг. Лещинский не мог заставить себя и не пытался выпрямиться, поднять голову, выглянуть на улицу... Он думал лишь об одном: как на него напал убийца и как он, Лещинский, чудом уцелел...

...Когда в дверном проеме появилась темная фигура и прямо в него запустила огромной китайской вазой, он просто обезумел от страха... Этой вазой его непременно хотели убить, — так решил Лещинский. Он помнил стремительное приближение вазы, закрывшей все поле зрения, и свое судорожное движение вниз, под стол. Выстрелы, грохот бьющегося стекла, дождь осколков словно ошпарили его, и он, как таракан, рванул на четвереньках прямо к открытой двери... При этом он, кажется, визжал, но теперь точно не помнит, так ли это было... Он несся в полуметре от пола так быстро, что сшиб с ног попавшегося ему на пути человека, и, домчавшись до двери, с тем же бессознательным, непрекращающимся визгом ломанулся вниз по лестнице. Он успел добежать до второго этажа, когда позади него захлопали двери соседей и раздались их голоса. Входная дверь подъезда тоже хлопнула, и через мгновение Лещинский оказался лежащим на ступеньках с вывернутой назад рукой.

Лицо его было прижато к бетону, но визжать он не перестал, только тон и громкость крика немного снизились — дышать было трудно...

— Заткнись, сука! — услышал он злой повелительный голос. — Встать!

В затылок ему упирался ствол пистолета. Было больно и очень неудобно. Лещинский поднялся, но визг не прекратил, а лишь помотал головой — не могу, мол, замолчать.

Офицер из ФСБ, тот самый его знакомый, замахнулся на него рукой, держащей пистолет. Лещинский зажмурился, но не замолчал.

— Вот вы двое, — сказал фээсбэшник мужчинам в халатах и домашних тапочках, которые первыми из жильцов дома вышли на площадку второго этажа, — держите его здесь. Глаз с него не спускайте!.. Не бойтесь, он не вооружен, — добавил он, заметив некоторую их нерешительность.

— Господа, а что случилось? — вылез вперед еще один жилец, в адидасовском костюме и с газовым пистолетом в руке.

— Ты встанешь внизу, — тотчас же приставил и его к делу фээсбэшник. — В подъезд никого не впускать, из подъезда никого не выпускать. — Остальным не подходить! — крикнул он уже на бегу, прыгая вверх по лестнице через три ступеньки и отталкивая в стороны торчащих на его пути полуодетых жильцов подъезда...

Ворвавшись в квартиру Лещинского, он соблюдал все предосторожности, то есть двигался, выставив зажатый двумя руками пистолет перед собой, обводил им все подозрительные углы и закрытые двери... Наконец, фээсбэшник нашарил выключатель в коридоре и включил свет... Пороховая гарь от выстрелов не успела еще рассеяться. На пороге раскрытой двери одной из комнат он увидел молодого оперативника, лежащего лицом вниз в луже крови с неестественно заведенными назад руками. Его пистолет валялся рядом.

— Петя! — заорал фээсбэшник и бросился к нему. На темечке у того, кто еще недавно был Петей, красовалась небольшая дырка, из которой вытекала струйка крови.

Офицер скрипнул зубами.

— У-у, бляди! — вырвалось у него. И тут же он заорал:

— Никитин! Ты жив? Никитин!

Негромкий стон у окна заставил его броситься туда и отшвырнуть перевернутое кресло. Полноватый фээсбэшник, откликнувшийся на фамилию «Никитин», схватившись обеими руками за ногу, пытался подняться с пола.

— Как ты? Идти можешь?

Никитин покачал головой.

— Вызови группу. И медиков, — сказал он. — Что с Лещинским?

— Внизу он. Соседи сторожат.

— Живучий, сука. Смотри, Сергей, если убежит...

— Не убежит. Он там обосрался со страха.

Никитин глянул на него исподлобья. Прошипел, не разжимая зубов:

— Гляди я сказал... Яйца оторву, если убежит.

— Я щас, группу вызову, — заявил тот, кого Никитин назвал Сергеем, готовый бежать к машине.

— Стой. Посмотри, что со вторым. — Никитин смотрел на труп, лежащий в дверном проеме комнаты.

Сергей быстро обшарил комнаты.

— Не видать его.

— Этот стервец через лоджию прошел. Там и смотри...

Сергей вернулся через минуту бледный как мел.

— На лоджии Андрюха. Мертвый. Дыра на шее. И в груди. Чем это он его так?..

— Руками. — Никитин усмехнулся. Затем сморщился от боли.

— Да вызови ты, что ли, медиков, — крикнул он. — Я же кровью истеку.

Сергей бросился к двери. Но перешагнув через лежащий возле нее труп, остановился, вновь скрипнул зубами и, не выдержав, спросил:

— Кто это был, товарищ полковник?

— Отмороженный. Иван, — ответил Никитин. И тут же заорал:

— Да беги же, блядь ты этакая, к телефону!

Сергей тут же пропал.

— Я свой найти не могу, — добавил Никитин уже тихо, то ли самому себе, то ли вслед убежавшему вниз офицеру...

Жильцы подъезда помогли Сергею затолкать Лещинского в «девятку» и кучковались, обсуждая происшествие... Слова офицера, разговаривавшего по телефону со своим управлением, заставили их замолчать и прислушаться.

— ...Никитин ранен. Двое убитых. Да нет, наши, наши убиты...

Сергей помолчал, наверное выслушивая чье-то начальственное мнение по этому поводу.

Лещинский, услышав про убитых, перестал скулить и начал икать. Он так ясно представил себя на их месте, что у него начало нестерпимо ломить висок, куда, как он воображал, должна была бы попасть пуля.

— Заткнись, блядь поганая! — зашипел на него Сергей, прикрывая трубку ладонью, после чего продолжил разговор по телефону: — Нет. Ушел, — нехотя выдавил он из себя в ответ на неслышный для остальных вопрос...

— Мужики, а это кто такой? — вдруг спросил жилец с газовым пистолетом, указывая им на выходящего из соседнего подъезда человека в шляпе и плаще.

— Да вроде не знаю такого... — ответил кто-то.

— Эй, друг! Подойди-ка сюда! — обрадованно закричал обладатель газового пистолета. — Эй!..

Он даже успел сделать три шага в сторону неизвестного человека, как вдруг офицер бросил телефонную трубку и стал судорожно выдирать пистолет из кобуры. Выхватив его наконец, он вскинул руки и выстрелил, но одновременно с выстрелом человек, почти дошедший до угла дома, резко дернулся вправо, упал и покатился в лужу, успев при этом выстрелить тоже.

— Ой, бля, мужики! — вскрикнул один из мужчин и, схватившись обеими руками за живот, начал оседать.

Когда невольно взглянувший на него Сергей перевел взгляд обратно — туда, где только что катился по луже человек, там уже никого не было. Он с размаху влепил рукояткой пистолета по капоту «девятки» и заорал:

— Всем по домам! Быстро! Сидеть дома и ждать! — Вот ты! Вызовешь «скорую», — ткнул он кого-то кулаком в спину и махнул рукой в сторону раненого. — Этого оставить здесь.

Через минуту двор опустел. У подъезда остались только фээсбэшник Сергей и раненый.

Сергей сел на асфальт у переднего колеса «девятки» и закурил. Машина, как ему показалось, слегка дрожала. Была ли это его собственная дрожь от не нашедшего выхода напряжения, или это вибрировал трясущийся от страха в машине Лещинский, Сергея вовсе не занимало... У него перед глазами стояли пробитая пулей голова Петьки со свежей струйкой крови и разодранная шея застывшего на лоджии Андрея...

Полковника Никитина уложили в спецгоспиталь МВД, как минимум, на неделю. Рана, полученная им в квартире Лещинского, оказалась неопасной, но неделю стационара медики ему обещали, причем первые дни вообще не разрешили вставать, даже на костыли.

Поэтому, когда генерал-лейтенант Романовский вошел в его палату, он привел Никитина в немалое беспокойство. Никитин заерзал на своей кровати, не зная, что делать: попытаться все же встать, несмотря на острую боль в простреленной ноге, или воспользоваться привилегией тяжелобольного и разговаривать с генералом лежа...

Если бы ногу ему прострелили при более благоприятных для его карьеры обстоятельствах, он, не задумываясь, пренебрег бы «табелью о рангах». Но киллер, на которого они охотились уже недели две, опять ушел, на этот раз уложив двух человек... Жаль, еще совсем желторотые!.. При этом сам он, Никитин, был ранен, хотя его-то уж никак желторотым не назовешь. К тому же он не мог с уверенностью сказать, что ранение случайное. Скорее, наоборот: то, что он остался жив, — случайность...

В общем, чувствовал он себя крайне неуверенно, оказавшись нос к носу с Романовским, этим, как говаривали между собой коллеги-фээсбэшники, «молодящимся старым пердуном весьма интеллигентной наружности». Романовский был, как всегда, подтянут, тщательно выбрит, благоухал «Богартом» и поблескивал антикварным золотым пенсне...

Про генерала ходили разные сплетни: что он красит не только волосы на голове, но и брови, что он имеет болезненное пристрастие курировать дела по сексуальным меньшинствам и что пенсне свое он приобрел в Екатеринбурге, когда участвовал в работе государственной спецкомиссии, решавшей непростую проблему — являются ли подлинными откопанные там предполагаемые останки членов семьи последнего российского императора...

Насчет крашеных бровей Никитин не верил. А волосы у Романовского, в его шестьдесят пять лет, были действительно не по годам густы и черны. Но это уж природа, а не краска. Так, по крайней мере, думал Никитин.

Намеки на, мягко говоря, не совсем обычную сексуальную ориентацию Романовского Никитин с негодованием отметал просто потому, что ему самому противно было об этом думать...

А вот про пенсне — очень может быть, что генералу оно действительно досталось «по наследству» от покойного императора. Фамилии-то созвучные: Романов — Романовский... Было, было у генерала это тщеславие, на котором играли порой провинциальные подхалимы. И часто — с большой пользой для себя.

«Впрочем, возможно, и это тоже вранье», — подумал Никитин. Он вспомнил неофициальный, иными словами, полный отчет той екатеринбургской комиссии, который ему удалось прочитать, причем в подлиннике. Там, в частности, сообщалось, что, судя по состоянию эксгумированных останков, перед захоронением они были тщательно обобраны — и у императора, и у императрицы отсутствовали не только какие-либо украшения, но и все золотые зубы... Хотя, хер его знает, когда их выломали — перед захоронением или спустя несколько десятков лет после него. Сейчас народ пошел наглый, а в отчетах можно сочинить такую повесть, хоть слезы лей...

...Романовский заявил прямо с порога, заметив неуверенное беспокойство Никитина:

— Лежи, ну тебя на хрен с твоим солдафонским этикетом!

— Есть, товарищ генерал, — решил прикинуться дураком Никитин. И тут же пожалел об этом. Потому что сам Романовский был далеко не дурак.

— Есть — у тебя на жопе шерсть, стрелок долбаный! — мгновенно разозлился тот. — Ты бы еще раком передо мной встал и честь при этом отдал...

...Генерал и не заметил, что его язвительная «шутка» прозвучала двусмысленно. Может быть, такого рода шуточки и дали повод для намеков на его пристрастие к делам о гомосексуалистах?..

— ...Как ты встал раком перед этим мокрушником, — продолжал бушевать генерал. — А он и натянул тебя, как хотел, — по самые яйца!

Никитин только молча хлопал глазами.

Тут Романовский все же взял себя в руки и минуты две молча сопел, сидя у кровати Никитина и куря тонкую коричневую дамскую сигарету с ментолом...

— Долго тебя здесь держать не будут, — сообщил он Никитину после паузы. — Я уже распорядился. Отпустят через два дня. Но в течение этих двух дней ни в коем случае не вставай — ты мне нужен в рабочем состоянии, а не таким, как изуродованный в битвах герой, знаменитый на весь свет, но беспомощный, как младенец! Этакий Геракл в доме престарелых...

Романовский сунул окурок в цветочный горшок на окне, достал еще одну сигарету.

— Можешь, кстати, курить открыто, — добавил он и сделал такой жест, словно отмахнулся рукой от кого-то — скорее всего, от медиков.

— Шли бы они в жопу со своими запретами...

Никитин достал из-под матраса мятую пачку «Примы».

Романовский поморщился, но промолчал.

Подымили, стряхивая пепел в стоящий на тумбочке стакан с остатками чая.

— Напишешь в рапорте все, что знаешь об этом деле. — Романовский утопил окурок в остатках чая. — Подробно напишешь. Со всеми деталями, источниками информации, ну и прочее...

Помолчав, Романовский как будто еще что-то вспомнил.

— Хозяин интересуется подробностями. Кстати, просил передать от себя лично, — генерал достал из кармана походную фляжку и протянул ее

Никитину. — Короче, чтобы через два дня отчет был у меня, — закончил разговор генерал и, не прощаясь, вышел.

Никитин вздохнул с облегчением... Взболтнул фляжку. Полная! Открутил крышку, понюхал — и задохнулся от удовольствия: «Ух ты, сука! Неужели Хозяин знает мои вкусы?» Этот запах Никитин ни с чем не мог перепутать...

Густой, тягучий аромат французского коньяка защекотал ему ноздри, будил острую жажду. Заставил ее из желудка подняться по пищеводу к самому горлу, порождал ожидание жгучей волны, падающей прямо в душу и ласковым теплом разливающейся по всему телу...

Никитин сделал большой глоток, медленно процедил его в горло и, не выдержав паузы, сразу сделал еще один.

— «Готье», VSOP, что означает — «особо старый высшего качества», — почти пропел он вслух. Эти слова звучали для него приятнее, чем любая музыка.

...Вернувшись пару месяцев назад из Чечни, Никитин дня не мог прожить без коньяка...

Пил он, конечно, и раньше, но для удовольствия: ну, с бабами, ну, с друзьями, ну, дома иногда, с женой.

Коньячок просто помогал ему освободиться от некоторой заторможенности, скованности, которую вызвало в нем ежедневное копание в закулисной жизни России. Слишком много грязных тайн этой жизни хранила его память, чтобы вот так, легко, можно было освободиться от них — взявшись за теплые бабьи титьки или потрепавшись с хорошим другом о легендарных делах далекой молодости... Не отпускало!

А коньяк помогал. Топил все темное и грязное в своей пронизанной солнцем золотистой глубине, терпким ароматом отбивал преследовавший Никитина неприятный душок...

...Но после Чечни Никитин как-то вдруг поймал себя на том, что без коньяка вообще обойтись не может. Трезвому ему становилось тоскливо, холодно и одиноко. Он не мог заставить себя работать так эффективно, как прежде. Да что там говорить — работать вообще не хотелось! Никитин даже стрелять не мог трезвым: мишень расплывалась в неопределенное пятно, пули шли в молоко. Коньяк обострял и зрение, и мысли — тельные способности...

Коньяк обострял само ощущение жизни. Хлебнув коньяку, Никитин даже на баб иногда обращал внимание, хотя трезвым на них и вовсе не смотрел. Просто не вспоминал о их существовании... После Чечни не стоял у него «бабский вопрос» на повестке дня. Да и в штанах — тоже ничего не стояло...

К французскому «Готье» он привык в Грозном. Предыдущий куратор спецподразделений ФСБ в Чечне оставил в наследство Никитину ящик настоящего, не левого, «Готье» под кроватью в гостиничном номере и еще целый КАМАЗ — фуру, полностью загруженную такими же ящиками, в спецгараже Российского представительства в Чечне. КАМАЗ числился за ФСБ как «вещественное доказательство».

Никитин жил там месяца три, и дня не проходило, чтобы он не выпивал одну-две бутылки... Трезвому слишком сложно было сохранять спокойствие, видя то, на что ему приходилось смотреть, и слушая то, что он выслушивал каждый день. Он занимался розысками следов пропавших без вести бойцов спецподразделений ФСБ. Искомые следы он находил практически ежедневно, и почти каждый из этих следов оставлял, в свою очередь, отпечаток в его душе... Хотя и душа, и разум Никитина были закалены десятками сложнейших и порой весьма жестких специальных операций: какими-то из них ему довелось руководить, а в каких-то он участвовал в качестве рядового исполнителя.

Да!.. «Поучаствовать» Никитину пришлось немало...

Чего стоила, например, ликвидация лидера оппозиции в одном из государств экваториальной Африки? Если бы тому удалось скинуть пробрежневского президента, Россия потеряла бы свое политическое влияние не только в этой стране, но и еще в добром десятке соседних государств с таким же полудиким населением... «Ведь вся эта черножопая Африка, — думал раздраженно Никитин, — это тоже, что одна наша огромная российская деревня. Стоит одному мудаку придумать какую-нибудь херовину, через час об этом вся деревня знает, и каждый норовит установить у себя на дворе такую же хренотень. А на хрена она ему нужна — и сам не знает... Этого черного оппозиционера, — как его, кстати, звали? Мванга? Нбанга? Нет, не вспомнить! — убрали тогда лихо: запалили саванну, когда он поехал агитировать за свою кандидатуру население родной деревни. Хижины из сухих стволов вспыхнули как спички, сразу похоронив под собой полдеревни. Остальных добили из автоматов... Всех пришлось перебить. Этих обезьян, их же не отличишь друг от друга — поди разбери, кто там политический лидер, а кто вчера с ветки впервые слез. У всех рожи идиотские...»

Но все, что Никитин видел в Африке, в Гондурасе, в Чили, в Камбодже, на Кубе, в Ольстере, наконец, в Нью-Йорке в Гарлеме, все осталось в его памяти каким-то Приключением. Именно Приключением с большой буквы... Хотя там и гибли его друзья. И сам он был дважды ранен... А однажды чудом избежал гибели: приговоренный в Камбодже к смертной казни, успел, воспользовавшись сумятицей после случайного взрыва бензовоза, добежать до реки, кишащей ядовитыми змеями... Его товарищ, подвернувший ногу, добежать не успел. Красные кхмеры догнали его, забили насмерть мотыгами. А Никитин успел. И кхмеры его не догнали, и в реке не утонул, и змеи не укусили... Конечно, он потом вернулся. И превратил весь их лагерь в золу и перегной с помощью напалма и огнеметов. Красные кхмеры превращались в пылающих кхмеров — факелами разбегались по полю, а Никитин со своей группой гонялся за ними и щедро поливал огнем... Ни один кхмер до реки тогда не добежал...

...В Чечне не было никакого приключения. Ни с большой буквы, ни даже с маленькой. В Чечне была Смерть с большой буквы... Страх — тоже с большой буквы. Привыкнуть к Чечне — означало быть готовым к тому, что вместо воды тебе каждый раз будут предлагать кровь, а вместо хлеба — человеческое мясо.

Никитин не смог к этому привыкнуть. Он привык к коньяку...

Никитин сделал еще один большой глоток. Вот теперь он вполне готов вспомнить и подробно изложить все, что хранилось в его цепкой профессиональной памяти. Он сел на кровати, подложив под спину подушку, а на колени пристроив книгу, взял бумагу, авторучку и размашистым остроугольным почерком привыкшего к разборчивой скорописи служебиста вывел первую строчку:

«Фигурант — Марьев Иван. Профессиональный киллер. Работает в основном в Москве, хотя иногда выполняет поручения человека по имени Крестный и в других городах России».

Никитин сделал паузу, порылся в памяти, но так ничего и не вспомнив, вздохнул и продолжил:

«О Крестном неизвестно почти ничего, кроме того, что он является заказчиком многих терактов, совершенных в Москве в последнее время. Последний по времени — убийство председателя совета директоров «Интегралбанка» Кроносова. Есть основания предполагать, что заказано оно было не самим Крестным, а кем-то из представителей крупных российских финансовых групп. Крестный же выполнял лишь роль диспетчера. Исполнителем был Иван Марьев».

Никитин опять подумал, хлебнул еще коньяку и вновь взялся за авторучку.

«Иван Марьев — 1964 года рождения. Родился в Самаре, в семье служащих. Там же окончил среднюю школу и два курса физического факультета Самарского университета.

Бросив университет, проходил военную службу в погранвойсках в Душанбе. Задержал восемь нарушителей государственной границы. Участвовал в действиях российских спецподразделений по ликвидации беспорядков в таджикской столице в составе среднеазиатского погранотряда.

После демобилизации был завербован в Среднеазиатское спецподразделение ФСБ. Прошел спецподготовку в спецлагерях «Ала-тоо», «Рыбинск» и «Центральный».

Результаты всегда показывал отличные. Стрельба — 997 очков в десяти сериях по десять. Тест на выживаемость прошел трижды с увеличением контрольного времени в геометрической прогрессии. Тест на физическую выносливость...»

Никитин на секунду остановился, припомнив свое удивление во время рассказа начальника спецлагеря «Центральный», а затем дописал конец фразы:

«...был прекращен после четырехкратного превышения контрольного времени».

Он еще раз напряг память и вспомнил, что ему рассказывали об Иване в «Центральном». Тот отжимался восемь часов подряд, без перерыва и отдыха, в ровном темпе, под постоянным контролем медиков, которые в конце концов прекратили тест и констатировали: Иван даже не сбил дыхание, хотя похудел за восемь часов на четыре килограмма. В стрельбе, проведенной непосредственно после теста на физическую выносливость, он показал свой обычный результат — 98 очков из 100 возможных...

Никитин невольно покрутил носом, поморщился от боли в простреленной ноге, хлебнул еще из фляжки и продолжил:

«Скорость реакции — аномальная: ответный выстрел производит одновременно, — Никитин слегка запнулся и подчеркнул слово «одновременно», — с неожиданным для него атакующим выстрелом. Наблюдалось несколько случаев опережающего выстрела.

Тесты стрельбы в экстремальных условиях:

— в полной темноте по памяти с десятиминутной паузой — 90 из 100 возможных;

— в полной темноте по движущейся акустической цели...»

Никитин снова поморщился, вспомнив пальбу в квартире Лещинского, и написал:

«... — 95 из 100 возможных;

— спиной к аккустической цели без поворота — 87 из 100 возможных;

— в линейном движении по неподвижной цели — 98 из 100 возможных;

— в линейном движении по линейно движущейся цели — 98 из 100 возможных;

— в линейном движении по турбулентно движущейся цели — 98 из 100 возможных;

— в турбулентном движении по неподвижной цели — 84 из 100 возможных;

— в турбулентном движении по линейно движущейся цели — 76 из 100 возможных;

— в турбулентном движении по турбулентно движущейся цели — 50 из 100 возможных».

Никитин остановился, задумался — что еще? Он вспомнил молодых оперативников, которых потерял вчера, и после очередного глотка из фляжки, написал:

«Владеет всеми видами единоборств, типовыми и индивидуальными специприемами.

Хорошо разбирается в использовании технических и радиоэлектронных спецсредств слежения, защиты и поражения.

Способен эффективно применять ОВ и средства химической маскировки.

Повышенная чуткость к слежке и угрозе нападения.

В 1996 году направлен в Чечню, в юго-восточный горный квадрат в составе спецгруппы для ликвидации полевого командира Максуда Шамшиева и его отряда. Задание было провалено, группа оказалась отрезанной от основных россий-ских подразделений и в течение восьми месяцев дислоцировалась в горах, вступая в редкие стычки с чеченской стороной. За два месяца до выхода группы из Чечни на территорию Грузии в районе вершины Казбек Иван Марьев из группы исчез вместе с еще двумя ее членами. Предположения о том, что он дезертировал или перешел на чеченскую сторону, впоследствии не подтвердились. Марьев был объявлен пропавшим без вести. Чеченская сторона сведений о нем не предоставляла.

В марте этого года удалось установить, что Марьев был захвачен в плен и продан боевиками в рабство на горную плантацию опийного мака. На основании показаний одного из пациентов центра психопатологической реабилитации, солдата по имени Иван, который фамилию свою вспомнить не смог, удалось установить, что Марьев Иван работал с ним на одной плантации. По его сбивчивому рассказу, безоружный Иван убил несколько вооруженных чеченцев, среди которых были женщины и дети, и ушел, бросив солдата на плантации. Насколько последнее соответствует реальности, установить не удалось.

Возможными следами Марьева в Чечне могут быть: переправа на автомобиле по железнодорожному мосту через Терек, расположенному в районе северо-западнее Грозного, и ликвидация смешанной казацко-чеченской семьи в станице Червленной. Хронология событий совпадает с предполагаемым временем дезертирства Марьева из района военных действий.

Около года Иван Марьев находится в Москве. Вооружен. Располагает крупными суммами денег. Дважды был идентифицирован и взят под наблюдение. От наблюдения оба раза скрылся.

В ликвидациях проявляет иногда немотивированную повышенную жестокость. Склонен к нетрадиционным, оригинальным решениям, особенно в опасных ситуациях.

Места его дислокации не обнаружены. В контакты за время наблюдения не вступал. Живых родственников не имеет. Не женат. Внебрачных детей не установлено. Недвижимости или какого-либо другого имущества, зарегистрированного в Московской и Самарской областях, не установлено.

Две попытки ликвидации окончились неудачей, с потерями в три человека.

Нынешнее местоположение и предполагаемые действия — неизвестны».

Никитин вздохнул и поставил точку.

Вот именно — неизвестны...

Глава двенадцатая

Когда Иван встретился с Крестным и рассказал ему о перестрелке в квартире Лещинского, тот сразу сделал вывод, что события приняли характер открытых военных действий...

Во-первых, Лещинский. Конечно, он просто тварь. Надо было его раздавить раньше. Здесь Крестный ошибся. И он честно признал эту ошибку. Но легче от этого не стало. Все, что Лещинский знает, он, без сомнения, выложит, если его об этом как следует попросят. Хорошо хоть, что знает он немного. И главное, не имеет представления, где искать Крестного...

Квартиру с диспетчером, через которого обычно осуществлялась связь с Лещинским, Крестный распорядился законсервировать, человека — перевести в другое место. При этом за квартирой планировалось установить наблюдение...

Через полчаса после отдачи этого приказа Крестный получил сообщение, из которого стало ясно: он опять опоздал. Посланный им человек напоролся на засаду, хотя и принимал меры предосторожности. Исполнитель вынужден был вступить в перестрелку, и его застрелили прямо в подъезде. Хотя явно намеревались захватить живьем. Следов диспетчера обнаружить не удалось. Вероятно, он уже был на Лубянке.

Больших неприятностей со стороны Лещинского вряд ли стоило опасаться. Он, конечно, мог о чем-то догадываться, например о том, с кем Крестный был еще связан помимо него. Но догадки — это еще не доказательства...

Гораздо большее беспокойство внушал Крестному рассказ Ивана в другой его части: где тот говорил о человеке, сидевшем у Лещинского в домашнем кабинете... Когда Иван влетел туда вслед за китайской вазой, он успел зафиксировать в памяти лицо этого человека, сидящего в кресле у окна. Иван то ли ранил его, то ли убил. Сам Иван склонялся к мнению, что только ранил...

Описание, данное Иваном, очень напоминало Крестному полковника ФСБ Никитина. В прошлом — специалиста по борьбе с терроризмом, а теперь — с организованной преступностью. Проблему составляло даже не то, что Никитин обладал огромным опытом и обширнейшей информацией по этим вопросам. Опытных и информированных людей в ФСБ было навалом, и они Крестного мало беспокоили. Он и сам был не менее опытным и информированным. Проблема заключалась в следующем: по сведениям Крестного, именно Никитин вскоре мог оказаться одним из руководителей недавно созданной и строго засекреченной спецгруппы, носящей название «Белая стрела». Истинного ее назначения никто толком не знал, хотя слухи о ней ходили самые невероятные. Вплоть до того, что создана она вовсе не для борьбы с террористами и преступными сообществами, а для проведения терактов по планам самой службы безопасности.

Не смог пока установить целей создания «Белой стрелы» и Крестный. Но пристальное внимание членов этой организации к нему лично, а также повышенный и, надо сказать, весьма опасный интерес их к Ивану ему чрезвычайно не нравились. Этот новый фактор грозил нарушить все его далеко идущие планы. Осуществление своих планов, как это не было обидно, Крестному приходилось откладывать на неопределенный срок. Но разобраться с «Белой стрелой» следовало уже сейчас. Пока она не разобралась с Крестным.

— ...Ваня, сынок, поверь старому, ушлому вояке, — сказал Крестный Ивану, и тот не уловил и тени искусственности в его открытом тоне, каким Крестный разговаривал с Иваном, когда речь шла об особо важных вещах. — Для нас с тобой это теперь дело номер один. Если это «Белая стрела», если это Никитин, то самый лучший вариант — отлежаться, как будто нет нас с тобой на свете. Я его слишком хорошо знаю. Он на Кубе такую штуку придумал, чтобы поменять правящее семейство, — мы чуть было не начали Карибскую войну, как того и требовало задание. А ведь молодой тогда еще был, зеленый... Рауля Кастро спасла случайность...

— Ты его знаешь? — спросил Иван.

— Знаю ли я его? — переспросил Крестный. — Лучше спроси — знаю ли я себя? Мы с ним погуляли не только в кабаках Сантьяго-де-Куба, но и в ресторанчиках Сантьяго-де-Чили, в борделях Танжера, в притонах Тайбэя, в публичных домах мексиканской Гвадалахары... Я когда-то был с ним вместе. А сейчас мы готовы убить друг друга...

Крестный откровенничал с Иваном, сообщал ему о себе сведения, неизвестные никому из его нынешних сотрудников. Тем не менее он строго дозировал информацию, не позволяя точно установить, кем же он был в прошлой жизни. Хотя и не обманывал Ивана. Никитина он действительно знал хорошо и в самом деле когда-то вместе с ним работал. Ну, скажем, почти вместе. Но сказанного было достаточно, чтобы понять: Никитин — человек очень опасный.

— Почему он хочет меня убить? — перебил Крестного Иван.

— Не знаю, Ваня. Честное слово, не знаю. Где-то встал ты ему поперек дороги. Мы с тобой встали...

— Это твои дела, Крестный, — спокойно, даже безразлично сказал Иван. — Ты и разбирайся. Будет нужна моя помощь — найдешь. Я под пулями ходить привык.

— Нам, Ваня, остается только ждать. Ждать и быть готовыми ответить...

Иван молча вышел.

Отвечать он был готов каждую секунду.

...На совещание к генералу Романовскому полковник Никитин пришел ровно через два дня — без костылей, но с тросточкой, на которую тяжело опирался, хотя и пытался сохранить видимость непринужденности движений. Нога отчаянно болела. Правда, рана заживала как на собаке — спасибо медикам...

— А вот и Никитин с раной пришел, — встретил радостным возгласом его появление в своем кабинете Романовский. — Проходите, полковник, садитесь.

«Сам ты сраный», — мысленно огрызнулся Никитин.

Он сел за длинный стол, обтянутый зеленым бархатом, огляделся. Лица были все знакомые — традиционный состав так называемого «неофициального» совещания у Романовского, проводимого еженедельно. «Ну что, торги в разгаре? Или еще не начинали? Меня ждали? — подумал он и усмехнулся. — Вот уж хрен они без меня смогут что-нибудь решить!»

— Итак, — сказал Романовский, — у нас сегодня два вопроса. Первый — солнцевский. Ситуацию вы все знаете — этим голодным пидорам стало мало Лужников. Они хотят подмять весь Хамовнический район вплоть до Александровского сада. Мы должны им спасибо еще сказать, что хоть

Кремль нам оставили. Паша пробовал с ними вести переговоры... — Романовский сделал паузу, вопросительно поглядев на своего зама по экономическим преступлениям, Павла Большеданова.

Тот кивнул головой.

— ...Результат нулевой. Посылают на хуй.

Большеданов вновь кивнул.

— Жду предложений! — подытожил Романовский.

— У меня бы не послали, — проворчал зам по режиму начальника тюрьмы на улице Матросская Тишина. — Взять их лидера, посадить к нам и опустить. Посмотрим, как тогда посылать будут.

— Вы забываете, — возразил Романовский, — что их лидер и так сидит. У нас.

— Так какого ж хрена?..

— За его освобождение они нам должны... Кстати, Паша, доложи, что у них там с деньгами?

Большеданов вскочил с места.

— За Якоря они расплатились. Он выпущен. Тихий, он же Смирнов, он же Князь, также выпущен. Деньги за него поступили. Козленок сидит у нас. Уже месяц. За него не заплачено ни копейки. Месячные выплаты от них так же не поступают. Мой вывод — наши финансово-пенитенциарные меры мало эффективны...

— Ты пока заткнись со своими выводами, — оборвал его Романовский. — Никитин, что за ними числится за последний месяц?

Никитин, стараясь не морщиться, поднялся, сдвинул брови.

— Три убийства первой категории. Бизнесмены из группы «Акведук». Попытка ограбления Новодевичьего монастыря. С перестрелкой на кладбище. У нас были проблемы с патриархом. Он отказывается платить нам, раз мы не можем гарантировать его людям безопасность. Напомню, что четверо монахов были застрелены, потери солнцевских — двое. Патриарх заявил...

Романовский замахал на него рукой, не надо, мол, знаю, знаю...

Никитин пожал плечами и продолжил:

— Предпринята попытка взимать плату с челноков за торговлю в Лужниках. Попытка была нами блокирована. Напомню, что пока экономический контроль за этой территорией осуществляем мы.

Романовский посмотрел на Большеданова. Тот опять вскочил, кивнул и сел.

— Доходы группы за месяц оцениваются суммой порядка четырнадцати миллионов долларов.

— Какого ж хрена они не платят? — вылез снова туповатый зам с Матросской Тишины.

«Потому что решили, что не платить — дешевле», — хмыкнул про себя Никитин, но промолчал.

— Заткнись, — сказал режимщику Романовский. — Ваши предложения, Никитин?

— Я пока воздержусь от предложений. Но могу продолжить.

— Продолжайте, — заинтересовался Романовский.

— Как уже было здесь сказано, мы отпустили на свободу Якоря и Тихого... Он же Смирнов, он же Князь, — передразнил Никитин Пашку Большеданова. — Но в течение четырех дней после выхода из тюрьмы они оба были убиты...

Неестественно черные брови Романовского поднялись вверх. Он вопросительно смотрел на Никитина.

— ...Кто осуществил ликвидацию, установить не удалось...

Брови Романовского поднялись еще выше.

— ...Тихий-Князь в первый же день был похищен из публичного дома в Черемушках. Найден задушенным на берегу пруда имени XXII съезда КПСС у Московской кольцевой дороги. Через три дня во время похорон Тихого на Востряковском кладбище был застрелен Якорь. Те, кто осуществили эти акции, добились следующего. Солнцевская группировка считает, что это дело рук нашей группы. Моей группы. И теперь не хочет иметь с нами никаких контактов. За Козленка они платить не будут. И вообще платить нам больше не будут. Они нам не верят...

Никитин обернулся к заму из «Матросской тишины»:

— Можете опускать его прямо сегодня, если приспичило...

У того хватило ума промолчать. Романовский тоже молчал. Для болтливого генерала это был признак максимальной степени раздражения.

— ...Кроме того, группировка лишена руководства и, по сути дела, неуправляема. Формально исполняющий сейчас роль ее лидера Силикат — фигура слабая, не имеющая необходимого для такой роли авторитета среди солнцевских и склонная к авантюризму. Нападение на Новодевичий монастырь — именно его идея, с помощью этой акции он хотел укрепить свое влияние в группировке. Убийства банкиров тоже придумал он, наивно рассчитывая таким образом вынудить «Акведук» платить группировке проценты со своей прибыли. Мне сообщили, сколько он заломил с «Акведука»: двенадцать с половиной процентов, то есть одну восьмую часть...

Большеданов присвистнул. Романовский поморщился.

— ...В результате мы лишены рычагов управления криминальной ситуацией в огромном районе Москвы. Мы теперь не только не можем управлять солнцевской группировкой, но и не знаем даже, что они выкинут в следующий момент.

— Это все, что ты хотел нам сообщить, Никитин? — жестко спросил его Романовский.

— Нет конечно, — усмехнулся тот. — Заказчик этих акций неизвестен. Но удалось выйти на след исполнителя, по крайней мере, одной из них. Судя по описаниям проституток, человек, похитивший Тихого-Князя, очень похож на дезертировавшего год назад из Чечни спецназовца Марьева Ивана по кличке Отмороженный. Мною собрана на него оперативная информация. Досье я вам сегодня передал... — Никитин взглянул на Романовского.

Тот утвердительно кивнул головой.

— ...Было предпринято две попытки ликвидации Марьева-Отмороженного...

Никитин вздохнул и продолжил:

— Обе неудачные.

Несколько пар глаз уставились на него. Все лица выражали недоумение.

— Неудачные. Обе, — повторил Никитин, чтобы дошло до каждого. Даже до самых тупых. Он обвел взглядом лица сидящих за столом... Вроде бы до всех дошло.

— Есть некоторые соображения по поводу наших дальнейших действий. Но до конца они еще не продуманы, — Никитин выразительно посмотрел на Романовского. Тот едва заметно кивнул — понял, мол.

— У тебя все, Никитин? Садись.

Романовский сделал паузу.

— Вчера я был на планерке у Хозяина. Он высказал свое понимание сложившейся ситуации. Его не устраивает деструктуризация нашего влияния в Ленинском районе. Нам дана неделя на то, чтобы разобраться в обстановке и исправить положение. Следующее совещание завтра, в это же время. Каждой службе подготовить оперативные планы на неделю и свои предложения по замене лидеров в солнцевской группировке. Сейчас все свободны.

Когда почти все уже вышли из кабинета, Романовский вдруг с преувеличенной театральностью произнес:

— А вас, Никитин, я попрошу остаться.

«Шут гороховый», — буркнул себе под нос Никитин.

— Ну, о чем ты хотел посоветоваться? — спросил Романовский, когда они остались вдвоем. — Только скажи мне сначала, — не дал он Никитину заговорить, — что же ты с двумя салагами на него полез, если знал, что это такой зверюга? Супермена из себя строишь? Пердун старый. Кубу вспоминаешь?

— Сам ты пердун, Вася... — нагло ответил Никитин. Все же они когда-то бок о бок по джунглям лазали под пулями самосовских обезьян. К тому же тот вариант действий, который он хотел предложить Романовскому, сам по себе был достаточно наглый. Надо было создать такую атмосферу, чтобы он прозвучал уже вполне органично.

— ...Я ведь его вычислил уже после того, как он мне ногу прострелил. По тому, как он руками убивает. Голыми руками. А ты сразу — «Кубу вспомнил», «старый пердун...».

— Ладно, ладно, не обижайся. Ты не Господь Бог, и я не девственница. Все мы не без греха. Так что там у тебя?

— План простой, Вася. Хотя — несколько необычный. Да ты расслабься, а то не дойдет до тебя.

— Не тяни, её твою мать, — усмехнулся Романовский. — Как бабы говорят: взялся за грудь — скажи что-нибудь. Не бойся, в обморок не упаду...

— Как знать, Вася, как знать... Ну, в двух словах, суть вот в чем. Те, кто убрали солнцевских, работают явно против Хозяина. Работают очень профессионально. Я в этом убедился... — Никитин потер раненую ногу. — Возможности у них немалые. Солнцевские — так, тьфу, мелочь пузатая. Но Кроносов — уже рыбка покрупнее. А ведь это тоже их рук дело. Того же Отмороженного работа. И заказчик был тот же. Я уверен в этом. То есть предела их возможностям почти нет. Или просто — нет. Понял, к чему я веду?

— Пока не понял, — ответил Романовский. Но, как заметил Никитин, уже насторожился.

— К тому, что завалить они могут кого угодно. На этом их и можно поймать. Нужно только приманку подсунуть. Живца нацепить.

— И это все, что ты придумал? — язвительно спросил Романовский. — Стареешь, брат.

— Нет, Вася, конечно не все. Ты же меня знаешь. Я в деталях все продумал.

— Ну!

Романовский слушал уже вполне серьезно.

— А давай, Вася, закажем им убийство Хозяина! Его в качестве живца насадим... Как на них выйти — это моя забота.

— Никитин, — заботливо спросил его Романовский, — тебя только в ногу ранили? Голову не задели?

Никитин молчал, пережидая первую реакцию генерала.

— Да ты подумал о том, — заорал вдруг Романовский, — что будет, если Хозяин узнает, кто и что тут у нас заказывает?! Ты что же думаешь — тебя с твоей «Белой стрелой» теперь и не достать, что ли? Достанут, блядь, — Романовский понизил голос до шепота, — и кишки на кулак намотают...

Никитин знал: пока Романовский орет, голова его продолжает прокручивать услышанную информацию. И ждал, когда этот процесс закончится...

Романовский вдруг замолчал.

— Где мы денег столько возьмем? Ты подумал, какую они цену заломят? Не меньше, чем годовой бюджет какой-нибудь области!..

— Подумал, Вася. Ты просто не знаешь механизма расчетов за такие дела. Авансом нужно отдать лишь тридцать процентов. Остальное — после результата. Но результата-то не будет. Мы с тобой этого не допустим. Исполнителем обязательно станет Марьев. Здесь-то мы его и возьмем.

Романовский поежился.

— Ты его уже взял. Два раза. Бог троицу любит.

— Ну так что же, Вася? Разрешаешь?

— Под твою ответственность, Никитин. Под твою. Но — смотри. Если этот Марьев его ухлопает, следующая пуля твоя. Я ведь рядом с тобой стоять буду. С пистолетом.

— Заметано. Под мою ответственность.

От Романовского Никитин вышел почти не хромая.

Миновав несколько поворотов коридора, он присел на подоконник торцевого окна, достал из кармана фляжку и крепко к ней присосался...

Известие о том, что крупная финансовая группировка, близкая к президенту, готова оплатить ликвидацию Белоглазова, дошло до Крестного буквально на следующий день...

А через два часа после того, как он впервые об этом услышал, уже состоялся разговор об условиях заказа с представителем заказчика — директором одной из многочисленных охранных контор.

Он хорошо знал этого старого грузина, работавшего еще с Шеварднадзе, когда тот был главным силовиком в Союзе. Поводов подозревать его в афере у Крестного не было. И мотив убрать Белоглазова сомнений не вызывал... Грузин напрямую был связан со службой охраны президента, поскольку поставлял ей кадры. А у президента, равно как и у начальника его неофициального «штаба», заявления Белоглазова о готовности занять президентское кресло и его растущая популярность среди электората вполне способны были вызвать резкое раздражение... Которое затем могло принять форму конкретного решения.

...На взгляд Крестного, Белоглазов давно этого заслуживал. Очень уж жаден он был до денег! Крестному пришлось выполнить несколько заказов от людей Белоглазова, и с оплатой каждый раз была целая морока. Выдав аванс и получив через некоторое время результат, они больше ни о чем не заботились, считая свои обязательства выполненными.

У Крестного, естественно, на этот счет существовало свое мнение. Приходилось напоминать. Хоть и противно было, словно выпрашиваешь что-то, а не получаешь то, что заработал, принадлежащее тебе по праву! Однажды Крестный не выдержал и вместо напоминания увез в «отстойник» шестнадцатилетнюю дочь одного такого заказчика. Так он и в этой ситуации пробовал торговаться! Но заплатил все же быстро... Крестный потом от его дочери никак не мог отделаться: такая блядища оказалась, охранники ее по двое ебли одновременно, так она просила еще и третьего найти!..

В общем, народ был мерзкий, и хозяин их был мерзкий. Мнение насчет их у Крестного было однозначное. Правда, это не имело абсолютно никакого значения. Потому что мнения его никто не спрашивал...

...Короче, Крестный решил взяться за это дело. К тому же у него на это имелся свой мотив. Уж больно хотелось насолить Никитину, который, насколько он знал, лично отвечал за безопасность Белоглазова.

Цену, правда, Крестный заломил неслабую. У грузина аж зубы заныли, когда он условия выслушал... Но приказ был не торговаться, и он согласился.

...Крестный с этого гонорара рассчитывал приобрести небольшой особнячок на берегу озера Онтарио, в Канаде. Побережье между Оттавой и Торонто — это были места, полюбившиеся ему с детства, еще по книгам. Они не разочаровали его и потом, много позже, когда он попал туда в ходе выполнения секретного задания службы госбезопасности... Он давно мечтал приобрести там «запасной аэродром» лично для себя. Мало ли какие ситуации могли возникнуть в жизни при его работе? Нужно заранее соломки себе подстелить. Канадской...

Конечно, и Ивана он не обидит. Это святое. Его равнодушия к деньгам Крестный не понимал.

Вместе с тем он никогда не пользовался этим качеством Ивана в своих интересах. Считал это недостойным как для себя, так и для дела...

...Насчет того, что именно Иван будет исполнителем планируемой акции, двух мнений быть не могло. Здесь требовалась гарантия. Участие Ивана уже было такой гарантией. Даже если он брался за дело один... Но, само собой, нужно будет помочь ему, подстраховать. Иваном рисковать Крестный не собирался. Ни за какие деньги!..

Аванс привезли на следующий день. Ивана Крестный пока беспокоить не стал — ему задание нужно было давать в последний момент, когда уже полностью прояснилась ситуация. И Крестный принялся за сбор информации.

Ему удалось довольно быстро выяснить, как в общих чертах складывается рабочий день бывшего премьер-министра. Ночи тот проводил чаще всего на подмосковной даче, охраняемой так плотно, что нечего было и думать пробраться туда незаметно. Разве что прорыть подземный ход длиной с километр!..

Но это так, шутка. О даче можно было сразу забыть.

В семь утра Белоглазов выезжал в Москву в сопровождении усиленной охраны, причем маршрут следования менялся ежедневно. Использовать дистанционные радиоуправляемые заряды не представлялось возможным: две машины с радиоэлектроникой, подавляющей сигналы на производство взрыва, постоянно сопровождали машину Белоглазова... Впрочем, можно было расстрелять его машину из ближней артиллерии, использовать танки, ракетные установки, атомные бомбы.

Это тоже шутка...

Первые дни Крестному ничего больше не оставалось, как только шутить. Белоглазов был прикрыт со всех сторон. Дни он проводил в своей штаб-квартире, защищенной, как противоатомное убежище, либо совещался с директорами предприятий, формально являющихся членами многоотраслевой корпорации «Заря России», а на деле — принадлежащих самому Белоглазову. Экспертами состояние его оценивалось в сорок три миллиарда долларов. Чтобы управлять такой махиной, недостаточно было свалить ее на плечи управляющих и менеджеров, даже если их тысячи. Приходилось подставлять и свои плечи... Когда этот человек отдыхал, и отдыхал ли вообще, Крестный так и не смог установить.

Он слегка приуныл, поняв, что орешек еще более крепок, чем ему показалось. Особнячок на Онтарио как-то подернулся туманной дымкой и сделался почти нереальным... Однако вскоре Крестного осенило: ровно через неделю ситуация должна измениться! Начнется избирательная кампания, Белоглазов вынужден будет выходить к народу, участвовать во встречах с избирателями... Если, конечно, рассчитывает победить на выборах.

Ну что ж, классическое политическое убийство! Почти все они, если взять для примера наиболее известные, были совершены на многолюдных встречах с избирателями или по дороге на них... Сутки потребовались Крестному, чтобы достать график встреч Белоглазова с избирателями на ближайшие две недели. График попал к нему как-то слишком уж легко, у Крестного возникло даже легкое беспокойство по этому поводу... Но вскоре он так увлекся разработкой вариантов по каждой из встреч, что постепенно беспокойство стало забываться, а затем и совсем стерлось из памяти...

Лучших условий для осуществления акций, чем уличная встреча Белоглазова с московскими избирателями, трудно было себе представить. Возможности исполнителя необычайно расширились. Здесь можно было даже вступить с объектом в непосредственный контакт, что всегда облегчает задачу...

В тот же день Иван получил новое задание: ликвидировать Белоглазова, бывшего премьер-министра, а ныне — претендента на пост Президента России... Выслушав задание, он даже бровью не повел, не хмыкнул, не улыбнулся — как будто ему было абсолютно все равно!

...Иван прочитал список предстоящих встреч Белоглазова с избирателями и подчеркнул ногтем одну строку.

— Здесь, — сказал он Крестному.

Тот просто кивнул головой.

...Иван выбрал планируемое шествие Белоглазова по длинной и кривой Никольской улице, тянущейся от Лубянки до Красной площади. С какой стороны шествие начнется, для него значения не имело, лишь бы оно начиналось или заканчивалось у здания ГУМа...

— Ваня, дальше руководишь ты, — сказал Крестный. — Я сделаю все, что ты скажешь.

— Завтра же поставишь вот здесь, — Иван показал на плане, — на крыше здания на углу Исторического проезда пулемет-автомат. — Крестный молча кивнул, обязательно, мол. — За сутки до акции, — продолжил Иван. — Ты понял меня? За сутки, — повторил он, выделив усиленно слово «сутки». — Так вот: за сутки до акции ты сажаешь туда своего человека, которого я перед этим тщательно проинструктирую.

— Сделаю, Ваня, как ты хочешь.

— Обязательно за сутки, не позже. И чтобы не мозолил глаза никому, если хочет живым оттуда выбраться, и чтобы хоть чуть-чуть умный был, умел принимать решения самостоятельно.

— Обижаешь, Ваня, — попытался изобразить обиду Крестный, но сам понял, что — неудачно. Потому что прав Иван — тех, кто думает самостоятельно, у Крестного раз-два и обчелся.

В среду во второй половине дня Иван в полной своей экипировке, то есть в одежде, не стесняющей движения, но хорошо скрывающей присутствие на его теле двух пистолетов и ножа, появился в пассаже. Народу, как всегда, было очень много, на это, собственно, Иван и рассчитывал.

Он направился по торговым залам к техническому входу в магазин, туда, где слышался лязг грузового лифта, ленивый мат грузчиков и уборщиц, где громоздилась пустая тара и прочий мусор. Это была как бы граница, до которой доходили покупатели, но за нее не переступали, так как делать им там было нечего. Дальше начинались «производственные помещения».

Иван знал, что именно на этой границе стоят мусорные контейнеры, в которые собирается мусор и из торговых залов, и из внутренних недр магазина. Машина приезжает по утрам, до открытия магазина, а до того времени они остаются на месте.

Поймать минуту, когда никого не окажется рядом, и нырнуть в один из контейнеров оказалось проще простого. Контейнеры стояли очень далеко от того конца пассажа, который выходил на место намеченного убийства Белоглазова, но Ивана это нисколько не смущало.

Шум машин и людской галдеж действовали усыпляюще. Иван устроился поудобнее в картонном мусоре, насколько это было возможно, и моментально заснул. Мимо ходили люди, продолжали какие-то свои разговоры, занимались своими делами, но Иван спал спокойно, не боясь выдать себя храпом, Иван вообще никогда не храпел. Это он проверял специально.

Проснулся Иван от тишины.

Среда только что закончилась, и начинался четверг.

Внимательно следя за тем, не покажется ли кто-то из сторожей, Иван прошел на середину огромного помещения и без особого труда разыскал то, что приглядел еще накануне. Это был киоск гравера с пыльным полом внутри, едва просматривавшимся сквозь волнистое стекло, и внушительным замком на тоненькой дверце.

Опираясь на стоящие рядом стеллажи, Иван подтянулся и, перевалив через стенку киоска, бесшумно спрыгнул вниз.

Здесь ему предстояло провести четверг. Поболтав накануне с продавщицами соседних прилавков, Иван осторожно выяснил, что гравер не работает уже недели три. Это было как раз то, что надо. Существовала, конечно, вероятность, что пропавший гравер появится именно завтра, но она была очень мала.

Сидеть оказалось труднее, чем в контейнере, поскольку лишенный крыши киоск частично просматривался снаружи, сверху, и Ивану, скорчившемуся под столом-прилавком, приходилось постоянно следить днем, чтобы рука или нога не вылезли из «мертвой зоны».

День он провел, прислушиваясь к бессмысленной болтовне продавщиц и абсолютно ни о чем не думая. Лишь одна фраза привлекла его внимание в разговоре болтливых девчонок, торгующих галантереей.

— Завтра, говорят, полдня работать не будем. Белоглазов приедет. Будет с нами встречаться.

— Ну ты сказала! С нами! Да что ему с нами делать-то. Чай, не валютные. Он на нас и не взглянет.

— Ну ты дура, Катьк, непроходимая. Год в Москве живешь, а все такая же тупая. Он с народом будет встречаться. А может, и с нами. А то почему ж еще мы работать-то не будем?

Дальше Иван не слушал.

Все шло по намеченному плану. Остальное его не интересовало.

Во второй половине дня магазин закрыли. Девчонки-продавщицы обрадовались и убежали.

Иван сосредоточился, поскольку наступала самая ответственная часть операции.

Перед закрытием послышались чьи-то осторожные шаги. Кто-то шел, явно осматриваясь по сторонам. На секунду человек задержался, тронул рукой висящий на дверке замок, — Иван слышал, как он тихо стукнул о дверку, — и так же осторожно зашагал дальше.

Иван усмехнулся.

Разве можно узнать заранее, где притаилась смерть? Этот осмотр магазина представлялся Ивану весьма наивным мероприятием. Здесь можно было спрятать целый спецвзвод, в каком Иван когда-то служил, искать его неделю, но так и не найти. А уж одного Ивана найти в ГУМе — это просто невозможно. Какая там иголка — еще труднее.

Ночью он выбрался из своего убежища с удвоенной осторожностью, поскольку охрана магазина должна быть усилена уже сегодня. По крайне мере, так должно было быть, он сделал бы именно так. Может быть, он и перестраховывается немного, но это лучше, чем неожиданно напороться на охранника.

На этот раз его интересовал торговый зал, выходящий окнами на Никольскую улицу. Второй от угла Ветошного переулка. В нем единственном Иван приглядел удобное место для того, чтобы спрятаться еще на одну ночь.

Удобным местом, по его понятиям, был неработающий промышленный холодильник, стоящий напротив окна. Иван открыл его и убедился, что там достаточно сухо. Он бы сразу и залез в него в четверг вечером, но залы, выходящие на улицу, по которой будет проходить Белоглазов, наверняка проверялись наиболее тщательно. Иван решил не рисковать и пожертвовать своим личным временем ради дела.

Вонь из немытого холодильника, в котором хранились не так давно молочные продукты, Ивана не смущала.

Запахи его вообще не смущали. Никакие.

Иван не опасался, что кто-то полезет в холодильник завтра утром. Кому и что может в нем понадобиться, когда магазин не работает? Никому и нечего.

Но на всякий случай киллер предусмотрел систему внутреннего запора, поскольку изнутри холодильник закрыть было нельзя. Он прицепил к наружным петлям дверки две тонкие стальные полоски, которые пропустил внутрь, в камеру холодильника. Теперь при попытке открыть дверь снаружи, ее можно было удержать рукой изнутри.

Впрочем, вряд ли такое случится. Скорее всего, все будут увлечены приближающейся встречей с Белоглазовым, о рабочих делах никто и не вспомнит.

Спать он не стал, чтобы не расслаблять своего общего состояния. Он сидел, ни о чем не думая, ничего не вспоминая.

Его мозг застыл в режиме ожидания, готовый активно включиться в работу в каждое мгновение.

Времени для Ивана не существовало.

Он не мог видеть в темноте холодильной камеры, как посерели сначала оконные стекла, затем внутреннее помещение стало потихоньку проявляться из ночных сумерек, и вскоре утреннее яркое солнце конца московского мая заставило улицу блестеть мокрым асфальтом, — по распоряжению Никитина, Никольскую только что хорошо помыли.

Наконец, стрелки на его часах сообщили, что ждать ему осталось около пятнадцати минут. Он слышал, что в помещении скопилось довольно много народа, и понял, что работников магазина на улицу не выпускают, а заставляют торчать перед окнами, изображая покупателей. Всем быть готовыми, вдруг Белоглазов захочет в магазин зайти!

«Это уж вряд ли, — подумал Иван. — Ему, наверное, и шаги даже заранее сосчитали, куда можно, куда нельзя».

Торговый народ в магазине оживился, но тут же немного примолк.

Часы показывали — вот-вот.

Иван взял в руки оба пистолета, приготовился распахнуть ногой дверку. Он ждал только сигнала.

Сигналом ему послужила пулеметная очередь, затем вторая и третья. Грохот разлетающейся под пулями оконной витрины и визг продавщиц слились в единую какофонию. Визжали в трех торговых залах. Проинструктированный Иваном пулеметчик открыл огонь, когда белоглазовский «кортеж» поравнялся со вторым окном. Самого Белоглазова пулеметчику видно не было: тот постоянно находился в мертвой для обстрела с соседних домов зоне, но его охранники создавали четкий ориентир местонахождения своего объекта охраны. Пулеметчик расколотил стекло окна, прямо напротив которого находился холодильник со скрывавшимся в нем Иваном, и тем самым открыл для Ивана сектор стрельбы. Однако крушил он стекла всех трех окон, не акцентируя внимание охраны именно на втором окне.

Резким толчком Иван отбросил дверцу холодильника и через разбитое окно оказался на одной линии с приговоренным к смерти бывшим премьер-министром.

Прямо перед ним, в разнесенном пулеметом окне, как на сцене, суетились охранники, прикрывая Белоглазова от пулеметной очереди сверху, хотя те и не могли причинить вреда бывшему премьеру, прижавшемуся к стене в мертвой зоне. На окна пассажа они внимания не обращали: для охраны в этот момент существовало только два достойных внимания объекта — сам Белоглазов и источник огня.

Белоглазов стоял, прижавшись к стене прямо напротив второго выбитого пулеметной очередью окна, и был, наверное, единственным, кто видел Ивана, державшего в руках направленные в его сторону пистолеты.

Иван за полторы секунды успел произвести пять выстрелов с двух рук. Три пули он всадил Белоглазову в корпус, две — в голову...

...Но Белоглазов оказался не единственным и не последним, кто видел вспышки выстрелов Иванова пистолета. Уже выполнив свою главную задачу — расстреляв Белоглазова, Иван обнаружил, что сам находится под прицелом и, по-видимому, не успеет выйти из-под огня: полноватый фээсбэшник со слегка одутловатыми щеками, которого он мельком зацепил взглядом на квартире у Лещинского и которого Крестный называл по фамилии Никитин, взял его на мушку...

...Что произошло дальше, Иван видел очень хорошо. Но абсолютно ничего не понял. Никитин почему-то не стал стрелять в него. Вместо того чтобы срезать точным выстрелом застрявшего на выходе из холодильной камеры Ивана, Никитин развернулся и всадил три пули в голову стоявшему рядом с ним бледному генералу, зачем-то нацепившему на нос золотое пенсне...

«Спасибо Никитину за то, что сделал такой выбор! Но не стоит рассчитывать на то, что он и выбраться отсюда мне поможет...» — подумал Иван. Перепрыгивая через раненных пулеметными очередями и осколками стекол продавщиц, он бросился внутрь помещения магазина, вопя как можно громче:

— «Скорую»! Врача! Скорее! Белоглазов ранен!..

Ивану удалось благополучно добежать до угла Ветошного переулка и Ильинки, где для него была приготовлена Крестным машина. Мотор уже работал...

Газанув по Ильинке, Иван вылетел к Ильинским воротам, добрался переулками до Мясницкой и выехал на Лубянскую площадь. Движение в сторону Театрального проезда и Новой площади было уже перекрыто.

— Слышь, а что случилось-то? — спросил Иван

на выезде с Мясницкой на Лубянку у водителя остановившейся рядом машины.

— Да кого-то грохнули. Белоглазова, что ль...

Иван, повинуясь жезлу регулировщика, развернул машину и двинул по Большой Лубянке в сторону Сретенки...

Он был спокоен.

Свою миссию он выполнил.

Крестному Иван ничего не докладывал. Он просто бросил машину в условленном месте и пешком отправился в свою «берлогу» на площади Восстания отлеживаться. «А Крестному и так доложат, без меня», — подумал Иван.

Крестному действительно доложили сразу же. И не просто доложили, а даже прокомментировали. В экстренных выпусках новостей, прервав свои передачи, все телевизионные каналы сообщали о покушении на Никольской и о смерти Белоглазова. Три канала показывали репортажи с места разыгравшейся трагедии, и Крестный имел удовольствие своими глазами увидеть, как все было сделано... Вдруг камера выхватила кусок одной из крыш и четко зафиксировала, как пулеметчик, прекратив стрельбу, бросает пулемет и бежит к двери, ведущей на чердак... Крестный тут же куда-то позвонил и спросил, все ли на месте. После чего вздохнул с облегчением: оказалось — все!..

Крестный совсем развеселился, пошел за бутылкой в другую комнату, чтобы пропустить стопку по случаю удачного окончания дела. Диктор в это время делился своими соображениями о возможных последствиях совершенного теракта. Строились предположения о кадровых переменах в руководстве силовыми структурами. Открыто говорили об отставке Романовского. Когда Крестный вернулся, уже с бутылкой в руке, поступило еще одно сообщение: во время теракта убит и генерал Романовский. Миллионам телезрителей был показан президент, который прокомментировал события фразой «Безобразие, понимаешь!..», пообещал прекратить политический беспредел в стране и принять экстренные меры...

Уже к вечеру президент свое обещание выполнил. Его пресс-секретарь провел пресс-конференцию, где сообщил журналистам: президентом подписаны указы о смещении с должности министра внутренних дел и о назначении нового руководителя ФСБ. Указом президента была также приостановлена предвыборная кампания — вплоть до стабилизации положения в Москве и выяснения обстоятельств гибели одного из главных претендентов на президентский пост.

Крестный хмыкнул и налил себе полстакана виски «Тичерс». «Выясняйте, выясняйте, ребята, — подумал он, — вряд ли вы найдете того, кто это организовал, а уж того, кто так лихо все исполнил, — тем более!»

Он залпом выпил свой виски и довел свою мысль до логического конца: «Мы с Иваном вам еще не то устроим!..»

Часть II

Глава первая

— Осторожно, двери закрываются. Следующая станция — «Краснопресненская».

Иван проехал уже три станции по Кольцевой линии метрополитена. Сидя в расслабленной позе и якобы подремывая, он из-под полуопущенных век внимательно наблюдал за едущими рядом с ним, входящими в вагон и выходящими на очередной станции пассажирами.

Чувство близкой опасности, которое не покидало его вот уже три дня, обостряло зрение, слух, память и, как это обычно и происходило с ним в опасной ситуации, наполняло тело мощной энергией жизни.

Иван пока не заметил ни одного взгляда, обращенного в его сторону, ни одного напряженного движения, мысленно продолжив которое, можно было бы ощутить себя его конечной целью или, проще говоря, мишенью... Он позволил себе слегка расслабиться. Но не до такой степени, чтобы у него созрело решение выйти на следующей станции и залечь в своей берлоге — в высотке на площади Восстания. Он сейчас не мог рисковать последним своим убежищем, о котором Крестному ничего не было известно...

Иван втянулся в тренировку, в игру, которую устроил ему Крестный, но чувствовал себя и действовал так, как будто она в определенный момент вдруг перестала быть неким условным спектаклем.

Это стало правильным и своевременным, потому что барьер, отделявший эту так называемую игру от реальности, с настоящими смертями, настоящими убийствами, был уже пройден.

По условиям игры он выступал в роли дичи, по следам которой шли «загонщики» и «охотники». Тренировка продолжалась уже третьи сутки, за время которых он успел на своей шкуре почувствовать все прелести этой роли... Еще двое суток назад Иван сам был преследователем, что соответствовало роду его занятий: он был киллером, а стало быть «охотником», и осуществлял запланированный отстрел своих «зайчиков». Суть идеи Крестного в том и заключалась: каждый должен побывать во всех ролях, знать все партии, освоить до уровня виртуоза всю партитуру в целом...

Иван еще раз внимательно осмотрелся. Ощущение опасности немного притупилось, и он разрешил себе совсем закрыть глаза, целиком положившись в отслеживании ситуации на слух. Мыслей не было — одна зияющая пустота. Недавно пережитая близость со смертью долго выходила похмельем из его тела...

Иван вспоминал глаза человека, жизнь которого он забрал три дня назад, приложив для этого значительные усилия. Глаза того, кто еще секунду назад смотрел на мир с хозяйской жадностью уверенного в себе человека. Нажимая на спуск, Иван хорошо разглядел его лицо: оно выражало лишь испуг.

Когда же первая пуля из пистолета Ивана пробила голову того человека, еще недавно в качестве премьер-министра управлявшего Россией, и на белую рубашку, в которую он оделся по случаю встречи с избирателями, закапали темно-красные капли, на лице экс-премьера не отразилось и тени удивления той быстротой, с которой завершилось его существование в качестве претендента на пост президента страны. На лице было понимание...

Понимание, доступное только человеку, идущему к смерти. Человеку, увидевшему смерть не краешком глаза, а обоими глазами и во весь рост. Иван закрыл эти глаза, всадив в каждый из них по куску свинца, лишил их надежды увидеть еще что-нибудь, кроме смерти...

Пожалуй, первая мысль, которая посетила тогда Ивана, была: надеяться можно только на смерть. Смерть безусловна и неотвратима. Она наступает всегда. Просто для одних раньше, для других — позже. Для него она тогда чуть было не наступила...

Смерть подошла так близко, что Иван ощутил на губах ее сладкий поцелуй. Он помнил взгляд полковника Никитина, державшего его на мушке своего пистолета... Иван так и не успел понять, почему Никитин убил не его, а прострелил голову стоявшему рядом с ним генералу.

— Станция «Киевская». Переход на Арбатско-Покровскую и Филевскую линии.

Иван открыл глаза и неожиданно встретился взглядом с девушкой, сидевшей напротив и внимательно смотревшей на него. Первым его желанием было нажать на спуск пистолета, который он держал на изготовку в правом кармане своей куртки. Кем же еще могла быть девушка, как не явным «загонщиком»? Ивана удержало от этого движения полное отсутствие ощущения опасности, которое его никогда прежде не подводило и которому он всегда доверял. Возможно, здесь присутствовало что-то другое, чего Иван в тот момент не осознал. Единственное, что он понял и прочувствовал, — опасности нет, смерть далеко от него...

Девушка сделала едва уловимое движение полными, ярко накрашенными губами, чуть заметная тень улыбки легла на ее лицо. Она опустила взгляд и вновь уткнулась в лежавшую на ее пухлых коленях книгу.

— Осторожно, двери закрываются. Следующая станция «Парк культуры».

Людская масса поволновалась и успокоилась. Иван тоже успокоился, поскольку никто из вновь вошедших в вагон людей не обратил на него особого внимания. Девушка продолжала читать свою книгу.

Он вновь расслабился и закрыл глаза.

Иван припомнил разговор с Крестным, который состоялся три дня назад, сразу после выполнения последнего задания.

Они сидели в маленьком, тесном зале арбатского ресторанчика, который принадлежал Крестному, и глухонемой официант, похожий на медведя гризли, открывал им уже вторую бутылку с очень длинным узким горлом и наклейкой из серебристой фольги.

— Объясни этому своему «гризли», чтобы он принес еще что-нибудь, ну, водку там, виски, коньяк... Я не хочу пить этот латиноамериканский самогон.

Иван раздраженно посмотрел на официанта. Но «гризли» видел только Крестного, не обращая на Ивана ни малейшего внимания. Все заказы делал Крестный, объясняясь с официантом какими-то особыми, только им двоим понятными знаками.

— Нет, Ваня. Ты хочешь меня обидеть. После каждого дела я пью этот, как ты его обозвал, «самогон». Это привычка, Ваня. Добрая, многолетняя привычка. Это традиция, которую я не нарушаю уже четверть века. Когда мне было столько же, сколько тебе сейчас, я каждый день пил этот «самогон» вместо воды, потому что в воде была лихорадка. Тропическая лихорадка.

Крестный вздохнул ностальгически.

— Ты, Ваня, великий человек. Ты себе цену не знаешь. Я — знаю. И еще знаю, что пить мы должны этот противный «латиноамериканский самогон», который ты пить не хочешь. Ты должен. Потому что ты работаешь сейчас так же, как мы тогда — тридцать — сорок лет назад. Впрочем, нет — ты работаешь лучше. То, что ты сегодня сделал, я бы, например, сделать не смог. И уверен, что этого не смог бы сделать сегодня никто из моих мальчиков.

— Они хорошо мне помогли...
— «Пулеметы»?.. Так ведь они — просто исполнительные ребята. Их еще натаскивать да натаскивать, не один месяц уйдет, пока из них толк выйдет...

Подвыпивший Крестный был в хорошем настроении и в слегка возбужденном состоянии.

— А что, Иван? Надо бы тебе отдохнуть.
— Я не устал.
— Я, Ваня, устал. От тебя. Мне бы самому отдохнуть. Но знаю, что ты на месте не усидишь. Начнешь самодеятельность разводить, Никитина искать станешь...

Иван усмехнулся:
— Стану.
— А зачем, Ваня?
— Этого я и сам не знаю. Он меня на мушке держал. И отпустил.
— Ну и что? — Крестный явно недоумевал.
— Хочу понять — почему?
— Но это же невозможно, Ваня! Не поймешь, пока он сам не скажет. Не старайся. Лучше — выпей со мной! — Крестный смотрел на него огорченно и ласково, как на капризного, упрямого ребенка.

Из моря спиртного, которое было к их услугам, Крестный выбрал гаванский сухой ром. «Такого дерьма, — подумал Иван, — мне пить еще не приходилось». Но Крестный смаковал это кубинское пойло с явным удовольствием.

— Нет, Ваня. К Никитину ты не суйся. Опасный человек. Я даже думаю, что он сам тебя найдет. Если сможет, конечно...

Крестный вдруг развеселился. Взгляд его стал заговорщическим.

— Нет, нет и нет, Ваня. Никитина ты не трогай. А отдохнуть нам с тобой все же требуется. Это мы заслужили. Ты заслужил.

Он вновь схватился за бутылку, плеснул в низкие широкие стаканы жидкости, напоминавшей запахом растворенную в ацетоне резину.

— Давай. За нас! За победителей!

— Мне хватит. Я больше не пью.

— Ваня, я хочу выпить за нас с тобой. Выпить. С тобой. За нас. С тобой. Сколько, в конце концов, можно работать! Можем мы с тобой выпить за нас? Мы можем отдохнуть или мы не можем?

Крестный нес явную чушь. Уж работать-то его никто не заставлял. Он всегда сам решал — браться за очередную работу или нет. Ощущение подневольности своей жизни, отголоски которого Иван слышал сейчас в его словах и тоне, с которым они были сказаны, вероятнее всего, было проявлением своего рода психологического атавизма брежневско-андроповской эпохи...

Иван впервые заметил, что Крестный стар. Пройдет еще несколько лет, и однажды он резко — за полгода-год — постареет так, что станет просто дряхлым. Сейчас он еще не старик, а тогда будет уже не стариком — будет полутрупом. Иван сравнил Крестного с собой и посмотрел на него долгим немигающим взглядом, в котором читалось знание будущего.

Впрочем, от зрачков глаз Крестного взгляд Ивана отразился, как от зеркала, не проникнув внутрь...

— Что, Ваня, не хочешь отдохнуть? Обманываешь меня. Я же по глазам вижу — о вечном думаешь.

Крестный хмыкнул.

— Туда мы всегда успеем. Ты о земном, Ваня, подумай. Бабенку себе никакую не подобрал? Чтобы отдых полноценным вышел?

Иван сверкнул на него глазами, но промолчал.

— Ну, знаю, знаю, что ты всегда один. А я и ничего, я только пошутить хотел. Ты про кличку свою слыхал? Как менты тебя окрестили?

Иван молчал.

— Не слыхал? Ну так слушай. Ты у них зовешься Гладиатор. — Крестный не засмеялся, а именно захихикал — по-стариковски мелко и противно. — Вань, а ты, случаем, яйца себе в Чечне не отморозил? Это я опять насчет баб. У тебя там в штанах все в порядке?..

Иван начал раздражаться. Он молчал, но смотрел на Крестного в упор.

Странное дело: обычно всегда выдержанный и тщательно выбирающий слова Крестный разговаривал нагло и вызывающе. Правда, Иван впервые видел Крестного пьяным. Откуда ему было знать, что пить тот совсем не умел — пьянел очень быстро и становился агрессивным и неосторожным, способным на ненужный риск и авантюры?.. И еще: откуда было знать Ивану, что Крестный его ненавидит? Тот и сам толком этого не понимал. Крестный всегда с нетерпением ждал возвращения Ивана с задания. И каждый раз, когда он возвращался, чувствовал вместе с радостью и удовлетворением от того, что Иван жив и дело сделано, какое-то непонятное, отравляющее радость разочарование. Словно опять не произошло чего-то такого, что Крестный долго и тайно ожидал...

Однако человек, который осмелился бы открыть Крестному на это глаза, заработал бы аккуратную дырочку от пули во лбу. Крестный любому сомневающемуся в подлинности его добрых чувств к Ивану в ответ сказал бы, что он любит Ивана как сына. И был бы при этом абсолютно искренен.

Крестный знал об особом отношении Ивана к смерти, хотя и не понимал его никогда. Сам он смерти не боялся, но очень хотел бы, чтобы она наступила не раньше, чем жизнь ему надоест. А жить все не надоедало и не надоедало.

Готовность Ивана к смерти, жажда встреч со смертью делали его в глазах Крестного лучшим киллером, которого он только мог себе представить. Но одновременно пугали его. Ведь Крестный не обладал никакими рычагами управления этим человеком. Иван уже больше года работал с ним, но Крестный так и не понял до сих пор, почему тот ему подчиняется. А установить четкую иерархию их отношений считал необходимым...

Может быть, взгляд Ивана, в котором он прочитал больше, чем ему хотелось бы, а может быть, постоянно ощущаемая непреодолимая независимость его поведения заставили Крестного вновь возвратиться к мысли о том, что необходимо избавиться от принципа паритетности в их отношениях, более четко распределить роли. Он теперь искал для себя зацепку, чтобы оправдать давно задуманное — то, что он хотел, но все же не решался осуществить, боясь непредвиденных последствий, каких-то непредсказуемых реакций Ивана...

Алкоголь всегда придавал ему решимости в сложных ситуациях выбора, помог и сегодня.

— ...Ваня, у тебя точно нет с этим никаких проблем? Убеди меня, старика. Трахни кого-нибудь прямо сейчас, вот здесь, а? Хочешь, пойдем на улицу, выберем женщину? Ты покажешь пальцем на ту, которая тебе понравится, а я ее сюда приведу. Хочешь?..

Иван молчал. Крестного заносило все дальше, все ближе к порогу чувствительности Ивана...

— ...Не хочешь, сынок? Ну трахни тогда вот этого медведя. Эй!

Он сделал жест рукой, подзывая к себе глухонемого официанта.

— Снимай штаны, — сказал он официанту, прекрасно, впрочем, зная, что тот не понимает, что от него хотят. — Сейчас вот этот, — Крестный указал пальцем на Ивана, — будет тебя ебать.

«Гризли» неподвижно стоял, глядя на Крестного. Иван тоже сидел неподвижно и молчал.

— Не хочешь, — с горечью констатировал Крестный. — Эх, Ваня, разве так можно, сынок? Что же ты только этой суке-смерти даешь свой хуй сосать?..

Сидевший напротив него Иван все так же молча поднялся, сгреб в горсть порядком поредевшую шевелюру Крестного и приподнял его за волосы над стулом. Больше он ничего не делал. Просто держал Крестного на весу и внимательно смотрел тому в глаза.

«Гризли» напрягся и вопросительно посмотрел на Крестного. Тот отрицательно махнул рукой: ничего, мол, не надо, уйди.

Медведеобразный официант отошел.

— Все, Ваня, поиграли и хватит. Посади меня туда, откуда взял.

Иван разжал кулак.

Крестный мешком грохнулся на стул. Он наконец получил то, к чему стремился, — необходимое для принятия определенного решения состояние духа... И даже протрезвел от этого. Его внутренний механизм был запущен. Ход событий, едва начавшись, сразу обрел искомую неотвратимость...

— Ладно, хватит болтать, Ваня. Давай поговорим. Нам с тобой предстоит большое дело. Очень большое. Гораздо больше, чем все фокусы с этим дырявым мешком, которого ты расстрелял сегодня утром. Дело очень сложное. Ты еще не готов. К нему придется готовиться. Основательно готовиться. И серьезно.

Крестный налил себе еще рому, но не выпил, а поставил стакан на стол и продолжил:

— Тебе нужно потренироваться, прежде чем я доверю тебе это. Тренировка будет жесткой. Но увлекательной, это я тебе обещаю. Мои мальчики, конечно, тебя не стоят, но и они не просты, кое-что умеют.

Он взял свой стакан, одним движением опрокинул его в рот и добавил:

— Все. Поехали. Детали я расскажу тебе на месте. Времени у нас будет достаточно...

У Ивана не было причин отказываться. Он пока не допускал мысли, что Крестный хочет его смерти.

— Поехали, — просто сказал он, — покажешь мне своих мальчиков.

...Поезд метро замедлял ход. Подъезжали к станции. Иван открыл глаза. Девушка вновь смотрела на него.

— Вы проспите свою станцию, — сказала она.

— Нет, — ответил Иван, — не сумею. Хотя с удовольствием сделал бы это. Не спал двое суток.

В окнах вагона замелькали мраморные колонны. Поезд остановился. Зашипела пневмосистема открывания дверей.

— Станция «Октябрьская». Переход на Калужско-Рижскую линию.

Девушка встала.

— Пойдемте, — сказала она. — Я вам помогу.

Глава вторая

Полковник Никитин второй день работал в новой должности. Должность была генеральская. До того ее занимал генерал Романовский. Но три дня назад Никитин разнес ему голову из своего табельного оружия. Случилось это во время убийства Ильи Григорьевича Белоглазова, кандидата в президенты России, бывшего председателя правительства, причем почти в самый момент убийства...

Белоглазов был богатейшим человеком в России. На него работали практически все службы и структуры государственной власти, исключая, может быть, лишь президентскую охрану. Белоглазова за глаза называли не иначе как Хозяином. Да, собственно, он и был одним из немногих настоящих хозяев России. Если бы мнение Никитина было бы кому-нибудь интересно, то он непременно сказал бы, что именно такой человек и должен быть президентом России.

Однако, как это ни парадоксально, именно Никитин заказал убийство Белоглазова. И своими руками сделал все возможное, чтобы оно могло осуществиться... Настоящей его целью был киллер Иван Марьев, поскольку Никитин был уверен, что именно Иван станет исполнителем заказа. Идея Никитина была откровенной авантюрой: подставить Белоглазова, чтобы поймать на крючок Ивана и его хозяина, о котором Никитину ничего не было известно, но фигура которого явственно просматривалась за спиной Ивана.

Шансы на проигрыш, как и при любой авантюре, были значительными. Но Никитину удалось тогда убедить своего начальника — генерала Романовского, старого боевого товарища, с которым они исколесили половину земного шара, выполняя задания партии и правительства в самых отдаленных от России географических точках, в осуществимости безумной на первый взгляд идеи. Удалось убедить, наверное, потому, что и сам Романовский был неисправимым авантюристом, любил блефовать и, надо признаться, делал это виртуозно — опыт на этот счет у него был гигантский...

Вместе с тем Романовский отвечал за безопасность кандидата в президенты. Поэтому он сразу предупредил Никитина: если покушение на Белоглазова осуществится и тот будет убит, следующая пуля попадет в голову Никитину. И выпущена она будет из его, Романовского, пистолета. Не успел выстрелить генерал... Никитин среагировал быстрее. Следующей простреленной головой оказалась голова Романовского.

Авантюрная затея закончилась, как и положено любой авантюре, провалом. Белоглазов был убит. И убил его Иван Марьев. А самому Ивану удалось уйти. Иван переиграл Никитина. Хотя и был момент, когда полковник держал его на мушке. Но Никитин успел сообразить: пока он пытается застрелить Ивана, Романовский, не задумываясь, продырявит ему башку — как обещал, потому что Белоглазов был все-таки убит... Пришлось стрелять не в киллера, а в Романовского. Иван же успел скрыться...

Впрочем, Никитин уже не жалел, что все так обернулось. Как руководитель секретного спецподразделения «Белая стрела», Никитин был заместителем Романовского, и, само собой, расследование обстоятельств смерти генерала поручили именно ему.

Первое, что он сделал, выполняя это поручение, — позаботился, чтобы в материалы дела не попали три пули, выпущенные из его табельного пистолета. Пулеметные очереди, выпущенные, как потом стало понятно, помощниками Ивана, разнесли три окна в ГУМе, через одно из которых и стрелял в Белоглазова киллер. В возникшей при этом суматохе никто не сумел заметить, куда стрелял полковник Никитин. В результате с подачи Никитина в материалах белоглазовского дела появилась мифическая фигура второго киллера, застрелившего генерала Романовского.

Никто, разумеется, не знал, что сама идея покушения на Белоглазова принадлежала Никитину. Он сумел представить дело так, что все это якобы организовал сам Романовский, который и был затем убран преступниками — чтобы не осталось никаких следов, позволявших бы выйти на исполнителей...

Никитину «удалось» выяснить это столь оперативно и так быстро представить по команде соответствующие бумаги, что уже через сутки он был назначен на должность, которую до него занимал генерал Романовский. Должность была, естественно, генеральская, и со дня на день Никитин ожидал приказа о присвоении нового звания.

На него свалились новые заботы. Во-первых, нужно было найти человека, который заменил бы его на посту руководителя «Белой стрелы». Такого, чтобы, с одной стороны, на него можно было положиться в экстремальных ситуациях, а с другой — чтобы не проявил себя слишком умным и чересчур честолюбивым. Ведь руководитель «Белой стрелы» подвергался соблазну стать истинным хозяином этой организации и направлять ее «полет», так сказать, по собственной воле и личному разумению. Хозяин у спецподразделения уже был: отказываться от этой роли Никитин вовсе не собирался.

Во-вторых, еще одной, и нелегкой, заботой

Никитина был Иван. Марьев уже дважды переиграл его. Никитин чувствовал себя «в долгу» и рвался «расплатиться». Нога, простреленная Иваном при первой их встрече, до сих пор не давала полковнику спать спокойно и ходить не хромая. Так что перед Никитиным стояла не просто очередная служебная задача — он ощущал личную потребность найти Ивана...

Искать в Москве человека, который знает, что его ищут, — та еще задачка! Но Никитина вдохновляло то, что ему все же удалось — пусть ценою жизни Белоглазова — подержать Ивана несколько мгновений на мушке. Никитин рассуждал так: удалось в этот раз, удастся и в следующий. Не надо отчаиваться. Он был оптимистом и умел ждать своего шанса. А цена для него никогда значения не имела...

В-третьих, нужно было что-то решать и с положением дел в самой Москве. Уровень преступности в столице России стал теперь никитинской головной болью.

Никитин, новатор милостью Божьей, давно уже обдумывал идею создания в столице некоего единого криминально-правового пространства, причем на принципиально новых основаниях...

Возникла идея спонтанно, после того как Никитин стал случайным свидетелем разговора Романовского с руководителем Государственной налоговой службы. Разговор шел по телефону, и что там говорил «налоговый», Никитин не слышал, но в ответ Романовский разразился отборным матом и заорал:

— Ты, может быть, и нас собираешься заставить налоги платить?!

Фраза запала в голову Никитину: он ее покрутил и так и эдак... и в конце концов набрел на такую золотую жилу, что даже сам ахнул. Взвесив свое «детище» на весах разума с точки зрения осуществимости, он решил, что реально воплотить идею вполне возможно. Стоит только как следует захотеть!

Доклад на эту тему у него был практически готов, но он все никак не решался ознакомить со своими новациями генерала Романовского. Тот, хотя и отличался склонностью к авантюризму в оперативной работе, во всем, что касалось социально-экономических проблем правоохранительных органов, был большим консерватором.

Безвременная кончина Романовского и собственный взлет к власти развязывали Никитину руки, давали новый толчок его инициативе...

Буквально на третий день после своего назначения Никитин созвал так называемое неофициальное совещание. Подобные совещания представителей всех служб раньше проводил Романовский. На них решались сложные вопросы экономических и дипломатических отношений силовых ведомств с криминальным миром Москвы.

Сидя на месте Романовского во главе длинного стола, обитого зеленым сукном, Никитин разглядывал входящих в кабинет и занимающих свои традиционные места людей, которыми теперь предстояло руководить ему.

Паша Большеданов, всю жизнь курировавший службы ОБХСС, ныне — отделы по борьбе с экономической преступностью. Карьерист до мозга костей, подхалим и жополиз. Но исполнителен до чрезвычайности и дело свое знает: считает не хуже калькулятора, память на цифры — феноменальная. Один недостаток — тупость. Не способен к самостоятельным решениям...

Иван Иванович... А как же его фамилия? Да хрен его знает. Никитин и имя-то с трудом вспомнил. К нему ж на совещаниях никогда и никто не обращался, сам всегда вылезал. Короче, замначальника тюрьмы на улице Матросская Тишина по общему режиму. Этот просто туп, без всяких достоинств. Но если нужно кого-то опустить, задавить, сломать — пожалуйте к Ивану Ивановичу. Дело свое знает, сломает в два дня, изобретателен, мать его...

Гена Герасимов, аналитик. Этот на своем месте. Способности — от Бога. Как говорится, по кончику хобота способен восстановить всего слона, а по кончику хуя — цвет глаз покойника. А если серьезно, то факты для него — словно буквы, из которых он складывает слова, а слова, в свою очередь, объясняют ситуацию. Никитин его даже побаивался и всегда старался дозировать информацию, которую направлял в аналитический отдел, дабы не искушать Герасимова излишним знанием...

Серега Коробов, которого Никитин решил поставить у руля «Белой стрелы». В оперативной работе толков, но не больше. Звезд с неба не хватает. Руководитель из него — так себе. Вот жена его — та руководитель. Так Серегой руководит, что тот иной раз крутится, как на сковородке. Сам-то в этом смысле — бездарь. И хорошо, такой Никитину и нужен на этом месте. Тем более что у Сергея есть свой личный счет к Ивану: Серегиного друга Петьку Иван зверски убил в тот же вечер, когда ранил Никитина в квартире Лещинского...

Николай Евстафьевич Прилуцкий, гений планирования, виртуоз прогноза. Этот вообще неизвестно как попал в «органы». Насколько Никитин знал, он всю жизнь проторчал в Госплане, а в мутное время начала девяностых оказался в силовых структурах и сделал головокружительную карьеру. Хотя, конечно, за своими бумажками реальных событий никогда не видел, да и до сих пор понятия не имеет, как они иной раз неожиданно сцепляются друг с другом...

Все они были страшные консерваторы, новые идеи воспринимали в штыки. Им бы сидеть, не поднимая своих задниц с нагретых кресел, да вот беда — еще и работать надо! А с тем, что Никитин им сейчас изложит, столько возни поначалу будет, что они просто взвоют. Но это их проблема. Никитин выступать перед ними собирался не для того, чтобы получить их одобрение и согласие... Надо, чтобы поняли они смысл тех дел, к исполнению которых приступят уже сегодня...

— Ну что, все собрались, соратники?

Никитин поднялся, еще раз обвел всех собравшихся внимательным взглядом. «Прижухли, — подумал он. — Прикидывают, как со мной жить, как приспособиться к новой метле. Эх вы, козлы государственные, чиновнички...»

— Итак, я собрал вас, господа, чтобы сообщить пренеприятнейшее известие — нам предстоит большая работа. Хватит греть задницы в теплых креслах. Позволю себе еще одну цитату: нельзя ждать милостей от криминального мира, взять все самим — вот наша задача...

Никитин просто чувствовал, как у его подчиненных мозги медленно съезжают набекрень. «Ладно, — решил он, — хватит над ними издеваться...»

— Теперь серьезно. Первое, что предстоит нам с вами сделать, это поменять лидеров криминальных группировок, контролирующих Москву. На их место поставить своих людей — проверенных, надежных, а главное, подконтрольных, управляемых. Из тех, кто запуган, или куплен, или попросту зависит от нас. Это могут быть даже наши сотрудники, если им удастся ненавязчиво внедриться и закрепиться в нужной роли внутри группировки. Если мы сумеем это осуществить — будем контролировать всю Москву... «А я стану фактически самым крупным московским уголовным авторитетом», — ухмыльнулся про себя Никитин, весьма довольный такой перспективой. — ...Поэтому тебе, Сережа, — продолжал Никитин, — с завтрашнего дня предстоит начать массовый отстрел лидеров группировок.

Лицо у Коробова вытянулось, но он промолчал, дожидаясь продолжения. Зато вылез Иван Иванович и, как всегда, выступил совершенно невпопад, что стало дурацкой традицией неофициальных совещаний:

— Так их, блядей! Давно пора...

— Помолчите, — поморщился Никитин.

В дальнейшем его предложения по персоналиям — кого убрать, а кого оставить — особых трений не вызвали.

Большеданов, правда, пытался возражать против немедленной ликвидации филевского лидера по кличке Ноздрь. Фамилия авторитета, который «качал права» в Филях, была не Ноздрев, а Ноздырев, поэтому звался он не уничижительным женским именем Ноздря, а странноватым, но несомненно мужским и более твердым — Ноздрь. Коренные москвичи произносили по-московски протяжно и с ударением на первом слоге — Ноздарь... Пашка заявил, что за Ноздарем и его «фильками» — крупный долг: Ноздарь не полностью расплатился за свое недавнее освобождение. За ним еще восемь тысяч долларов. Ситуацию Пашка держит якобы под контролем. По его сведениям, деньги сейчас активно собираются. Если сейчас «Белая стрела» уберет Ноздаря, то деньги пропадут.

Никитин вздохнул и, жестом прервав Большеданова, ответил:

— Не мелочись, Паша. Пятьдесят лимонов не такие деньги, чтобы из-за них откладывать принципиальную, историческую по своему значению перестройку наших отношений. Потому что речь идет о самой схеме финансовых отношений с организованными преступными группировками.

Далее Никитин увлекся разъяснением своей основной идеи.

— ...Что представляет собой сейчас схема наших отношений с ОПГ? Мы ловим преступников, сажаем их и берем выкуп за освобождение. То есть фактически мы сосуществуем с ними на равных. Закон они нарушают по своему усмотрению, без оглядки на нас. Они оглядываются лишь на Уголовный кодекс. И то только когда их ловят... Наша работа строится по алгоритму, задаваемому московским криминалитетом: в основе алгоритма лежит само преступление, расследование, по сути, следует за ним, и результат его определяется доказуемым составом преступления. Однако мы при всем при этом отвечаем за уровень преступности в Москве. Я лично отвечаю. Не только перед своим начальством и перед населением, но и по существу... А при сложившейся системе взаимоотношений с криминальным миром мы воздействовать на этот уровень фактически не можем...

Никитин остановился, перевел дух, посмотрел на реакцию соратников: все сидели с непроницаемыми лицами.

— ...Уровень наших с ними взаимоотношений дворовый: кто кому морду набьет, тот и права качать будет, — продолжил он после паузы. — На мой взгляд, это просто пережитки варварства... Отношения физиологической соревновательности остались в первобытном прошлом человечества. Сегодняшний мир питается идеями конвергенции и единого социального пространства. И только мы, силовики, строим отношения с теневыми структурами по давно похороненному в цивилизованном мире принципу: «у кого дубина больше, тот и прав»... Формально мы как бы развиваемся вместе со всем остальным миром: у нас появились новые методы расследования, электронная аппаратура, новейшее оружие и иные технические средства, на нас работает наука. Однако на деле все это означает лишь одно — мы выстругали себе новую большую дубину, показываем ее сопернику и пытаемся его этой дубиной запугать: смотри, мол, мы сильнее... Это варварство, даже более того — дикость, борьба первобытных племен за место охоты. Ведь в ответ противник примется строгать себе еще большую дубину, чтобы запугать в свою очередь нас. Слепому видно, что внутренняя логика этого процесса уводит в дурную бесконечность... Мы забываем, а может быть, и вовсе не знаем о том, что передовые позиции в развитии современной науки принадлежат сейчас социологии, психологии и логистике...

Тут Никитин снова обвел взглядом своих сотрудников. На некоторых лицах он прочел растущее недоумение и уже начал понемногу раздражаться.

— ...К сожалению, познания в социологии большинства наших сотрудников руководящего звена не распространяются дальше шестого пункта личного дела. А самые крупные наши «знатоки» психологии считают ее вершинным достижением теорию Ломброзо и такой, извините, букварь, как адаптированные для массового сознания коммерческие книжонки Дейла Карнеги, столь популярные у нас... Вы, мать вашу, родину, взрастившую вас такими идиотами, — окончательно рассвирепел Никитин, — может быть, ждете, когда появится такое же сраное пособие «Как поймать преступника»? И будете по нему составлять планы оперативных расследований? А вам останется только лизать жопу своему начальнику?.. Впрочем, я отвлекся...

«Спроси я у любого из своих подчиненных, что такое логистика, — подумал Никитин, — пообещав уволить, если не ответит, — завтра же останусь вообще один».

— ...Короче говоря, уровень нашего с вами развития чрезвычайно низок, и, может быть, поэтому мы ничего, кроме размахивания дубиной, не смогли придумать в наших отношениях с криминальным миром. Да и наши финансовые дела с этим миром далеки от совершенства. Они напоминают столкновение двух субъектов, встретившихся на «большой дороге» и рвущих друг у друга из рук кошелек третьего. И здесь все упирается в тот же самый сакраментальный вопрос: кто сильнее? И здесь тот же самый социальный бодибилдинг — подростковая инфантильная забава накачанных идиотов...

Никитин опять сделал паузу, проследил за реакциями: на некоторых лицах выразилось уже некоторое оживление, видно было хоть слабое, но все же движение мысли.

Серега Коробов был явно озадачен открывающейся перспективой. Его озаботило свалившееся буквально в первый же день на его плечи ответственное задание. В операциях по ликвидации он участвовал не раз, даже руководил некоторыми, но сам еще ни разу их не разрабатывал и по своему плану не проводил. А тут сразу такой объем работы...

Прилуцкий сидел раскрыв рот. Видно, Госплану структурные перестройки такого масштаба и содержания были в диковинку. «А что же я должен планировать-то?..» — написано было на его лице.

Зато Генка Герасимов смотрел на Никитина во все глаза и впитывал каждое слово. Кажется, он уже догадался, куда клонит Никитин. И не только догадался, но и сумел оценить перспективы...

Большеданов хлопал глазами — как видно, пока ничего не понимал. Пашке всегда приходилось разжевывать суть любой идеи. Но уж если схватит, то мертво! Судя по вытаращенным глазам и нервно барабанящим по столу пальцам — еще не схватил...

Иван Иванович сидел с выражением такой неизменной, непроницаемой тупости на лице, что невозможно было определить — дошло до него что-нибудь или нет. Впрочем, невозможно только для тех, кто его не знал. Никитин ясно читал на его лице мысль: «Что вы там говорите, херня все это интеллигентская. Давайте всех их к нам на Матросскую Тишину — опустим в два счета!»

— ...Надеюсь, я достаточно наглядно изложил вам сложившееся положение, — продолжил Никитин, — чтобы вы прониклись пониманием необходимости принять следующее предложение. Суть его заключается в принципиальной модернизации наших отношений с криминальным миром — в том, чтобы дать фактически новое содержание социальным функциям, заново распределить социальные роли, возложить ответственность за уровень преступности на сам криминальный мир и, более того, придать этой ответственности экономический характер, то есть я предлагаю ударить по преступности долларом. Как это сделать? Поясняю...

Каждому виду преступлений, совершаемых сейчас в Москве, должен соответствовать своеобразный налог, с помощью которого мы будем иметь возможность регулировать число преступлений этого вида. Это даст нам возможность влиять кроме всего прочего на структуру преступности. Верхушка криминального мира — я думаю, целесообразно будет проследить за сохранением районной автономности криминальных группировок — будет сама, исходя из своих финансовых возможностей, определять, сколько преступлений какого рода может быть совершено на их территории в предстоящем отчетном периоде. Потому что за каждое преступление, повторяю, за каждое, они должны будут с нами расплатиться по специально разработанному дифференцированному тарифу.

Внедрение такого принципа построения отношений дает нам сразу несколько преимуществ. Во-первых, изменится социально-качественное наполнение конкретной преступности. Высокий уровень предлагаемого мною налогообложения приведет к тому, что резко снизится число случайных и материально немотивированных преступлений, например изнасилований. На первый план выйдут так называемые рентабельные преступления, прибыль от которых будет превышать затраты на них и вводимый налог. Я предвижу увеличение числа ограблений, разбойных нападений, случаев мошенничества, воровства. Зато, как я уже говорил, произойдет сокращение изнасилований, убийств, хулиганских действий и других преступных деяний, не приносящих дохода. Кроме того, величина налога может повлиять и на социальную дифференциацию самих рентабельных, материально мотивированных преступлений. Придется десять раз подумать, прежде чем выбрать, например, объект ограбления. Стоит ли грабить человека, доход которого не превышает пятисот долларов в месяц, если эти пятьсот долларов будут затем взиматься нами в качестве налога за каждое ограбление?

Сейчас я, конечно, беру цифры, что называется, от фонаря, многое еще предстоит продумать нашим экономистам. Но суть не в этом. Представьте, какие возможности открываются для нас. Мы ликвидируем преступность в социальном пространстве с низким уровнем доходов. Нападать на небогатых людей станет невыгодно. Мы сможем гарантировать безопасность московским жителям, имеющим доход не более тех самых пресловутых пятисот долларов. Они станут просто не интересны для преступников с экономической точки зрения. Мало того, когда лидеры районных ОПГ освоятся в установленных нами новых условиях, они сами станут не только следить за уровнем организованной преступности, но и контролировать преступность мелкую, случайную, преступления, совершаемые заезжими гастролерами, поскольку платить за все, что происходит в районе, будут в любом случае они... В том числе и за бытовые преступления — пусть следят, в конце концов, за нравами москвичей, раз уж мы предоставляем им экономическую самостоятельность...

Я надеюсь, вы понимаете, что все преступления, совершенные не их людьми, им придется самостоятельно расследовать, они будут вынуждены сами ловить тех, кто их совершил, и потом отдавать в наши руки. Поскольку мы поставим условие: или плати, или предоставь преступника с полными, достаточными для суда, доказательствами его преступления...

Вы вскоре увидите, как суть нашей с вами работы кардинально изменится. В глазах населения мы будем по-прежнему отвечать за уровень безопасности жизни в Москве, как отвечаем за это сейчас. На деле же мы займемся только его регулированием, воздействуя на тех, кто будет отвечать за него реально, — на лидеров ОПГ...

Наказание за нарушение вводимых нами новых правил должно быть очень суровым. Наказанию подвергать следует в первую очередь лидеров, а уж они потом пусть со своими делами внутри района разбираются сами...

Очень ответственные задачи возлагаются на «Белую стрелу» — и в связи с предстоящей вскоре массовой ротацией лидеров ОПГ, и потому, что опыт ее деятельности в целом наиболее соответствует практике обеспечения наших стационарных отношений с организованными преступными группировками...

В заключение добавлю следующее, — продолжал Никитин. — Я не жду от вас никакого обсуждения, не спрашиваю, согласны или не согласны вы с изложенным мною проектом. От вас требуется только внедрять его в жизнь, в нашу работу, причем в кратчайшие сроки. Проект рассмотрен на всех уровнях и в целом одобрен. Он будет называться «Московская версия». Поэтому:

аналитическому отделу, Герасимову, — представить конкретные разработки по ротации в каждом районе Москвы;

экономическому отделу, Большеданову, — просчитать уровни рентабельности по различным видам преступлений и социальным слоям;

плановому отделу, Прилуцкому, — представить прогнозы и предложения по уровню преступности в Москве на следующий квартал. И не из пальца высосать — все должно быть реально;

Коробову — составить и отработать планы воздействия на лидеров ОПГ по трем вариантам — мягкий, жесткий и замена, то есть ликвидация.

Все. До завтра все свободны.

Глава третья

Иван решил пойти за девушкой, заговорившей с ним в вагоне метро. Почему? Объяснить, даже самому себе, было бы слишком сложно. Да и не хотелось. Просто он знал, что можно. Что от нее не исходит опасности. И теперь Иван шел за ней в толпе спешащих к выходу из метрополитена пассажиров, стараясь не терять ее из виду, но и не забывая постоянно контролировать ситуацию вокруг себя, уровень своей безопасности.

За годы тренировок и постоянной практики у Ивана выработалось развитое периферическое зрение. Держа в фокусе один объект, он регистрировал движения, происходящие во всем доступном его глазам секторе.

Еще в лагере спецподготовки его учили читать с помощью бокового зрения, не глядя прямо в текст. Дело в том, что обычно человек видит четко только то, что расположено в непосредственной близости от основного объекта, на котором в данный момент сфокусирован его взгляд. Например, глядя на клавиатуру компьютера, люди видят не всю клавиатуру, а лишь по две-три буквы вправо и влево от той, на которую смотрят... Иван видел всю клавиатуру сразу. Его научили быстрому чтению: он, например, не водил по строчкам глазами, а просто скользил взглядом сверху вниз по центру страницы. Текст при этом воспринимался идентично, ничуть не хуже, чем при обычном чтении, зато скорость увеличивалась и пять — десять раз. Кроме всего прочего, быстрое чтение развивало бессознательную оперативную память и скорость реакции. Отрабатывалась в лагере и стрельба по мишени, видимой лишь боковым зрением. Иван в этом упражнении набирал всегда не меньше восьмидесяти баллов... Находясь в толпе, он мог благодаря развитому боковому зрению автоматически отмечать возможные цели вокруг себя. Целью становился любой человек, взгляд которого задерживался на Иване дольше, чем на одну секунду. При этом тут же срабатывала психологическая установка, заданная Иваном самому себе...

Вот и сейчас Иван машинально сунул руку в карман и нащупал рукоятку пистолета — потому что отметил боковым зрением высокого чернокожего парня, ехавшего на соседнем эскалаторе в одну с ним сторону, который внимательнее и дольше, чем следовало, смотрел на него... Через мгновение Иван всадил бы ему пулю в голову, а сам бросился бы бежать вверх по эскалатору, расшвыривая стоящих впереди людей. Но тревога оказалась ложной. Иван вовремя понял, что смотрел парень не на него, а на стоявшую впереди, на ступеньку выше, девушку.

Иван отпустил рукоятку пистолета и вытащил руку из кармана. Спровоцированный выразительным взглядом негра, он тоже обратил наконец внимание на девушку, стоящую непосредственно перед ним на эскалаторе... Фигура ее была чуть полноватой, но тем еще более привлекательной для мужского взгляда. Округлые плечи делали ее подчеркнуто женственной. Обозначенная ремешком линия талии резко переходила в ярко выраженную линию бедер, крутизна и упругость которых обещали немало наслаждений. В обтянутых короткой юбкой ягодицах не было и намека на девственность — напротив, сочетание в них упругости и подвижности рождало ощущение откровенной сексуальности, отнюдь, впрочем, не вульгарной. Просто это было женское тело, которое знало и любило прикосновение мужских рук, мужскую ласку...

Иван вдруг сообразил, что за все то время, которое прошло с момента выхода из вагона, девушка ни разу не оглянулась на него. Словно она чувствовала, что откровенное, повышенное внимание к его особе сейчас может только раздражать и тревожить Ивана. Это ему понравилось.

Иван положил руку на ее бедро. Девушка спокойно обернулась и посмотрела на него с улыбкой:

— А я думала, что вы заснули на ходу. Подождите, не засыпайте. Я живу недалеко отсюда, в двух минутах ходьбы. Там вы сможете отдохнуть лежа...

— Почему ты меня не боишься? — спросил Иван.

В глазах у нее отразилось недоумение.

— Разве так страшно смотреть на мужчин?

— А разве нет?

Иван спрашивал вполне серьезно, без тени игры. Ему действительно было непонятно, как могут женщины не испытывать страха, глядя ему в глаза.

Он вдруг поймал себя на том, что после Чечни ни разу не видел в зеркале свои глаза. Даже когда брился, ни разу не встречался взглядом со своим отражением в зеркале. Это получалось как бы само собой, бессознательно... Иван боялся не увидеть в своих глазах ничего, кроме смерти, пропитавшей в нем каждую жилку, каждую каплю крови, каждый нерв. Он боялся своего взгляда, несущего смерть, и неосознанно избегал его. Это был своего рода способ уйти от мыслей о смерти от своей собственной руки...

Любой вооруженный человек, посмотревший Ивану в глаза, хватался за свое оружие, потому что видел в них свою смерть. Пусть не мгновенную, пусть ту, что наступит еще только когда-нибудь, в отдаленном будущем, но оттого не менее страшную в своей неизбежности... И стремился закрыть эти устрашающие его глаза. Чаще всего — пулей, если имел такую возможность.

Исключение составлял только Крестный, знавший об Иване гораздо больше других. Тот чувствовал таящуюся в Иване смерть в любой момент, даже когда Иван не смотрел на него, поворачивался к нему затылком... Чувствовал и пользовался этим в своих интересах. Но даже Крестный, насколько помнил Иван, не любил встречаться с ним взглядом.

Когда же на Ивана смотрели женщины, он старательно гасил свой взгляд, боясь, что через глаза они проникнут в него гораздо глубже, чем он того хотел, глубже, чем он готов был им позволить...

Эскалатор вынес их наверх, а людское течение вскоре вытолкнуло на Большую Якиманку. Перед глазами замелькал поток машин. Ревущие, гудящие и шипящие на все лады, они оглушили Ивана, забрали на себя все его внимание. Девушка, шедшая рядом, вновь на какое-то время словно перестала для него существовать. Иван мгновенно включился в игру, в «охоту», превратился в «дичь»...

Накопившаяся за двое суток напряженного бодрствования усталось делала дальнейшее адекватное восприятие ситуации и эффективный контроль за ней все более проблематичными. Иван чувствовал, что иногда сознание словно заволакивалось каким-то туманом. При этом некая абстрактная множественность начинала заменять собой конкретные объекты в восприятии окружающей обстановки, слабела направленность внимания, скорость ответных реакций ощутимо замедлялась, стремясь к нулю... Сознание делалось каким-то вязким, каждую мысль приходилось из него выдергивать, словно сапоги из густой грязи дорог на чеченских равнинах...

Ивану определенно нужно было немного отдохнуть, поспать хотя бы часа два-три, чтобы полностью восстановить прежнюю работоспособность.

Девушка чуть ли не за руку перевела Ивана на другую сторону Крымского вала, и они тут же свернули в глубь квартала, образованного Крымским валом и Большой Якиманкой. В немноголюдных московских дворах Иван почувствовал себя намного лучше. Он вновь владел ситуацией. Но отдых все же был, несомненно, необходим.

— Мой дом, — сказала девушка, когда они остановились у одного из подъездов шестнадцатиэтажного дома.

Она стояла в некоторой нерешительности. Теперь уже Иван взял ее за руку и ввел в подъезд...

Когда она открыла дверь квартиры на третьем этаже, Иван, еще не переступив порога, услышал дребезжащий старческий голос:

— Наденька, ты не одна? Где же ты ходишь? Ты опять меня бросила и пошла искать мужиков... Ты сучка, Надя. Неужели так между ног чешется, что мать родную забываешь? Сделай мне укол, сучка... Меня крутит всю. Болит все внутри... Сделай укол...

Девушка взглянула на Ивана — извини, мол, молча сделала жест рукой, приглашая пройти в комнату, расположенную прямо по коридору. Сама прошла на кухню, забренчала какими-то склянками, зажгла газовую плиту, налила во что-то воды...

Иван приоткрыл дверь комнаты, откуда доносился голос. В ноздри ему ударил густой запах преющего старческого тела, лекарств, экскрементов, хлорки. Через все это пробивался ясно ощутимый запах гниющего мяса. Сквозь щель он увидел лежащую навзничь на постели старуху, уставившую глаза в потолок. Стул рядом с кроватью был заставлен пузырьками с лекарствами, чашками с водой, тарелками с засохшими остатками пищи.

— Что смотришь? — все так же глядя в потолок,

прошипела старуха. — К Надьке пришел? Деньги вперед заплати. Знаю я вас, кобелей, знаю. Все норовите бесплатно, по любви, на халяву...

Старуха Ивана не заинтересовала. В ее комнате пахло смертью, но не будущей, а уже наступившей. Пахло разрытой могилой, труп в которой еще не до конца разложился...

Иван нашел в коридоре ключи от квартиры, запер дверь и положил ключи к себе в карман. В комнате, указанной ему девушкой, которую старуха называла Надей, стояла огромная кровать — настолько широкая, что занимала почти всю площадь квадратной комнаты. Иван лег, даже не подумав о том, чтобы раздеться. Он чувствовал себя в полной безопасности. Надя не вызывала у него никаких опасений. Иван не задавался вопросом, зачем она привела его к себе, но опасность с ее стороны Ивану точно не грозила. Он понял, что может наконец окончательно расслабиться. И в ту же секунду заснул.

...Надя устало вздохнула. Бессвязное бормотание полусумасшедшей матери надоело ей до чертиков. Все эти обвинения — что она якобы забывает про мать, что думает только о себе и о мужчинах, были несправедливы. Она никогда не забывала о матери. И не смогла бы забыть, даже если бы захотела. Это была ее боль, ее страдание, ее крест. Даже в постели с мужчиной Надя не могла полностью расслабиться и забыть о ней — больной, сходящей с ума, заживо гниющей. Мать, старая и знаменитая в свое время московская проститутка, всегда была третьей в постели своей дочери. Это, по сути, был для Нади групповой секс.

Тем более, что именно мать когда-то научила ее всему, что Надя умела сейчас в постели. Надюха была глупой маленькой московской школьницей, когда мать принялась передавать ей свой богатый профессиональный опыт. Не настолько, конечно, глупой, чтобы в двенадцать лет не понимать сути происходящего в постели между мужчиной и женщиной, и не настолько маленькой, чтобы не иметь хотя бы минимального сексуального опыта. Но профессиональные секреты тридцатипятилетней московской путаны с двадцатилетним стажем были для нее откровением.

Пьяная мать, возвращаясь иногда под утро, вытаскивала дочь из постели и принималась жаловаться ей не столько на свою судьбу, сколько на время, разрушающее ее красоту, здоровье и, главное, привлекательность для мужчин ее столь популярного тела.

Наде было жалко мать, она принималась ее успокаивать, гладить по голове, как маленького ребенка, целовать, говорила, что мама у нее — по-прежнему самая красивая женщина в мире.

Мать рыдала, уткнувшись в ее полненькие девчоночьи коленки.

Наде приходилось раздевать ее, вести в душ и помогать ей мыться. Чаще всего мать бывала настолько пьяна, что сама не способна была уже ни на что, а только помогала дочери мыть свое тело.

Тело, его доскональное знание, совершенное владение им было, собственно, единственным ее жизненным достоянием. Все остальное — деньги. И квартира, и мебель, и дача, и все остальное, купленное за деньги, было уже вторично и заработано тем же самым телом.

Сидя в ванной и подчиняясь мягким детским рукам дочери и струе душевого шланга, она рассказывала ей и себе все, что было в ее голове, вываливала все свое знание мужчин, женщин, их отношений на голову своей двенадцатилетней дочери. Она рассказывала ей о своем теле, о том, как оно отзывается на мужскую ласку, что она чувствует в этот момент, пыталась передать словами состояние оргазма, грубо и зримо объясняла последовательность полового акта со всеми подробностями.

Даже позже, вспоминая об этом, она не могла

осуждать себя за то, что сообщала так много двенадцатилетней девчонке.

Эти знания тайн своей профессии были единственной ценностью, кроме денег, которую она могла передать дочери. Это была ее суть, и она не хотела исчезнуть бесследно вместе со своим телом. Да и о чем, собственно, говорить, когда этот двенадцатилетний ребенок своими руками регулярно смывал с нее, насмерть пьяной, мужскую сперму. Что уж тут ханжество разводить.

После душа Надя вела мать в постель, укладывала и ложилась с ней, гладила ее тело, шептала ласковые слова, чтобы той было не страшно.

Стоило матери закрыть глаза, как комната начинала плыть и переворачиваться, вызывая тошноту и позывы к рвоте, лежать с открытыми глазами было легче, и она, прижав Надьку к себе, рассказывала и рассказывала ей все, что было для нее важно и интересно.

И не только рассказывала.

Объясняя, например, дочери, как мужчины воспринимают женскую грудь, она показывала на себе, как разные типы мужчин по-разному держат женскую грудь, заставляла Надьку трогать ее и свои груди, чтобы та лучше поняла. Рассказывая, что такое оргазм, она научила ее мастурбировать, и сама часто помогала ей кончить. Сама она без мужчины кончать не умела, а Надю приучила испытывать клиторный оргазм от своих и ее рук.

Для Нади приходы пьяной матери поначалу были мучением, связанным со слезами, рыданиями и истериками. Но потом это стало привычным, как все привычное, превратилось в норму и, как любая норма, перестало вызывать какие-либо эмоции. Это просто стало жизнью.

Когда один из постоянных клиентов матери, привезя как-то ее пьяную домой и сдав на руки Надьке, сам тоже порядком пьяный, задержался, отпаиваясь кофе, заведенная в постели матерью

Надька уложила ее, наконец, и, решив на практике опробовать полученные от матери знания, без особого труда очаровала маминого клиента бездной обнаружившейся в ней сексуальности, несмотря на ее девственность, с которой она тут же и рассталась.

Так тринадцатилетняя Надька заработала свой первый червонец. С матерью она, конечно же, поделилась своим первым успехом, та хоть немного и поплакала с похмелья, но все же кое-что подсказала для следующего раза.

Однако путь матери Надя не повторила. У нее не было столь жесткой зависимости от денег, не было такого страха перед жизнью.

Утолив первый подростковый сексуальный голод, она быстро заскучала, не сделав для себя ни одного чувственного открытия, а лишь убеждаясь в правоте того, что знала уже от матери.

Она оказалась намного практичнее матери, сразу начав копить свои первые заработки, словно зная от рождения то, что мать ее только-только поняла — текучесть денег и ненадежность жизни. На одежду, еду, развлечения мать зарабатывала, и даже очень неплохо, Наде иногда даже удавалось прихватить у нее из сумочки сотню-другую долларов, все равно пропьет или потеряет...

К тому времени, когда мать окончательно села на наркотики, у Нади скопилась приличная сумма, позволившая ей купить квартиру.

Не в центре, конечно, но и Химки ее вполне устраивали. Ей даже нравилось, что вокруг нет постоянно жужжащего и спешащего во всех направлениях сразу людского муравейника центральных районов Москвы.

Пока мать еще барахталась, Надя ее и своими усилиями собрала, сколько могла, и через одного из своих клиентов купила контрольный пакет небольшой коммерческой фирмы, работающей в сфере обслуживания.

Фирма что-то ремонтировала, Надя даже толком не знала что. То ли видеотехнику, то ли компьютеры. Да ее это и не интересовало. Главное, рынок в этой отрасли не думал сокращаться, а, наоборот, расширялся с каждым годом, обещая ей постоянный доход и независимость.

Надя нашла для фирмы директора, поставила ему очень жесткие, но очень выгодные условия, оговорив себе ровно столько, сколько ей было нужно для спокойной жизни, а остальное отдав на развитие фирмы и оплату труда. Появлялась она там дай Бог три-четыре раза в год, да и то случайно, или когда пригласят на собрание учредителей. А не пригласят, так и не ходила. О деньгах она не беспокоилась. Ее долю прибыли ей ежемесячно переводили на ее личный счет в банке.

Вот так ее жизнь приобрела стабильность и независимость.

Она была типичной москвичкой — довольной своей внешностью и своими доходами независимой и свободной женщиной с уравновешенной психикой и тайной происхождения первоначального капитала.

В районе Крымского моста она так и осталась «Надькой из парка», проституткой, дочерью проститутки.

В Химках она была просто москвичкой, вероятно где-то работающей, да мало ли где работают сегодняшние москвички, кому это интересно?

Наверное, кто-то считал ее содержанкой, но ведь это совсем не то, что проститутка, это даже уважение может вызывать, смотря кто содержит.

Короче, жизнь Надю полностью удовлетворяла.

Было только два момента, не дававшие ей жить спокойно. И оба, так или иначе, связывали ее жизнь с матерью, и эта связь сама по себе ее с некоторых пор стала основательно раздражать.

Особенно когда мать прочно села на иглу и уже не могла обходиться без ежедневной дозы. Она начала сильно сдавать, все реже выходила из дома, поскольку за неделю старела на год, все и всех ненавидела и в конце концов перестала вставать с постели.

Вся ее ненависть к своей жизни и жизни вообще сосредоточилась на дочери, от которой она теперь полностью зависела. Она не могла даже самостоятельно сделать себе укол, не то чтобы раздобыть дозу.

Все это было теперь на ее Надьке, и за это она ненавидела ее еще больше.

Ненависть матери не раздражала Надю, а утомляла с каждым днем все сильнее. Ее наркотическая зависимость требовала ежедневных расходов, с каждым днем все больших и больших.

Она начинала понимать, что мать тащит ее за собой, на тот путь, по которому прошла сама, и мысль о возможности повторения этого пути вызывала у Нади невыносимую скуку, до ломоты в скулах.

Можно было, конечно, решить все просто — не приезжать, например, неделю, а потом посмотреть, чем дело кончится. А что оно за неделю окончательно кончится, Надя не сомневалась.

Она часто думала об этом, понимая, что такой выход будет действительно лучшим выходом для них обеих — и для нее, и для матери.

Но решиться на это не могла.

Что ей мешало, она не могла бы объяснить.

Может быть, воспоминания, что именно это умирающее существо дало ей первое чувство сексуальной свободы, помогло ей впервые испытать ощущение физиологической радости от своего тела?

Может быть, то, что только лежа когда-то в постели с матерью, она получала все, чего не могла потом получить ни от одного мужчины?

Может быть, это была привычка к постоянному страданию, вошедшему в ее жизнь вместе со страданием ее матери и постепенно ставшему ей так же необходимым?

И она ездила на другой конец Москвы к своему старому знакомому, бывшему клиенту, одному из тех, кого мать ей передала как бы по наследству и который давно перестал быть клиентом, а просто остался хорошим знакомым, к которому всегда можно обратиться за определенного рода товаром, в любое время суток.

Привозила матери героин, делала ей уколы, наблюдая, как та затихает после них то с ясной блаженной улыбкой, то с безобразной гримасой страдания.

Ей было очень тяжело ощущать свою родственную привязанность к этому полутрупу, для которого она не могла фактически ничего сделать — ни облегчить страдания матери, ни навсегда прекратить их решительным вмешательством в ее судьбу.

Но был и еще один момент, который отравлял ее жизнь, внося сумятицу в ее размеренный, лишенный резких движений душевный мир.

С детства отложились в ее памяти рассказы матери о мужчинах, с которыми женщина чувствует себя женщиной, о настоящих мужчинах, которых ей так и не довелось встретить в своей не очень бурной, но все же довольно долгой сексуальной практике.

Рассказам матери она не верить не могла, настолько они были живы и искренни.

Идеальный мужчина существовал в ее воображении, но в жизни она ни разу его не встретила и уже начала сомневаться в самой себе. Может быть, это она какая-то не такая, может быть, мужчины, о которых рассказывала мать, просто не обращают на нее внимание, она для них не интересна?

А что, если дело в том, что она вообще не может быть женщиной в полном, настоящем смысле этого слова? Настоящей женщиной?

Такой, какой когда-то была ее мать?

От этой мысли желание убить мать становилось просто невыносимым, и Надя убегала из квартиры на Димитрова, пытаясь отвлечься от навязчивой мысли.

...Надя ехала в метро от одного из бывших клиентов матери, у которого доставала для нее героин. Она была погружена в свои невеселые мысли о запутанных отношениях с матерью.

Неожиданно Надю заинтересовало выражение лица мужчины, вошедшего в вагон метро на станции «Рижская». Он как-то по-особенному окинул немногочисленных пассажиров вагона беглым, но очень цепким взглядом. По ее лицу он только скользнул глазами, но и этого мимолетного взгляда ей хватило, чтобы понять: что-то похожее она уже видела. Это настолько заинтриговало ее, что она вышла вслед за мужчиной из вагона на станции «Проспект Мира» и пошла за ним по переходу на Кольцевую линию. По пути она пыталась сообразить, что же ей напомнили эти странные глаза...

Надя вошла вместе с ним в вагон, народу было немного, и она села напротив, чтобы спокойно, как следует рассмотреть его лицо. Надо было наконец вытащить старую занозу из памяти. Подумав, что неприлично так пристально и откровенно рассматривать незнакомого человека, она достала из сумочки свою любимую Франсуазу Саган, изданную в мягкой обложке, открыла наугад и сделала вид, что читает.

Как Надя могла заметить, у сидящего напротив нее человека был острый взгляд, и она не хотела привлекать к себе его внимания: вдруг ее поймут неправильно, сочтут настойчивый взгляд обычной уловкой проститутки, ищущей клиента. Поэтому несколько минут она сидела, уткнувшись в книгу, хотя и не прочла ни одной строчки... Когда Надя оторвала взгляд от книги, человек, который ее так заинтересовал, сидел, прикрыв глаза, и, казалось, дремал. Пользуясь моментом, Надя хорошо его рассмотрела.

Он выглядел довольно молодо, всего лет на пять

старше нее. Короткая стрижка открывала крутой упрямый лоб, середину которого прорезала глубокая морщина, контрастирующая с молодым в целом лицом. Прямой, слегка удлиненный, как принято говорить, римский нос. Тонкие, жесткие губы, вероятно часто сжимавшиеся очень плотно — об этом свидетельствовали характерные морщинки в уголках. Подбородок средний, не особенно массивный, но и не узкий, слегка заросший щетиной. Эта небритость не влияла на общее впечатление о мужчине, имевшем вид слегка запущенный, но в целом вполне интеллигентный и приличный.

Обычное лицо самого обыкновенного человека, ничем не выделяющегося из толпы москвичей. Что называется — без особых примет. Впрочем, особая примета была — глаза... Сейчас, не видя их, Надя подумала, что, если бы не глаза, она никогда бы и внимания на него не обратила. Лицо рядового московского инженера или тренера какой-нибудь детской спортивной школы (на мысль об этом наводила короткая стрижка). Но глаза меняли все.

Едва она подумала об этом, как сидящий напротив мужчина открыл глаза, и оказалось, что он смотрит прямо на нее. Смотрит напряженно, словно оценивая опасность, возможно, исходящую от нее. Вдруг он весь как-то напрягся и шевельнул рукой, засунутой в карман джинсовой куртки, а другой, свободно лежащей на сиденье, схватился за его край...

«Он меня испугался, — подумала Надя. — Надо же! Я могу быть опасной для мужчины? Ну разве что иногда, в постели...» Ей стало весело. Надя постаралась сдержать улыбку, невольно раздвинувшую губы, когда она представила сидящего напротив мужчину с собою в постели... И тот же полуиспуганный, полуугрожающий взгляд, только устремленный на нее сверху вниз... Улыбка не поддавалась сдерживанию, и Надя уткнулась в книгу, пряча ее.

Но стоило ей опустить глаза и мысленно вообразить себе взгляд незнакомца, как улыбка исчезла с ее лица без следа: Надя вспомнила, где и при каких обстоятельствах она видела подобный взгляд... Так смотрела на нее год назад мать — еще не окончательно увязшая в наркотиках и имевшая возможность остановиться, вернуться к нормальной жизни. Стоявшая на краю и знавшая, что она стоит на этом краю. Видевшая, что там, за краем... А там, за краем, была смерть.

Наде даже слишком хорошо был знаком этот взгляд, ей подолгу и внимательно приходилось смотреть в глаза матери, то осмысленно страдающие, то совершенно безумные, но всегда видящие одно — смерть, подошедшую вплотную. Как-то раз, с трудом оторвавшись от матери, Надя случайно увидела отражение своего лица в зеркале. И едва не разбила его: ее собственные глаза впитали то самое выражение — глаза, обращенные внутрь себя, похожие на черные дыры...

«Этот человек живет на самом краю, в одном шаге от смерти», — поняла Надя. И она не могла теперь его так просто отпустить, дать ему уйти, раствориться в потоке людей... В смерти заключалась для нее некая загадка. А этот человек понимал смерть — она ясно прочитала это в его взгляде.

Когда она вновь посмотрела на незнакомца, глаза его оказались опять полуприкрытыми. Но ей уже было ясно: он из того мира, где есть только жизнь и смерть, а еще — балансирование на их тонкой, едва ощутимой грани.

«Если он проснется после «Октябрьской» — увезу его в Химки, — решила Надя. — А если проснется раньше...» — эту мысль она додумать до конца не успела.

Он открыл глаза, когда вагон уже тормозил у «Октябрьской», — и будто вонзился ими в ее лицо.

— Вы проспите свою станцию, — сказала она в ответ на его пристальный взгляд.

— Нет, не сумею...

В этих коротких, ничего на первый взгляд не значащих фразах содержалось очень многое. Слишком многое, чтобы можно было сейчас вот так просто встать, отойти в сторону и забыть о существовании друг друга. По крайней мере, так казалось Наде... Она ясно услышала, что он просил о помощи. Может быть, сам того не осознавая. «Наверное, в его голове просто нет понятия о том, что можно просить у кого-то помощи, — подумала Надя. — Он и не знает такого слова. При нашей страшной жизни в этом нет ничего удивительного. Зато я знаю, что такое помощь...»

— Пойдемте, — сказала она. — Я помогу вам.

...Сделав матери укол и подождав, пока ее бормотание утихнет, Надя прошла в комнату, куда направила незнакомца. Он спал одетым на ее огромной кровати — как был, в куртке, с засунутой в карман рукой... Кровать эта в свое время повидала много разного и диковинного, но в последние годы принимала на себя только одинокую Надю...

Надя бесцеремонно принялась раздевать незнакомца, не опасаясь его разбудить, а напротив, уверенная, что он не проснется. Вытащив его руку из кармана куртки, она обнаружила зажатый в ней пистолет и не сумела его забрать. Пистолет так и остался в его руке. В карманах куртки нашла еще пять пистолетов. Глаза ее при виде такого арсенала уважительно округлились... Надя раздела его полностью, резонно решив, что он давно уже был лишен подобного комфорта — спать обнаженным. Раздевшись сама, она прижалась к спящему всем телом, вдыхая запах мужского пота, табака и резкого одеколона. От этого запаха кружилась голова, хотелось закрыть глаза и вдыхать его еще и еще.

У нее не было никакого физиологического желания. Ей просто хотелось лежать рядом с этим человеком. Надя положила голову ему на плечо и тоже заснула. Спокойно и удовлетворенно.

Глава четвертая

У Крестного на всякий случай всегда был на примете или давно не работающий, заброшенный пионерский лагерь в окрестностях Москвы или опустевший Дом отдыха из тех подмосковных здравниц, что во множестве были выстроены в довоенные годы различными министерствами и ведомствами, а через шестьдесят — семьдесят лет добросовестной службы оказались никому не нужными. Теперь они стояли безлюдными и потихоньку разрушались природными стихиями — солнцем, дождями, ветрами и морозами, а также облюбовавшими их бродягами...

В таких забытых Богом и людьми местах, среди остатков подмосковной цивилизации Крестный устраивал свои полигоны для придуманных им испытаний и «гладиаторских» игр.

Ничего нового он, собственно, не выдумал, поскольку со времен Римской империи не появилось ничего принципиально нового в области индивидуальных способов убийства человека человеком. Человеческая жестокость во все времена проявлялась в одних и тех же формах.

Люди всегда убивали друг друга, ставили на кон свои жизни и стремились забрать жизнь другого человека, как ставку в игре. В них глубоко укоренилось убеждение, что если они не будут убивать сами, то расстанутся со своей собственной жизнью. Таковы были и оставались правила игры.

Крёстный учил выигрывать в этой игре. По его мнению, шанс выиграть имел лишь тот, кто убивал других быстрее, чем они могли убить его самого, кто убивал наверняка и, что важно, никогда не оставлял в живых недобитого врага, действуя по принципу: жалость, проявленная тобой к врагу, всегда убивает тебя самого.

Особенно любил Крёстный заброшенные плавательные бассейны. В них очень удобно было проводить поединки «гладиаторов».

Абсолютно равные условия для соперников.

Отсутствие каких-либо вспомогательных приспособлений для убийства, заставляющее соперников рассчитывать только на свое тело в качестве единственного оружия. В исключительных случаях инструменты смерти для них определял сам Крёстный.

Невозможность проявить слабость, струсить, убежать, отступить. Страх при прочих равных условиях мог означать только одно — смерть. Страх и смерть были синонимами на этих выложенных кафелем подмосковных аренах.

Это покажется странным, но для Крёстного не последнее значение имел и эстетический момент. Белый кафель в красных пятнах, полосах и брызгах крови он воспринимал как своеобразную эстетику смерти. Здесь виделось ему что-то от морга, от операционной, а что-то и от скотобойни...

У плавательных бассейнов есть, наконец, еще одно достоинство: они напоминают римский театр, где зрители располагались над ареной на высоких трибунах.

Бои, которые устраивал Крёстный, как и бои гладиаторов в Древнем Риме, представляли собой настоящие бенефисы смерти.

Он заставлял своих мальчиков убивать друг друга... А ведь они все были его воспитанниками, некоторых он знал годами, успел к ним привыкнуть и привязаться. К тому же в каждого из них он вкладывал деньги, и немалые. Обучение даже одного профессионального киллера стоит недешево, а тут сразу теряешь несколько.

Хотя здесь правильнее говорить не об обучении, а о воспитании. Крестный считал, что обучить можно и медведя: выдрессировать его, и он будет вести себя в точности как человек. Но воспитать из медведя человека невозможно. Сделать зверя человеком практически под силу только Господу Богу, а теоретически это отчасти удалось пока только Дарвину с его теорией происхождения видов.

Зато можно из человека воспитать зверя. Не обучить звериным повадкам и приемам, а именно воспитать...

Крестный и Иван сидели в плетеных креслах у края пустого, но не захламленного бассейна, в котором уже, наверное, лет пять не бывало воды, и Крестный пытался растолковать Ивану принципы своей работы.

— Пойми, Ваня, мне будет одинаково жаль потерять любого из них...

Он указал рукой на десятку обнаженных бойцов, сидящих у противоположного края бассейна на обшарпанной спортивной скамье.

— ...Каждый из них у меня не меньше года. И каждый стал для меня почти как сын: пока еще несмышленыш, но малыш должен вырасти и занять свое законное место среди моих взрослых сыновей. Таких у меня уже сорок...

— У тебя были дети? — перебил его Иван. — Твои, собственные?

— Не отвлекайся, Ваня. И меня не отвлекай... — Крестный поморщился и замолчал, сбившись с мысли.

Впрочем, пауза была лишь секундной.

— Были, — ответил Крестный Ивану. — Один. Он умер. Не буду сейчас рассказывать, как, при каких обстоятельствах. Расскажу в следующий раз. Я очень надеюсь, что у меня еще будет сын.

— А я не надеюсь, — вновь перебил его Иван. — Я просто знаю.

— Ты только не хвались, Ваня. Ребятишки у меня способные. Ты сам увидишь. У них сегодня что-то вроде экзамена. Дисциплина называется — «голыми руками». Сейчас они спустятся туда, — он показал на бассейн, — парами и попытаются убить друг друга. Экзамен сдаст тот, кто останется в живых.

Иван рассмеялся:

— Ты притащил меня сюда, чтобы я переломал твоим пацанам шеи?

— Ваня, не держи меня за идиота...

Мясистый нос Крестного вновь сморщился, словно от дурного запаха.

— ...Я десятки лет занимаюсь этим делом и умею отличить студента от преподавателя. Мы с тобой сегодня — жюри. Будем принимать экзамен. Но только сегодня. И до тебя очередь дойдет. Но ты, конечно, будешь иметь дело не с этими сопливыми ребятишками. Это же младшая группа. Сосунки... У меня есть ребята и повзрослее. Не торопись, время у нас есть. Я уже такой старый, что не могу бегать быстро, как молодой сайгак. И думать быстро не могу. Я живу медленно...

Иван, продолжая смеяться, примирительно похлопал его по плечу.

— ...Правила сдачи экзамена очень просты, — продолжал Крестный. — Вниз спускаются двое. Обратно поднимается лишь один. Драться можно только голыми руками. Впрочем, можно и ногами, и головой, и задницей — всем телом. Но ни в руках, ни на теле — ничего, даже одежды.

— Глупо это, — сказал Иван. — Зачем?

— Не так уж и глупо, Ваня. — Крестный усмехнулся. — Я ведь должен быть не только жестоким, но и справедливым. Как судьба. А перед судьбой мы все — голые. В чем мать родила. В чем пришли на свет, в том и уходим. Не спрашивая, зачем пришли, не зная, почему уходим... Сегодня пятеро из них уйдут, — продолжал он. — Знал бы ты, какие огромные деньги я на все это удовольствие трачу. — Крестный вздохнул. — Каждый из них получает стипендию. Сегодня пятеро будут лишены стипендии, но сэкономить на этом мне ничего не удастся. Пятерым, сдавшим экзамен, стипендия будет увеличена вдвое... Впрочем, что это я разнылся, — усмехнулся Крестный. — Я же сам все это придумал.

Крестный предоставил Ивану право самому выбрать первую пару. Они с Крестным встали и медленно обошли бассейн вдоль бортика.

Бойцы при их приближении тоже поднялись со скамейки.

Они были полностью обнажены. На груди и спине каждого белой люминесцентной краской были нарисованы цифры — от одного до десяти.

— Ребятки, — сказал им Крестный, когда подошел совсем близко, — сегодня у вас трудный день. Вы шли к нему целый год. Я верю, что каждый из вас готов сдать этот экзамен. Но я знаю, что сдадут его только пятеро. И вы тоже это знаете. Принимать экзамен будем мы, вдвоем, — я и вот он. — Крестный показал рукой на Ивана. — Хоть мы вам и известны, но поскольку так положено, представляю членов жюри: я — Крестный, ваш отец и бог, а это — Иван, Гладиатор, на счету у которого Белоглазов, Кроносов и многие другие, не менее известные покойники. Вы должны понимать, что быть похожим на него — честь для вас. Все. Большего вам знать не следует. Сейчас объявим первую пару.

Крестный и Иван вернулись к своим креслам.

Крестный тут же налил себе полстакана «Канадского клуба» с содовой и предложил налить

Ивану того же. Иван отказался. Он хоть и доверял Крестному — раз тот сказал, что сегодня никаких неожиданностей для Ивана не будет, значит, их не будет, но ведь неспроста Крестный его сюда привез. Не сегодня, так завтра. Готовым нужно быть постоянно. Никакого алкоголя.

— Ну? — Крестный нетерпеливо-вопросительно взглянул на Ивана.

— Первый и пятый, — ответил тот.

Крестный поднял руки, пальцами правой показывая единицу, а пальцами левой — пятерку.

С противоположной стороны бассейна двое обнаженных мужчин поднялись со скамейки и по двум разным лесенкам спустились на выложенное кафелем дно.

Первого Иван выбрал машинально, просто потому, что он первым попался на глаза. А вот Пятого — специально, за его отдаленное сходство с самим Крестным.

Крытый бассейн базы отдыха был построен в тридцатые годы и предназначался для плавания. Прыжковых вышек его проект не предусматривал, дно бассейна было ровным. Обстановка сохранилась неплохо. Кафель был цел, скамейки вокруг бассейна, хоть на них и облупилась краска, были еще пригодными для сидения. Работало даже электрическое освещение, нужды в котором, впрочем, не было, так как через стеклянную крышу проникало вполне достаточно света.

Первый и Пятый стояли на дне бассейна в нескольких метрах друг от друга, ожидая сигнала.

Крестный высморкался и махнул рукой.

Они продолжали стоять неподвижно, но поединок уже начался.

Это ничем не напоминало поставленные режиссерами кинематографические бои с участием Ван Дамма, Ли Чанга или других голливудских «китайцев». Хотя эффектные удары ногами по голове, прыжки-сальто и «рентгеновские» взгляды и Первый и Пятый умели использовать не хуже самого Ван Дамма... Просто сейчас все это было ни к чему.

Не требовалось ни запугивать противника, ни деморализовывать его — это было бы лишним, даже разведка боем. Первый и Пятый хорошо знали друг друга. Они не раз встречались в тренировочных боях, и счет в этих встречах был равный.

Первый имел некоторое преимущество над Пятым по своим природным данным: чуть более длинные руки давали возможность достать Пятого немного раньше, чем тот достанет его. Вместе с тем Пятый был явно сильнее физически: накачанная фигура, вздувшиеся мускулы, гири-кулаки — все говорило о его преимуществе в силе. Если ему удастся создать условия, при которых потеряют значение длинные руки Первого, — он победил...

Сближение начал Пятый, спокойными, неширокими шагами пытаясь подойти к противнику. Но тот столь же спокойно отодвигался, синхронными шагами сохраняя постоянную дистанцию. Так продолжалось несколько минут, и Пятый мог быть в любой момент дезориентирован из-за постоянного восстановления Первым дистанции. На этом, наверное, и были построены расчет и тактика Первого...

Иван четко уловил начало атаки.

На один из шагов Пятого Первый не ответил синхронным движением назад, оставшись на месте. Пятый сделал еще шаг вперед, может быть, машинально, а может быть, согласно своему плану атаки. Дистанция сократилась до трех шагов.

Но следующий шаг Пятого был предотвращен мощной контратакой Первого. Сделав движение корпусом вниз и обозначив своей целью колени Пятого, Первый затем резко оттолкнулся от кафеля и ушел вверх от мгновенно отреагировавших на его первое движение мощных рук Пятого...

Иван уже понял замысел атаки Первого: притупив бдительность противника и сумев уйти от его защитной контратаки, Первый получал своеобразную «зеленую волну» для новых атак. Нужно было только всякий раз на мгновение опережать ответ Пятого и тут же ставить ему новую задачу для защиты. С каждой следующей атакой Первый мог разворачивать Пятого в удобную для себя позицию, чтобы в конечном счете провести удар на поражение и этим закончить бой... Иван видел: Пятый уже фактически выполняет то, что диктует ему Первый своими атаками.

Иван был уже почти уверен, что знает, чем этот поединок кончится, и ему заранее стало скучно. Но Пятый сумел вновь привлечь его внимание... Первый летал вокруг Пятого, как целая туча комаров. Поединок шел в таком темпе, что, казалось, Первый атакует сразу с нескольких сторон. Пятый едва успевал поворачиваться в нужную сторону.

Ивану все это уже надоело, и он ждал только конца поединка ради того, чтобы узнать, каким именно способом Первый прикончит Пятого. В том, что эти ребята умеют убивать голыми руками не хуже его самого, Иван не сомневался.

Иван пропустил тот момент, когда Пятый сделал что-то нелогичное, не вписывающееся в систему защиты, которую навязал ему Первый. Иван как раз в это время зевнул и потому не увидел, как вместо того, чтобы защититься от очередной угрозы Первого, Пятый просто пошел навстречу его движению. И вот тут-то Первый показал, что он, по сути дела, не готов к такому серьезному испытанию, как экзамен, устроенный Крестным... Вместо того чтобы воспользоваться якобы имевшим место просчетом в тактике противника и закончить поражающим приемом именно ту атаку, которую он только что начал, Первый по инерции «проскочил» дальше, не успел в ответ изменить свою уже давшую сбой тактику. Он, как полный идиот, остановил движение своих сдвоенных в этот момент рук к черепу противника, хотя тот был полностью открыт, и начал заход на новую атаку, которую запланировал заранее. Но в результате потерял инициативу, темп и из победителя, которым себя уже ощущал, превратился в неудачника, двоечника, провалившего экзамен...

Когда Иван закрыл зевающий рот и открыл прищуренные на мгновение глаза, он успел заметить на лице Пятого презрительную улыбку. Пятый улыбался и тогда, когда двинулся вслед за Первым, начавшим свою, по всей видимости, последнюю атаку... Она стала атакой на пустоту, потому что Пятый просто исчез из его поля зрения и, пользуясь своей относительной свободой, оказался за спиной у Первого, сам повернувшись спиной к нему. Иван недоумевал, глядя, как Пятый резко прогибается назад и неожиданно обхватывает своими огромными руками Первого за бедра и колени. Однако Пятый знал, что делает... Плотно схватив Первого, он начал резко выпрямляться, отрывая того от кафеля. Неизвестно, успел ли Первый сообразить, что сейчас произойдет, но он судорожно задергал руками и ногами, что, впрочем, не повлияло на эффективность приема, которым заканчивал бой Пятый. Первый мелькнул в высшей точке над головой Пятого... А затем тот резко согнулся вперед, одновременно немного присев, и с хрустом вогнал Первого черепом в кафельный пол...

Головы у Первого просто не стало.

Пятый стоял, широко раздвинув ноги, и придерживал обеими руками столбом стоящее тело Первого... Под ногами Пятого медленно расползалась кроваво-белесая масса. Он смотрел на Крестного. Тот кивнул — экзамен принят.

Пятый оттолкнул от себя тело Первого и пошел к лесенке, чтобы выбраться из бассейна. Тут только Иван заметил, как напряженно поднялся у Пятого член, раскачивающийся в такт шагам из стороны в сторону и разбрасывающий вправо и влево на кафельную плитку капли спермы... Поднявшись по лесенке на бортик бассейна, Пятый не сел на скамью, а, отойдя к стене, свалился на пол, уткнувшись лицом в угол.

Иван иронически посмотрел на Крестного:

— Это — пять?

— У меня зачетная система, — буркнул Крестный, несколько смущенный необычным состоянием победителя...

— Хорошо, что в Москве нельзя голышом работать. А то он бы полгорода разнес своим шлагбаумом... Это же надо так сподобиться — каждый раз спускать в штаны!..

Крестный промолчал.

В поединке второй пары, вызванной Крестным, легкий и подвижный Третий быстро и красиво победил массивного, но неповоротливого Девятого...

Это было похоже на поединок носорога с леопардом.

«Леопард» минуты три кружил вокруг тупо реагирующего и медлительно поворачивающегося в его сторону «носорога», выбирая момент для нападения, а потом просто запрыгнул к нему на плечи и перегрыз глотку. Причем Третий сделал это в буквальном смысле слова: зубами разодрал Девятому сонную артерию...

Остальные три пары практически не привлекли внимания Ивана, противники в них были почти равными по силе, и побеждал один из них только благодаря ошибке другого, а не в результате своих активных действий.

Иван уже не смотрел на них, перед его глазами всплывали картины его собственных гладиаторских боев, которые ему в Чечне приходилось порой вести каждый день, — когда он попал в плен и его чеченский хозяин сделал из него бойца, непобедимого Чеченского волка. В Чечне это не было тренировкой, как у Крестного, или забавой, как в Древнем Риме, это был бизнес, способ зарабатывания денег. Ставки на бойцов доходили до тысяч долларов, и кое-кому из чеченцев удалось хорошо подняться на гладиаторских боях. Правда, разорившихся на них же гораздо больше.

У Ивана был тогда выбор — отказаться и умереть мучительной смертью или стать гладиатором. Смерть, пусть даже мучительная, ему была не страшна, но он не мог принять бессмысленности этой смерти. Иван видел, что чеченцы делали с теми, кого им не удавалось сломить. Кресты с распятыми на них русскими солдатами не были редкостью в чеченских аулах. Окровавленные куски мяса, прибитые к ним, были еще живы. Как только распятый умирал на кресте, чеченцы тут же снимали его и бросали труп на скотомогильник, где веками догнивали кости лошадей, быков и прочей домашней падали, в том числе и умерших рабов.

Кресты с мертвыми солдатами были, конечно, страшны, но кресты с еще живыми были намного страшнее. Иван помнил, как его привели к одному из крестов и посадили перед ним, чтобы он смотрел на человека, умиравшего на кресте. Мухи роились на его теле, временами покрывая лицо сплошной копошащейся зеленой массой, временами взлетая, вспугнутые порывом ветра. Тогда Иван видел взгляд умирающего на кресте солдата. И ему казалось, что страдает он не столько от боли, сколько от того, что не понимает, почему он здесь оказался. Во взгляде читалась не боль, а вопрос страдающей души — за что? Душа, готовясь подняться в небо, пыталась осознать свои грехи и не могла этого сделать.

Чеченские пацаны со злобным смехом бросали в распятого камнями, стараясь не попасть в голову, чтобы случайно не убить раньше времени. Солдат должен был умереть сам — от осознания бессмысленности своей смерти. Ни один чеченец, пусть даже самый маленький пацан, не должен был проявлять к русскому милосердия, убивая его тело и тем самым избавляя от мучений его душу.

Иван понял тогда, сидя перед крестом, что не отпустит свою душу в небо, что не пойдет на крест. Нет, он не испугался, страх перед смертью он потерял гораздо раньше, видя ее постоянно перед глазами и привыкнув к ее облику. Просто он понял, что крест — это тупик, поражение. И решил не сдаваться. Выход у него был только один — стать гладиатором и убивать всех, кто будет стоять на его пути к следующей секунде жизни.

Первые бои были самыми трудными. Душа еще рвалась из него, не в силах принять убийства, например, друга, которого необходимо было убить, иначе тот убил бы тебя. Иван давил ее и душил в себе, не давая ей толкнуть себя на безрассудную смерть, чтобы только облегчить ее страдания. Он смотрел на свою душу как бы со стороны и видел, как она с каждым проведенным им боем слабела и затихала... И переставала его мучить.

Труднее всего оказалось побеждать не сильных, а слабых. В борьбе с сильным соперником возникала злость, которая и вела Ивана к победе. Слабые провоцировали его на жалость. Бой с таким противником был не борьбой, не состязанием, это было уничтожение.

В третьем бою его поставили против какого-то сопливого мальчишки, довольно внушительного телом, но сдавшегося, раздавленного страхом смерти. Выйдя на арену в круг костров и сидящих между ними зрителей, Иван оглядывался и впрямь, как затравленный волк в кругу красных флажков. Тогда он еще не отказался от надежды вырваться из этого круга бородатых чеченских лиц, на которых было одно и то же выражение — ожидание его смерти или смерти его противника. Их привел сюда не только азарт крупного выигрыша, но и азарт смерти, эмоционального ее переживания тоже читался в их возбужденных глазах.

Обведя глазами круг импровизированной арены, Иван вновь понял, что надежда вырваться отсюда — всего лишь иллюзия. Большинство зрителей, если не все поголовно, были вооружены. Любое движение Ивана за пределы круга зрителей было бы встречено выстрелами. Получить свободу можно было, только умерев.

Иван остановил взгляд на своем противнике. Тот застыл в напряженной позе готовности к бою, но Иван ясно видел лихорадочный блеск страха в его глазах. Иван понял, что парень парализован страхом. Страхом перед ним, Иваном, который сейчас олицетворял его смерть. Иван почувствовал себя удавом, стоящим перед кроликом. Ощущение было мерзкое, его хотелось сбросить с себя, но никак не удавалось. Оно прилипло к Ивану, словно его собственная кожа.

Парень был на голову выше Ивана, — гора накачанных мускулов, способных разогнать кулак до скорости гоночного автомобиля. Он мог бы быть очень серьезным противником, если судить только по его внешнему виду. Чеченец, взявший его в плен, гордился своим трофеем и не хотел его даже никому продавать, хотя ему предлагали довольно большие деньги. Он надеялся крупно на нем заработать. Конечно, он и предположить не мог, как ошибся!

Иван смотрелся рядом с ним очень скромно. Его мускулы не отличались подчеркнутым объемом, но скоростью мускульной реакции он мог бы соперничать с любым профессиональным боксером. А отточенные за время бесконечных тренировок в спецлагере движения и набитые до металлической твердости мышцы ладони делали его руки страшным оружием в рукопашном бою. Тело Ивана было, по сути, эффективной, высокопроизводительной машиной убийства, замаскированной обычной, не бросающейся в глаза внешностью. Убойную силу придавала этой машине зажатая в тиски его собственной волей душа, отказывающаяся принимать страдание.

Иван сразу понял, что может убить этого парализованного страхом накачанного кролика, что тот не в силах пошевелить пальцем, чтобы защититься. И тут же все в нем всколыхнулось против этой работы, поскольку уничтожение беззащитного существа — только работа, что-то вроде расчистки мусора или уничтожения насекомых. Иван не хотел заниматься этой работой.

Он сделал несколько шагов в сторону парня. Тот не шевельнулся, продолжая смотреть на Ивана широко раскрытыми глазами. Иван подошел вплотную. Руки парня опустились и безвольно обвисли. Было видно, что он приготовился к смерти. Зрители на линии костров засвистели и заорали что-то по-своему хриплыми голосами. Ивану стало противно то, что ему предстояло сделать. Он пришел в бешенство, всегда обещающее смерть его противнику. Но сейчас противника не было, была жертва. А Иван быть палачом не хотел.

Повернувшись спиной к стоящему столбом парню, он сделал несколько шагов в сторону ближайших к нему зрителей. Остановившись в кругу и сжав кулаки, он закричал им, освещаемый неровным колеблющимся светом костров, рыжими сполохами ложащимся на его лицо:

— Эй, вы! Трусливые чеченские собаки! Выходите против меня! Что вы жметесь друг к другу и прячетесь за кострами? Боитесь потерять свои яйца? Кого вы мне подсунули? Мне, которого вы сами прозвали Чеченским волком? Я не дерусь со щенками. Выходите вы сами! И я убью любого из вас! Я убью вас всех! Я убью всю вашу сраную Чечню! Вместе с вашими матерями, родившими вас — трусливых ублюдков! Я убью ваших женщин, чтобы они не могли рожать трусов! Я разбросаю камни, из которых сложены ваши дома! Где же вы, бородатые уроды? Выходите! Выходите, трусы!

Иван что-то еще кричал, но уже не слышал самого себя, такой крик и вой подняли зрители. Затрещали автоматные очереди, выстрелы из карабинов и пистолетов. Чеченцы беспорядочно палили в воздух. Одна пуля просвистела возле самого лица Ивана, но он не обратил на это ни малейшего внимания. Иван не боялся, что его застрелят на арене, его хозяин-чеченец ни за что не допустил бы этого. Слишком много денег он истратил на то, чтобы приобрести Ивана, купить у охотника за живым товаром.

Кто-то выскочил в круг, и Иван даже засмеялся от радости, предвкушая, как он сейчас будет ломать и рвать руками тело этого стремящегося к своей смерти человека. Но худой и сгорбленный старик чеченец с плетью в руке побежал по кругу вдоль самой линии костров в сторону от Ивана. Оказавшись ближе к русскому парню — противнику Ивана, старик ринулся к нему напрямую, вскинул свою плеть и принялся хлестать его, не разбирая, куда попадет.

— Убэй его! — кричал он парню, и злость брызгала у него изо рта вместе со слюной во все стороны. — Убэй его! Убэй!

Каждый свой выкрик он сопровождал ударом плети. Парень, вздрогнувший от первого удара, очнулся от своего оцепенения. Боль от удара плетью по лицу дала ему силу и способность к сопротивлению. Он закрывался от ударов руками, уворачивался, но чеченец настойчиво хлестал и хлестал его плетью до тех пор, пока боль не стала злостью. Дождавшись очередного удара, он подставил под плеть руку, ременный конец плети обмотался вокруг нее, и парень резким движением выдернул рукоятку плети из рук чеченца. Чеченец что-то удовлетворенно закричал по-своему и выбежал из круга за линию костров. Парень побежал было за ним, но вновь поднявшаяся автоматная стрельба остановила его.

Его злость требовала выхода, но рассуждать он не мог. Для этого необходимо было успокоиться, а едва бы он успокоился, к нему вновь вернулся бы страх смерти. Парень отшвырнул плеть в сторону и повернулся к Ивану. Ему даже не пришло в голову, что плеть можно использовать как оружие в сражении с Иваном. Парень просто шел навстречу Ивану, сжимая свои пудовые кулаки и бессмысленно ими размахивая. Попасться на пути этого кулака сейчас было равносильно самоубийству. Кулаки разнесли бы вдребезги все, что угодно, — голову так голову, грудную клетку, перемололи бы и руки и ноги. Как сухие прутья.

Иван почувствовал, что теперь может вступить с этим парнем в борьбу. Жалость к беспомощному существу ушла, как только он увидел, что парень представляет для него реальную опасность.

Он тоже двинулся навстречу своему сопернику. Руками тот молотил беспорядочно, но на близкую дистанцию к себе не подпускал. Иван мог надеяться только на свою мгновенную реакцию, на скорость движения своих рук, на быстроту и резкость своих ударов. Нужно было соблюдать предельную осторожность, чтобы избежать удара пудовых кулаков. Один такой удар мог бы решить исход сегодняшнего поединка. Причем — не в пользу Ивана.

Заметив, как медленно его соперник делает замах, Иван решил применить боксерский прием по ослаблению удара противника. Когда правая рука парня только начала движение в его сторону, Иван резким и точным мгновенным выпадом правой ударил по бицепсам правой руки парня. Рука у того дернулась и обмякла. В глазах у парня появилось недоумение. Ивану показалось, что парень сейчас вновь впадет в панику, и он слегка расслабился, совсем забыв о том, что руки парня движутся почти без контроля со стороны его мозга.

Мощный удар в плечо поднял Ивана в воздух и отшвырнул к самой линии костров. Иван упал, прокатился еще несколько метров и вытянулся, попав правой рукой прямо в угли прогорающего костра. Иван с удивлением смотрел на свою руку, которую лизали голубоватые огоньки пламени. Боли от ожога он не чувствовал. Он попробовал убрать правую руку из костра и не смог. Рука не слушалась. Тогда он, опираясь на левую руку, поднялся, и правая рука, следуя за его телом, выползла из костра и безжизненно повисла вдоль туловища.

Парень, уже справившийся со своим удивлением от падения Ивана, которое для него самого было полной неожиданностью, приближался. Его страх перед Иваном, сначала заглушенный болью от ударов и страхом перед чеченцем-хозяином, сейчас и вовсе прошел. Он шел к Ивану в полной уверенности, что идет его добивать. Иван знал эту эйфорию, наступающую после первого, но далеко еще не окончательного успеха в схватке. Чаще всего она становится причиной краха, поражения, смерти. Иван стоял, приходя в себя после легкой контузии от удара, и ждал ошибки своего противника. Он был уверен, что парень, судя по всему не искушенный в единоборстве, сейчас ее допустит. Ошибка противника была, собственно говоря, единственной надеждой Ивана на победу.

Опыт всех драк, боев, в которых ему приходилось за свою жизнь участвовать и побеждать, не подвел Ивана. Едва парень приблизился на расстояние удара, Иван схватился левой рукой за правое плечо и упал на колени. Зрители завыли и залаяли что-то на своем языке, как стая шакалов. И тем самым только помогли Ивану. Противник полностью поверил в его беспомощность. И поторопился добить его. Ничего не опасаясь, он размахнулся левой и в этот момент оказался полностью открытым для удара.

Уже занесенным направо кулаком левой руки Иван врезал ему по яйцам. Он ударил со всех сил, которые у него были, и в этот момент выиграл бой. Парень так и остался стоять над Иваном — не закончив движения левой рукой, не в силах вздохнуть, не в силах что-либо соображать. Он начал крениться вперед, и Иван едва успел уйти с того места, на которое упал его противник.

Правила требовали добить его. Иван не стал ничего придумывать для этого, а просто пробил парню височную кость ударом тяжелого армейского ботинка...

...Но не только воспоминания отвлекали Ивана от того, что происходило на дне выложенного кафелем бассейна. Он смотрел на все это рассеянно, практически не интересуясь тем, что видит. Его все больше занимала мысль о том, зачем все-таки Крестный привез его с собой?

По его словам, вроде бы для тренировки в необычных условиях. Но пока все это, с точки зрения Ивана, походило на дешевый спектакль. Для тех, кто в этом участвовал, дело обстояло вполне серьезно... Но для себя он не видел ни в ком достойного соперника.

Иван резко повернулся к Крестному:

— Зачем ты меня сюда привез?

Смех Крестного гулко разнесся по помещению бассейна, отразившись от стен. Услышав смех, Второй оглянулся, ища глазами Крестного, и это был последний его взгляд. Он тут же получил от Десятого удар по ногам и упал на спину. Подняться ему Десятый уже не дал...

— Заскучал ты все-таки, Ванюша, — смеясь, сказал Крестный и сделал знак рукой, чтобы выходила последняя пара — Шестой и Восьмой. —

Потерпи, сынок! — Крестный оборвал смех. — Сейчас мы здесь закончим и пойдем ужинать. И я все тебе объясню...

Закончили они минут через десять, когда Шестому наконец удалось обмануть Восьмого. Шестой сделал вид, что споткнулся и упал на спину. Иван ясно видел, что он притворяется, но Восьмой, обрадовавшись подарку судьбы, не обратил внимания на напряженную позу опасно сгруппировавшегося Шестого. И подошел слишком близко, уверенный, что нанесет сейчас последний удар, который решит исход поединка... Он тут же получил мощный удар ногой в пах, от которого согнулся пополам и лишился на секунду способности вести бой. За полсекунды Шестой успел встать на ноги, еще через полсекунды он уже висел у Восьмого за спиной и обхватывал руками его голову... Резкий рывок — и все было кончено.

Крестный подождал, когда Шестой выберется наверх, встал и окинул взглядом забрызганный кровью кафель и пять трупов, валявшихся в лужах крови на дне бассейна. Он как будто собирался что-то сказать, но только усмехнулся и промолчал.

Иван закурил свой любимый «Винстон». Вид крови и чужой смерти мало его волновал.

— Пойдем, Ваня, перекусим. — Крестный взял его под руку и повел к выходу. — Надеюсь, аппетит я тебе не испортил?

Иван покачал головой:

— Глупо все это, Крестный. Столько времени, столько сил ты тратишь на то, чтобы дать возможность пятерым жеребцам загрызть пятерых меринов...

— Ты даже не знаешь, насколько ты не прав, Ваня. — Крестный тяжело вздохнул. — Их ведь никто не заставлял лезть сегодня в бассейн. Они — добровольцы. Год прожили вместе. Тренировались, ели и отдыхали вместе... На заданиях защищали друг друга от чужого свинца, если этого требовала ситуация...

Крестный сделал паузу, давая Ивану время прочувствовать значение своих слов. Однако у Ивана его слова никаких чувств не вызвали.

— А сегодня ни один не отказался от поединка... Кому-то из них пришлось убить сегодня своего друга, можешь быть в этом уверен.

При этих словах Крестного что-то едва забрезжило у Ивана в памяти... Лагерь спецподготовки... Первые месяцы в Чечне... «Друг — это мертвый человек, который лежит с тобой рядом и убить которого ты уже не можешь, — подумал Иван. — Почему Крестный говорит, что эти, в бассейне, были друзьями? Ведь они были живы... Друг — это тот, кто смотрит на тебя с той стороны, со стороны смерти... Оттуда смотрят еще многие, но все они молчат, а друг может рассказать, что там, за чертой...»

Иван пожал плечами.

Крестный досадливо вздохнул. «Похоже, для Ивана это и впрямь только театр, — подумал он. — Этим его не проймешь».

Крестный уже около года пытался разными способами воздействовать на Ивана, но все его попытки оказывались неудачными.

Как управлять человеком, у которого есть душа, Крестный знал. Он умел убивать душу и даже любил это делать, считая, что душа для дела — вредна... Доберись до души человека — и он в твоих руках!.. Но как управлять Гладиатором, оставалось для Крестного загадкой. И оттого он испытывал к Ивану противоречивые чувства: и уважал его, и ненавидел, и любил, и боялся одновременно.

— И все же, Ваня, — упорствовал Крестный, — если они согласились, то, значит, поняли что-то. И теперь я этим пятерым доверяю больше, чем вчера доверял всем десяти...

— Ты меня утомил, Крестный, — покачал головой Иван, — давай ближе к делу.

— Вечно вы, молодежь, спешите. Я старик, и потому нетороплив. Садись, Ваня, бери шашлык, ешь и слушай меня, старика...

Они сели за полусгнивший деревянный стол в какой-то беседке, где уже лежали приготовленные шампуры с мясом, стояли кувшин с красным вином и высокие бокалы тонкого стекла. В нескольких метрах от беседки горел костер, возле которого возился с шампурами медведеобразный глухонемой из арбатского ресторана Крестного.

— Ты прав, Ваня, — сказал Крестный, — не для того я тебя сюда привез, чтобы показывать, как молодые бараны рогами сшибаются. Что тебе до этого? Мертвых баранов ты, что ли, не видел?

Крестный налил себе и Ивану по половине бокала красного вина, кивнул — бери, мол, — и сам подцепил длинный шампур. Провел носом вдоль капающего жиром мяса, вдыхая аромат:

— Ах, как пахнет! В таком виде баранина аппетитнее и нравится мне гораздо больше, чем в неразделанном, как там, в бассейне.

Крестный посмотрел на Ивана и, поймав его удивленный взгляд, рассмеялся.

— Да нет, шучу, шучу, что ты. — Он шутовски замахал на Ивана руками. — Это настоящие бараны, они при жизни блеяли, вот тебе крест... — Он перекрестился. — Эдак ты меня заподозришь, что я вместо вина тебе крови налил. Что ты, сынок, еда — это праздник, не порть его глупыми подозрениями...

Иван поднял свой бокал, попробовал, что в нем: оказалось, вполне приличная «Хванчкара». Он стащил зубами крайний кусок с самодельного шампура из стальной проволоки и откинулся на спинку скамейки, стараясь не капать на себя жиром... Он уже понял, что Крестный никак не решится начать какой-то разговор — важный, давно, видимо, задуманный, но почему-то трудный для него. «Что ж ты ломаешься, как целка, — думал Иван. — Неужто боишься меня?»

— Крестный, может, мне раком встать, чтоб ты решился наконец? Или ноги пошире раздвинуть, чтобы не боялся, что у тебя не получится?

— Фу, какой ты грубый, Ваня. Зачем ты так со стариком? Нам же, старикам, знаешь, надо не столько трахнуть, сколько поговорить об этом. — Он вздохнул. — Ну, коли ты настаиваешь, можно и поторопиться. Сегодня ты видел только одну из моих групп. У меня их много. Есть и элита, так сказать, высшая лига. Человек сорок отличных парней. Те, кто дрались сегодня, — Крестный поморщился, — самые слабые. И главное, среди них нет лидера. Я, правда, ставил на этого, из первой пары, на Пятого. Но, как видишь, ошибся. Хороший парень, соображал быстро... Но он же мне всю Россию осеменит!..

Крестный хихикнул, но тут же взял себя в руки и вновь заговорил серьезно:

— ...Да и потом, над ним смеяться будут. Не удержится он в лидерах, свои же шлепнут. Не потерпят они извращенца над собой. Договорятся, например, Шестой с Десятым и грохнут его за милую душу! С лидерами у нас вообще проблема. Что в нашем общем большом государстве, что в моем маленьком...

— Давай ближе к телу, — перебил уже слегка раздраженный старческой болтовней Иван. — Или правильнее будет сказать — к трупу?

— А вот тут ты, Ваня, ошибаешься, и сильно. О трупах мы пока разговаривать не будем. Рано. Попозже — заказ будет. Очень интересный. И очень сложный. Потому и надо вначале прикинуть — силенок хватит ли? Чтобы не обосраться потом, как сегодня эти пятеро, в бассейне. Им-то простительно, а нам с тобой было бы стыдно. Не правда ли, Ваня?..

Иван промолчал. Он постепенно заинтересовался разговором. Сквозь шелуху бессмысленных слов начала проступать суть.

— ...Так вот, о лидерах. Сорок человек — хорошая группа. В том случае, конечно, если эти люди подготовлены мной, а во главе их стоишь ты. Такой отряд многое может сделать, очень многое. Тогда группе никакой заказ отдать не страшно... А ведь можно подготовить и еще сорок. И еще. Но есть проблема. Она касается человека, который захочет стать в подобной группе лидером. Я хочу, чтобы лидером у них стал ты, Ваня. Я не спрашиваю тебя, хочешь ли ты этого. Ты, Ваня, должен будешь поверить мне на слово, когда я скажу тебе — надо! Поверишь?

Внимательно слушавший Иван кивнул.

Обрадованный его покладистостью Крестный воодушевился и энергично продолжил:

— Ну вот, ты же видишь, что я прав! Тогда послушайся меня еще в одном. Эти люди никогда тебя заочно, так просто не признают, будь ты хоть трижды Иваном Марьевым и четырежды Гладиатором. Они поверят в тебя, только увидев твою силу и почувствовав смерть, которую ты посеешь рядом с ними. Ты должен завоевать их авторитет. Для этого нужно убить десятерых из них. Чтобы они убедились: ты один сильнее всего отряда...

— Ты что же — хочешь пустить меня в бассейн одного против десятерых своих головорезов? Пусти. Можешь даже вооружить их какими-нибудь вилами или мотыгами. Если, конечно, тебе своих головорезов не жалко...

— Ну что ты, Ваня, как ты мог подумать... Нет, конечно. Игра, в которую мы с тобой сыграем, будет называться «догонялки». Вот так, по-детски. Потому что проста, как та самая детская игра: все убегают, один догоняет. У нас наоборот: один убегает, а все догоняют...

Крестный внимательно посмотрел на Ивана.

— Убегать будешь ты, Ваня. А мои, как ты выразился, головорезы догонять. Догонят — убьют.

Крестный тут же спохватился и поправился:

— Конечно, конечно, может быть, и ты их убьешь. Но их сорок, а ты один. И кроме того, если всех ликвидируешь, кем потом командовать будешь? Это же твои будущие солдаты...

Крестный помолчал, ожидая реакции Ивана.

Но тот ничего не отвечал.

— Ты, Ваня, подумай. Я ведь с ножом к горлу не пристаю. Хочешь — соглашайся, не хочешь — откажись, слова не скажу...

Вот так. Крестный расставил свои ориентиры. Направо пойдешь — коня потеряешь... и так далее. Иван подумал, что Крестный загнал его в своеобразную ловушку. Отказаться?.. Нет, отказаться он не мог.

Наплевать, что подумают Крестный, его мальчики, кто угодно... Мнение других людей давно не волновало Ивана. Он никогда не реагировал ни на насмешки, ни на восхищение. Люди слишком многого не понимают, чтобы разобраться в мотивах его поступков и делать какие-то выводы...

Собственное мнение было гораздо существеннее для него. Причем, не в том обычном смысле, за которым, как правило, скрываются все те же мнения о человеке других людей, только уже воспринятые и переработанные в личные ценностные установки и нравственные ориентиры...

У Ивана сложилась принципиально иная система ценностей. В ней, например, не было места понятию трусости. Человек испытывает страх в ситуациях, когда ему грозит боль или смерть. Ни того ни другого Иван не боялся. После Чечни, ранения, плена и рабства болевой порог был у него настолько высоким, что граничил с полной нечувствительностью. А смерть... Смерть была не страшна, более того, желанна.

Иван не ощущал страха вообще, но обладал гипертрофированным чувством опасности. Он мог идти ей навстречу, уходить от нее или как бы совершенно игнорировать опасность и при этом не давать себе никаких оценочных характеристик.

Разве способность, например, учащать или задерживать дыхание влияет хоть как-то на самооценку человека? Разве его физиологические свойства могут быть оценены с нравственной точки зрения? Их можно оценить только с точки зрения их роли в процессе выживания, в ситуации выбора между жизнью и смертью.

Жизни Иван не доверял: жизнь неустойчива, ненадежна и преходяща. Абсолютна и вечна только смерть. Смерть — хозяйка жизней людей и хозяйка жизни в целом. Мнение Ивана о самом себе было только проекцией предполагаемого мнения о нем Госпожи Смерти...

Отказ от предложения Крестного означал попытку уклониться от близости со смертью, то есть, по существу, неуважение к смерти со стороны Ивана. Обречь себя на мучения человека, потерявшего уверенность в себе, не имеющего четкого представления ни о себе, ни о мире, ни о своем месте в нем, — вот что такое для Ивана отказаться!

Но близость смерти действовала на него опьяняюще. Фактически Крестный предложил Ивану уйти в запой. Иван же в своем отношении к Госпоже Смерти стоял ближе не к «алкоголикам» или «пьяницам», а скорее к «гурманам», ценящим тонкий вкус точно дозированной смерти...

Поразмышляв с минуту, он сделал выбор и, не глядя на Крестного, коротко кивнул, уверенный, что тот все еще внимательно смотрит на него.

Крестный обрадованно засмеялся, начал потирать руки, хлопнул Ивана по плечу и тут же показал, что ни хрена в Иване не понимает, заявив:

— Молоток, Ваня! Я знал, что ты не струсишь, не испугаешься...

Ивану сразу стало скучно слушать его болтовню, и он перебил:

— Заткнись, психолог... Давай подробности.

— Даю, Ваня, даю-даю-даю, — засуетился Крестный. — Только сначала ты давай-ка покушай — Бог знает, когда теперь придется-то. Да и придется ли?

Иван промолчал. Похоже, Крестный специально старался вывести его из равновесия. Да и не задевало его это карканье Крестного.

Поесть и вправду не мешало бы. Проголодавшийся Иван основательно принялся за шашлык, запивая ароматное мясо терпким грузинским вином.

А Крестный начал наконец излагать те подробности и детали, которые имели в этой игре определяющее значение...

Иван уже догадался, что Крестный много треплется, потому что боится, и за словами, за ерничанием пытается скрыть свой страх. Он по-прежнему не понимал Ивана, и страх происходил именно от этого непонимания. Вот только раньше он страшился самого Ивана, а теперь вынужден бояться еще и за него.

— Пошел ты со своим трепом, Крестный, — миролюбиво буркнул Иван. — Что ты меня в могилу живьем суешь? Ты давай плотнее, плотнее. И поконкретнее, старый болтун, поменьше пустых слов.

— Золотой ты человек, Ваня. Как тебя трудно обидеть! Другой давно бы мне мозги вышиб... Ну да ладно. Пушечку ты, значит, мне отдаешь... Чтобы не было соблазнов устроить разборку прямо здесь, на месте!..

Вместо ответа Иван достал свой ТТ и бросил на колени к Крестному.

— Играем по всей Москве, — продолжал Крестный. — В течение недели. Сегодня понедельник. В следующий понедельник к полуночи все мои «охотники» возвращаются на базу и мы проводим разбор... Если ты к тому времени еще жив — приходишь тоже, и с этого момента они уже не только мои, но и твои мальчики, Ваня... Игра может закончиться раньше — как только ты принесешь мне личное оружие семерых «охотников». Пистолеты у них помечены: последние цифры серийного номера — от единицы до сорока... Или если они привезут мне твой труп...

Крестный помолчал, смущенно глядя в сторону, и каким-то виноватым тоном продолжил:

— Мне неловко это тебе говорить, но я вынужден, таковы правила... Ты, Ваня, имеешь возможность спрятаться, отсидеться неделю и тем самым сохранить свою жизнь. В следующий вторник, начиная с ноля часов, тебя никто из моих пальцем не тронет. Иначе я им сам головы поотрываю. Но... — Крестный вздохнул. — Прости, Ваня, я все же скажу: в этом случае ты будешь мне уже неинтересен... И еще давай договоримся вот о чем: если незадачливые «охотники» тебя в Москве не находят, ты сам выходишь на контакт. Как? Придумаешь что-нибудь. Я в твои способности верю. Условие мое таково — согласись, оно разумно! — если в течение суток никто из «охотников» не убит — ты проиграл... Должен тебе сказать, что кроме «охотников» в игре участвуют «загонщики». Сколько их, ты знать не должен. Они не имеют оружия, не имеют никаких опознавательных знаков, не имеют права тебя убить. Но они будут постоянно следить за тобой и сообщать о тебе «охотникам». Ты можешь их убивать, если хочешь и если сумеешь обнаружить. Только, смотри, не перебей половину Москвы под эту марку, а то Министерство обороны бросит против тебя регулярные войска...

Крестный взял кувшин с вином, налил по бокалу себе и Ивану. Поболтав остатками в кувшине, он неожиданно выплеснул их Ивану на грудь.

По светло-серой рубашке Ивана расплылось темно-красное пятно...

— Так надо, Ваня! — На всякий случай Крестный предостерегающе поднял руку. — Это всего лишь ритуал. Так у нас принято. Это знак моим головорезам, что время пошло.

Иван взглянул на часы: двадцать три пятьдесят пять.

— Иди, Ваня, — вздохнул Крестный. — У тебя есть полчаса. А пять минут — это мой подарок тебе, Ваня. В половине первого «охотники» пойдут по твоему следу. Все, Ваня. Иди.

Иван не тронулся с места. Он не привык к подаркам и предпочел отказаться от лишних пяти минут. До полуночи он сидел с бокалом «Хванчкары» в руке и наблюдал, как на медном в свете костра лице Крестного пляшут блики огня...

В полночь Иван встал и пешком направился в сторону шоссе — мимо толпящихся у костра «охотников», мимо бассейна с трупами, мимо импровизированной автостоянки, на которой собралось десятка два иномарок, готовых через полчаса ринуться по его следам...

Глава пятая

В понедельник поздним утром оперативники группы майора Коробова изнывали от жары в Измайловском парке, прогуливаясь, сидя и лежа на обочине аллеи Большого круга и на живописных полянках вдоль нее. По понедельникам в парке практически отсутствовала публика, что значительно облегчало задачу опергруппы.

Коробов поджидал делегацию из Балашихи: Старшину, качавшего там права уже больше года, и трех приближенных к нему лиц. Прозвище «Старшина» балашихинский лидер получил вовсе не благодаря фамилии, как это часто бывает, а исключительно из-за внешности. Фамилия у него была вполне обыкновенная — Копубняк, зато внешность впечатляющая: фигура квадратная, голос — громкий и властный, кулаки — пудовые, а мысли — незамысловатые и в силу этого — короткие... Словом, типичный старшина, договориться с которым не было никакой возможности. Старшинские имидж и поведение оказались решающим фактором, определившим судьбу лидера, а вместе с ней и судьбы его клевретов. Аналитики предложили его ликвидировать. Никитин предложение утвердил. Коробов вынужден был ввести в действие заранее подготовленный план ликвидации Старшины.

Но одно дело — сочинять план, а совсем другое — осуществлять на деле «предоперационное привыкание к месту проведения ликвидации»... Оперативники Коробова на солнце разомлели, мозги их от жары поплыли, движения стали вялыми и замедленными. Оперотряд на глазах терял боевую форму. Это Коробова раздражало, он нервничал, тем более что сам был во всем этом виноват.

Коробов назначил встречу Старшине от имени некой мифической группировки — «кремлевской», претендующей якобы на установление своих порядков в самом центре Москвы и ведущей теперь переговоры с окраинными московскими группами о переделе сфер влияния.

Выступить от имени «кремлевской» группировки — это придумал Никитин, когда аналитики сообщили ему, что, на их взгляд, необходимо поменять не менее восьмидесяти процентов лидеров группировок, контролирующих Москву, а Коробов доложил, что за основу плана в каждой из операций взята типовая ситуация — вызов объекта ликвидации на встречу с подставным лицом.

«Твоими мозгами хорошо водку закусывать» — так оценил работу Коробова Никитин, но с должности руководителя «Белой стрелы» почему-то не снял, хотя Коробов был к этому уже готов. Вместо этого Никитин набросал на листочке обобщенную легенду об этой самой воображаемой центральной группировке, что он великолепно умел делать.

Детали Коробов разработал самостоятельно: выбрал на роль подсадных лиц оперативников подходящей комплекции, проследил, чтобы они постриглись под ежик и переоделись в спортивные костюмы фирмы «Адидас», выдал им оружие... Словом, все сделал, как надо, как учили... Однако Никитин, заявившись собственной персоной на базу «Белой стрелы», все переделал по-своему: накачанных ребят с короткими стрижками послал в патруль, выбрал новых — худых и длинноволосых, одел их в пиджаки, белые рубашки и галстуки, оружия не разрешил брать с собой вообще никакого.

Серега Коробов на него даже обиделся и до сих пор от невысказанной обиды чувствовал себя, как перегретый водяной котел с засорившимся клапаном...

Знакомый трехсотый «мерседес» с балашихинским Старшиной появился на углу аллеи Большого круга и аллеи Пролетарского входа неожиданно, за десять минут до назначенного срока, и совсем с другого направления, не со стороны шоссе Энтузиастов, как было договорено со Старшиной, а от Круглого пруда. Машина неслась то по пешеходным дорожкам, то по газонам, ломая кусты и круша скамейки.

У Коробова глаза полезли на лоб. Что за херня такая? Что ж они делают, суки? Сейчас же менты сюда слетятся, как воронье! Весь план ликвидации идет к черту — они ж всех живьем похватают!

«Мерседес» выскочил на перекресток аллей, зацепив левым крылом «девятку» с никитинскими подсадными, и газанул дальше в сторону шоссе Энтузиастов...

Коробов растерялся. Он ясно увидел, что за рулем машины сидит Старшина, лицо его в крови, на сиденье рядом с ним уткнулся в лобовое стекло обладатель мощного бритого затылка. Старшина и не взглянул в сторону тех, на встречу с кем ехал — словно их там и не было...

Не успел Коробов толком прийти в себя, как новое явление поразило его не меньше прежнего. Он даже рот приоткрыл, увидев, как по колее, проложенной «мерседесом», одна за другой продрались через кусты две «ауди» и один «форд» и, мелькнув перед носом парализованного от изумления Коробова, устремились к шоссе...

— Коробов, блядина, ты язык в жопу, что ли, засунул? — услышал он голос Никитина, доносящийся из рации. — Где Старшина? Почему молчишь?

— Товарищ полковник, — еле выговорил в ответ Коробов. — У меня тут хрен поймешь, что творится...

— Где Старшина?

— Он едет по шоссе Энтузиастов...

— Куда едет? В Москву?

— Я не знаю...

— Уволю, сука! В дворники пойдешь...

— Он ранен...

— Что ты сказал? Вы его упустили?!

— Это не мы, товарищ полковник. Он мимо нас не глядя пролетел.

— А вы и рты пораскрывали?!

— Никитин, за Старшиной погоня!

— Какая погоня? Ты же не знаешь, мать твою, в какую сторону он едет!

— Это не мы, Никитин. Три иномарки — «форд» и две «ауди».

— Что же ты стоишь, со мной языком треплешь, сука? Догони, выясни!

Коробов рванулся к машине.

— Давай, догоняй их! — завопил он шоферу.

— Ты бы еще поближе к вечеру их собрался догонять, — буркнул тот себе под нос и с места включил третью скорость.

Они помчались к шоссе. Но там, естественно, давно уже и след простыл не только Старшины на «мерседесе», но и гнавшихся за ним иномарок... Вылетев на перекресток, Коробов заорал водителю: «Стой!» — выскочил из машины и начал приставать с расспросами к лоточникам, торговавшим у станции метро «Шоссе Энтузиастов». Кто-то видел «мерседес», выехавший из Измайловского парка с большой скоростью, кто-то обратил внимание на «ауди», а вот «форда» никто не заметил. Одни утверждали, что «мерседес» направился к Московской кольцевой дороге, другие — что тот уехал в сторону центра...

Коробов чувствовал себя как тот голодный осел,

который оказался точно посередине между двумя одинаковыми копнами сена и не в силах был сделать выбор. Осёл, как известно, умер от голода. Неизвестно, что ожидало бы Сергея Коробова, но тут вовремя подключился Никитин и в своей весьма экспрессивной манере быстро вывел того из ступора:

— ...Ищи, куда они делись! Они где-то там, в твоём районе. Гаишники на кольцевой говорят, что белый «мерседес» с окровавленным водителем мимо них не проскакивал. Прошла одна «ауди», они её остановили, обыскали, но не нашли ничего подозрительного и вынуждены были отпустить. На площади Рогожской заставы их тоже не было. Ищи, Коробов! Мне надо знать, кто нам дорогу перешёл...

...Лишь к вечеру Коробову удалось разыскать следы «мерседеса», затем саму машину, а вскоре и Старшину. Он доложил об этом Никитину. Шёл уже второй час ночи, но Никитин немедленно собрал совещание в малом составе: Коробов, аналитик Герасимов и сам Никитин.

— Что там у тебя, докладывай, — хмуро обратился он к Коробову. Не нравилось ему это дурацкое происшествие. Очень не нравилось.

— Нам удалось установить, что на Старшину было совершено нападение как раз в то время, когда он ехал на встречу с нами. Неизвестный обманом или силой, точно установить не удалось, заставил Старшину остановиться на повороте с шоссе Энтузиастов на главную аллею Измайловского парка. По его приказу трое из находившихся в «мерседесе», включая Старшину, вылезли из машины, четвёртый пытался вытащить пистолет, но был застрелен на месте. Два помощника Старшины пытались бежать и были убиты неизвестным. Стреляет он исключительно метко... В тот момент, — продолжал Коробов, — когда Старшина, как приказал неизвестный, стоял, положив руки на капот машины и широко расставив ноги, джип, подъехавший на большой скорости, свернул на главную аллею. Неизвестный, как утверждают свидетели, выстрелами от бедра, пробил колесо джипу и голову водителя. Джип врезался в дерево и загорелся. Выскочившего из него человека неизвестный также застрелил. Он забрал оружие убитого, заставил Старшину сесть за руль «мерседеса», а сам нырнул на заднее сиденье. Машина на большой скорости направилась в глубь парка, а через одну-две минуты вслед за ней, свернув с шоссе, устремились три иномарки — те самые, которые мы тоже видели. По сообщению очевидца — местного алкоголика, собиравшего ландыши для продажи, неизвестный особых примет не имеет, роста и телосложения среднего, черты лица правильные, стрижка короткая...

— Ты не можешь побыстрее рассказывать, Коробов? — перебил Никитин. — Не такой уж ты подвиг совершил, разыскав убитого, причем вовсе не тобой, Старшину!

— Можно и быстрее, — невозмутимо согласился Коробов. Сейчас он чувствовал себя уверенно: задание было выполнено, а там пусть Никитин ворчит себе сколько угодно. — ...Из свидетелей, наблюдавших «мерседес» со Старшиной у станции метро «Шоссе Энтузиастов», правы оказались те, кто утверждали: белый «мерседес» направлялся к центру. Его действительно видели чуть дальше по шоссе на перекрестке шоссе с Электродной улицей, а также у станции метро «Авиамоторная». «Мерседес» следовал в прежнем направлении. Однако на площади Рогожской заставы он зафиксирован не был. Это заставило нас прочесать довольно большой район, включая все прилегающие к шоссе Энтузиастов улицы...

Коробов посмотрел на Никитина. Тот сидел сморщившись, как от зубной боли, и махал ему рукой — мол, побыстрее!

Коробов вздохнул и продолжал:

— В районе Рогожского кладбища, на улице Войтовича, нами был наконец обнаружен разыскиваемый «мерседес», однако совершенно пустой. На сиденье водителя обнаружены следы крови. Розыски пассажиров машины были продолжены. Примерно через час от работников ближайшей железнодорожной станции «Москва-Товарная» поступил сигнал, что на рабочих путях обнаружен труп человека со следами применения огнестрельного оружия. Прибыв на место, мы идентифицировали найденный труп — это оказался Копубняк, он же Старшина, лидер балашихинской группировки... У меня все. — Коробов многозначительно поглядел на Никитина с Герасимовым.

Нехорошо сверкая глазами, Никитин поднялся из-за стола. Сказать он ничего не мог, только тяжело дышал и смотрел в упор на Коробова.

— Все у тебя? — наконец спросил он очень тихо, но, по-видимому, изо всех сил сдерживаясь. — Это все, что ты успел сделать за день? А где тот человек, что убил Старшину? Где хотя бы какие-то следы его? Где описание внешности? Какой-то пидор вмешивается в тщательно продуманную нами операцию, разваливает ее полностью, до основания, выставляет нас полными идиотами и скрывается. А мы разводим руками — «У меня все!». Вот здесь у тебя точно все! — При последних словах Никитин подскочил к Коробову и постучал ему костяшками пальцев по лбу. Звук в ночной тишине получился до странности отчетливый. Коробов побагровел и поднялся со стула. Назревала попытка бунта.

— Товарищ полковник... — начал он.

— Что «товарищ полковник»?! — заорал на него Никитин. — Товарищ генерал, а не товарищ полковник! Сегодня приказ подписан. Утром погоны поменяю... Так что ты хотел сказать, Коробов? — уже спокойнее переспросил Никитин.

— Ничего, товарищ генерал. — Смутившийся Коробов опять уселся на свое место. — Поздравляю, — пробормотал он себе под нос.

— Спасибо, Коробов, — ответил Никитин. — Жаль, не могу ответить вам тем же... за вашу службу.

— Ну хватит, в самом деле! — вступил в разговор Герасимов. — Ну что вы, блядь, сцепились! Выясняете, кто умный из вас, кто дурак? И так ясно, что дураки вы оба, а умный — я. Потому что молчу и думаю: что, почему и зачем... А вы холки друг другу дерете...

— Ну так скажи, раз ты такой умник, — тут же переключился на него Никитин, — что все это значит. Что за идиот устроил сегодня катание в Измайловском парке?

— Кто это все устроил, я, конечно, сказать не могу. Информации у меня не хватает. Но один вывод уже сделал. Хотя тебе с твоим-то умом давно пора самому до этого додуматься... А не орать на подчиненных...

— Какой вывод? Говори! Что ты передо мной выламываешься?

— А вот такой! — повысил голос Герасимов. — Пока мы не установим, кто помешал нашей операции, весь твой план перестройки нашей работы с криминалитетом следует свернуть. Мы сейчас ничего не знаем. Именно — кто сел нам на хвост? Что у него на уме? Ты уверен, что это не люди из Управления охраны президента? Что это не один из нелегальных спецотрядов его личной охраны?..

Никитин поскреб пальцами давно небритый подбородок.

— Ты прав. Все может быть. Вот положеньице, блядь! — Он в сердцах хлопнул ладонью по столу.

Коробов слегка подпрыгнул на месте.

— Слушай меня, Коробов. — Никитин говорил теперь не упирая на свое превосходство, просто, по-деловому. — Ты на резкость не обижайся, не первый день меня знаешь. Хватит сопли размазывать, надо делом заниматься. Во что бы то ни стало установи, что это был за человек. Хоть какой-нибудь его след найди, хоть что-то выясни. Иначе мы все как парализованные сидеть будем. Нам только и останется защищать правопорядок...

— Я думаю, надо внимательно изучить сегодняшние сводки происшествий, — высказал предложение Герасимов. — Полагаю, дело сегодня не ограничится одним Старшиной. И нам следует по почерку искать возможную связь каждого случая с происшествием в Измайловском парке.

— Вот вдвоем с Коробовым этим и займитесь, — благословил их Никитин. И вышел, хлопнув дверью...

...За полчаса, предоставленные ему Крестным, Иван успел дошагать до шоссе. Он не бежал, зная, что спокойное дыхание гораздо важнее нескольких десятков метров, которые он выиграет, если побежит...

Навстречу ему попались парень с девушкой. «Неужели уже и «загонщиков» пустили следить за мной, — подумал Иван. — Так ведь еще рано. Еще толку никакого...»

— Шоссе далеко, молодежь? — спросил у них Иван, хотя не был уверен, что оно вообще есть где-нибудь поблизости.

— Километра полтора, — ответил парень, — прямо по дороге.

Иван слегка прибавил шагу. По его расчетам, когда он дойдет до шоссе, у него должно остаться еще минут пять до начала погони...

На шоссе ему повезло. Как только он выбрался на полотно дороги, вдали показались приближающиеся огни автомобильных фар. Иван посмотрел на часы: ровно половина первого. Машина вот-вот должна поравняться с ним. Выбора не оставалось — машину нужно было так или иначе останавливать. Он встал прямо на дороге.

Иван, конечно, не мог рассчитывать на то, что обычный, так сказать, средний российский водитель в ночное время остановится, увидев на дороге человека с залитой кровью грудью. А винное пятно в свете фар ни за что другое принять было нельзя. Но он предполагал, что, по всей вероятности, нервы у водителя не выдержат, он сбросит скорость и попытается объехать Ивана. Тогда появится шанс запрыгнуть на машину и захватить ее...

Поэтому Иван был несколько удивлен, когда машина, марки которой он не смог разобрать из-за ослепляющего света фар, начала уже издалека тормозить, скрипя шинами по асфальту, и остановилась метрах в пяти перед ним.

Иван стоял с поднятой рукой, решив действовать по обстоятельствам. Слышно было, как открылась дверца. Темный силуэт обозначился рядом с машиной.

— Эй ты, чего стоишь, — услышал Иван. — Подойди сюда.

Иван хотел было уже и в самом деле подойти, но его остановила следующая фраза вышедшего из машины:

— Товарищ лейтенант, да он весь в крови!

Иван тут же скорректировал свои действия: начал медленно оседать на шоссе, вполне натурально изображая обморок. И даже весьма эффектно стукнулся головой об асфальт...

Он не без оснований полагал, что подбежавшие к нему люди могли быть только милиционерами... Водитель оказался рядом чуть раньше и начал шлепать Ивана ладонью по щекам, надеясь, вероятно, таким образом привести его в сознание. Иван услышал приближающиеся шаги второго милиционера, которого первый назвал лейтенантом, и внутренне собрался: теперь пора!

Он открыл глаза и внимательно посмотрел на

безусое мальчишеское лицо сержанта-водителя. На лице милиционера отразилась искренняя радость от того, что похлопывания по щекам дали свой эффект.

— Очнулся, товарищ лейте...

Договорить ему Иван не дал. Ладонями обеих рук он резко ударил пацана по ушам. Сержант как сидел на корточках перед Иваном, так и продолжал сидеть, но схватился руками за голову и закричал от боли. Лейтенант был еще в трех шагах от Ивана. И это было плохо, потому что он успел достать из кобуры свой пистолет... Иван видел, как рука лейтенанта с пистолетом поднимается на линию выстрела. Через секунду это движение закончится и начнется следующее — нажатие пальцем на спуск. Секунды Ивану хватило, чтобы приподняться с асфальта и, схватив сержанта за форменную куртку, закрыться от выстрела его телом. Не ожидавший этого лейтенант не успел среагировать и дважды выстрелил в спину сержанта. Одна пуля прошла тому сквозь шею, чиркнув вскользь и по голове Ивана, а вторая засела в грудной клетке. Сержант скончался почти мгновенно.

Лейтенант растерянно опустил пистолет. Не каждый день приходилось ему, подмосковному милиционеру-лейтенанту, убивать своих водителей-сержантов. Эта растерянность его и погубила. Иван толкнул тело убитого сержанта, сбив лейтенанта с ног, одним прыжком настиг милиционера и в следующее мгновение привычным движением переломал ему шейные позвонки...

«Премьера прошла удачно! — подумал Иван. — Однако надо торопиться, иначе я дождусь всей "охотничьей своры"». Он побежал к машине. Трупы милиционеров остались на дороге. «Все равно первыми на них наткнутся «охотники» Крестного. Если захотят — сами уберут», — решил Иван.

Машина оказалась «Жигулями» шестой модели. Не заглушенный сержантом мотор работал на холостых оборотах. Иван прыгнул за руль и рванул с места. Куда — он пока не мог сказать с уверенностью. Предположительно — в сторону Москвы.

Справа на ответвлении дороги он заметил мелькание фар. Иван понял, что это «охотники» и, прибавив газу, выключил фары. При лунном свете дорогу видно было не очень хорошо, но Иван успевал замечать небольшие повороты и незначительные спуски и подъемы, хотя и мчался со скоростью под сто километров.

Его осенила идея, как можно хотя бы приблизительно сориентироваться в своем местоположении относительно Москвы. Он пошарил над лобовым стеклом и нашел заткнутый за противосолнечный козырек путевой лист. Включив освещение в салоне и сбросив скорость, Иван прочитал на оттиске печати: «Балашихинский районный отдел внутренних дел». И еле разобрал в соответствующей графе чернильные каракули: «Балашиха—Москва—Балашиха»...

Все стало ясно. Он ехал в Москву со стороны Балашихи. На милицейской машине.

...Пост ГАИ перед кольцевой дорогой Иван миновал на редкость спокойно. А он готовился, подъезжая к посту, к погоне, выстрелам и тому подобному — ведь он вел милицейскую машину, будучи одет в гражданскую одежду, да еще залитую «жидкостью, напоминающей кровь», как пишут в милицейских протоколах. Вместе с тем ему все равно было, от кого уходить — от «охотников» или от гаишников.

Однако гаишники оказались страшно заняты. Они зацепили какого-то «купца» — КамАЗ-длинномер, набитый товаром, и теперь трясли водителя, доказывая ему, что он чего-то там нарушил, и намекая на то, на что всегда намекают гаишники в таких ситуациях. И никому из них просто дела не было до коллег из райотдела, следующих по своим делам в столицу. Иван почувствовал себя даже несколько разочарованным. «Скучно с вами, ребята», — буркнул Иван себе под нос, миновав пост.

Но в Москве следовало быть осторожнее. Прежде всего — переодеться и избавиться от милицейской машины. А вот пистолет лейтенанта пригодится. Неделю им Иван попользуется, а потом выбросит...

...Чем дальше, тем все больше игра, придуманная Крестным, казалась Ивану просто забавой, не стоящей внимания ерундой — по сравнению с реальными событиями тех месяцев, когда его группа уходила от чеченской погони по горам, не имея возможности ни отдохнуть, ни просто расслабиться...

Добравшись до первой достаточно широкой аллеи Измайловского лесопарка, Иван миновал ее, проехав чуть дальше, съехал на обочину и вылез из машины. «Охотники» наверняка уже нашли трупы милиционеров на дороге и обязательно обратят внимание на милицейскую машину. Может быть, и обстреляют ее сразу же...

Иван пешком прошел метров пятьдесят назад по шоссе и залег в кустах у обочины. Начинало светать. Машины изредка проносились мимо, но это были не те машины. «Видно «охотники» сначала в Балашиху рванули», — подумал Иван.

Вскоре совсем рассвело и Иван уже начал сомневаться, не ошибся ли он в своих ожиданиях. Но вот на шоссе показались пять иномарок, идущих на небольшой скорости. Сидящие в них люди внимательно посматривали по сторонам. «Они», — понял Иван.

Иномарки проехали мимо того места, откуда наблюдал за ними Иван, и остановились у брошенной им милицейской машины. Иван приготовился. Минуту все было спокойно. Потом хлопнули дверцы, несколько человек направились к ментовским «Жигулям».

Расстояние от Ивана до ближайшего автомобиля

было метров тридцать. Заметив, что в машинах осталось по одному человеку, Иван выскочил из своего укрытия и помчался что было сил к ближайшей. В запасе у него секунд пять — пока его заметят, пока поймут, что это их «заяц», пока откроют пальбу... Последние метры придется бежать под пулями, ну что ж, это ему не впервой... На шестой секунде он упал ничком на обочину шоссе, но перед самым падением на бегу сделал два выстрела: в водителя машины, до которой он добежал (он сидел спиной к Ивану и, естественно, не успел его увидеть и отреагировать), и в одного из тех, кто стоял рядом с милицейской машиной, — тот первым заметил Ивана и поднял пистолет...

Иван тут же вновь вскочил на ноги, не прицеливаясь, сделал еще два выстрела — нужно было интенсивным обстрелом мешать «охотникам» вести прицельный огонь...

Он был уже рядом с машиной. Едва Иван дернул дверцу на себя, в лобовом стекле появилась неровная дыра, и оно все пошло трещинами. Иван не стал выбрасывать мертвого водителя из машины — сел прямо на него, чтобы не терять времени... Доехав задним ходом до поворота на присмотренную заранее аллею парка, он свернул направо и на въезде в Измайловский парк освободился наконец от мертвого водителя, перетащив его на сиденье справа...

Как Иван и предполагал, его наглость ошеломила «охотников». «Заяц» оказался зубастым. Они, конечно, могли себе это заранее представить, но одно дело — представлять, а совсем другое — убедиться на практике, насколько укусы его болезненны... В общем, в Измайловский парк он въехал один, без сопровождения. «Охотники» преследовать его сразу не решились. Наверное, подсчитывали потери.

Машина с разбитым стеклом Ивану была не нужна. Он спокойно доехал на ней до Лебедянского пруда, остановился. Не глуша мотор, снял с убитого джинсовую куртку, стащил с себя залитую вином рубашку и переоделся. Затем вышел из машины и направил ее на первой скорости в воду с мертвым водителем в салоне. В кармане куртки водителя он обнаружил пистолет с последней цифрой серийного номера «двадцать восемь»...

...Иван шел по аллее, греясь под лучами утреннего солнца. Игра с «охотниками» начинала ему нравиться, хотя оставалась для него пока только игрой. Источники опасности были хоть и многочисленны, но четко определены. Действовать повнимательнее, не влезать в безвыходные ситуации — что еще нужно? Он уже знал, как победить в этой игре...

Иван хорошо себе представлял, что сейчас творится в головах «охотников»... Он сам был таким, как они, когда проходил обучение в лагере спецподготовки: большое самомнение, совсем немного профессиональных навыков, достаточно наплевательское отношение к смерти, большие, но еще неразвитые способности, умение неплохо, но без должной уверенности стрелять, хладнокровие, когда убиваешь пассивную жертву, и неизбежные мысли о собственной смерти, когда жертва сопротивляется... «А впрочем, почему я так высокомерен по отношению к этим начинающим убийцам? — подумал Иван. — Ведь вышел же из меня толк. Правда, моим главным учителем стала Чечня». Это после Чечни он сделался тем Иваном, каким был сейчас, и получил прозвище «Гладиатор»... Ну что же, эта дорога никому не заказана!..

Дойдя до главной аллеи Измайловского парка, Иван повернул налево, к шоссе Энтузиастов. Ясно, что «охотники» от него не отстанут: они сейчас стоят где-то на шоссе и обдумывают, как им догнать строптивого «зайца»... У выезда на шоссе Иван устроился под деревом и стал дожидаться «охотников». Степень опасности, которая в настощий момент исходила от них, Ивана уже не удовлетворяла. Он хотел более азартной игры. «А если притвориться спящим? — думал он. — Захотят они взять меня живым или пристрелят сразу, чтобы не испытывать судьбу?» Молодой спецназовец Иван непременно захотел бы взять такого «зайца» живьем. Ведь это было бы свидетельством его высокой квалификации! Иван, прошедший Чечню, спокойно пристрелил бы придурка, совершенно не испытывая соблазна поиграть со смертью...

Иван сидел в парке неподалеку от шоссе и ждал, сам не зная чего. Людей в парке практически не было, не в ком было подозревать ни «охотников», ни даже «загонщиков». Копошился, правда, невдалеке от него какой-то непонятный человечек — траву какую-то рвал или грибы искал, но Ивану, собственно, было на него наплевать. Краем глаза он за человечком наблюдал: на случай, если тот окажется «охотником» и неожиданно выхватит пистолет... А если это один из «загонщиков», так и черт с ним. Иван сам хотел сейчас быть обнаруженным. Он не тот «заяц», что отсиживается в кустах...

Разомлев на солнышке, Иван почувствовал, что порядком устал, и его впервые посетила мысль — а как и где он будет спать в течение недели? До него понемногу стал доходить истинный смысл игры, придуманной Крестным...

Дело вовсе не в «охотниках» как таковых. Каждого из них Иван самого легко подстрелит, как того пресловутого зайца. Дело в том, что их очень много, этих «охотников». Подстрелив одного, двух, трех, хоть десяток, ты все равно не избавляешься от опасности и должен продолжать игру. Ты не имеешь возможности отдохнуть. Вот в чем суть игры: не в том, чтобы продемонстрировать свое умение убивать, а в необходимости иметь сверхчеловеческую выносливость, обладать способностью выжить, непрерывно убивая...

То, во что он с подачи Крестного ввязался, уже не казалось Ивану развлечением. Любое, самое сложное задание, которое ему приходилось ранее выполнять, было, по сути, гораздо легче нынешней роли «зайца»... Иван представил себе московскую улицу — с тысячами лиц, тысячами глаз, тысячами спешащих и толкающихся людей — и почувствовал, как в нем закипает злость: то ли на Крестного, который ему это предложил, то ли на самого себя за то, что подрядился в этом участвовать...

В следующие десять минут Иван убедился в точности своего анализа и понял, что в течение ближайшей недели будет находиться в очень неприятной ситуации... Он, Иван, в силу своих особых способностей теперь в каждом повстречавшемся ему человеке обречен видеть «охотника» или, как минимум, «загонщика»... «Крестный, сука, извращенец!..» — мысленно выругался Иван.

В этот момент с шоссе Энтузиастов на главную аллею Измайловского парка свернул белый «мерседес» с четырьмя мужчинами. Иван воспринял их как «охотников» без малейших колебаний (что и требовалось доказать!). Он спрятался за деревом и стал наблюдать за их дальнейшими действиями, поскольку сам не имел пока никакого плана.

«Мерс» остановился прямо напротив Ивана, и трое мужчин вылезли из машины.

— Ну вас на хер с вашим пивом, — выругался один из них, плотный и коренастый, очевидно, в адрес своих спутников — двух тощих субъектов с совершенно тупыми, агрессивными лицами. Оружия в руках ни у кого из них не было.

Иван вышел из-за дерева.

— Руки, — спокойно сказал он.

— Ты чо, мужик? — изумленно уставился на него коренастый крепыш. — Мы поссать.

— Ру-ки, — по слогам настойчиво повторил Иван. — Иначе стреляю.

Коренастый повернулся к машине и положил руки на крышу «мерседеса». Он оказался единственным сговорчивым из всех, наверное, был самым умным.

Четвертый, до этого неподвижно сидевший в машине, неожиданно активизировался: попытался высунуть из окошка руку с пистолетом. Иван, не целясь, выстрелил и попал ему в висок.

Двое тощих, перепуганные столь точным выстрелом Ивана, ломанулись в разные стороны. Иван, практически не глядя, лишь уловив это движение боковым зрением, дважды выстрелил. Оба упали, уткнувшись лицом в землю. Иван не сомневался, что они мертвы.

— Мужик, мы поссать. Ты чо? — бормотал крепыш, держа руки на крыше «мерседеса».

Иван не представлял, что делать дальше. Не с крепышом, конечно, с ним все ясно, его-то он просто убьет. Как ехать в город, если в каждом человеке подозревать «охотника»? Всю Москву ведь не перестреляешь! А выстрелы получаются сами собой, вот как сейчас — бессознательно, почти автоматически...

В этот момент с шоссе на главную аллею Измайловского парка на большой скорости влетел джип. И Иван машинально совершил еще одно бессознательное движение, вернее несколько движений: не вскидывая пистолета, от бедра, он выстрелил по машине, пробив джипу колесо, и по водителю, через переднее стекло, попав тому в голову.

Джип на большой скорости сразу унесло с дороги на обочину и дальше в парк. Он пару раз вильнул — видно, тело мертвого водителя давило на руль — и буквально через несколько метров врезался в дерево. От удара машина мгновенно загорелась. Левая задняя дверца открылась, из машины выскочил какой-то человек и рванулся к Ивану. Иван пулей остановил его стремительный бег.

Одежда на убитом тлела и дымилась. Иван вырвал у него из руки пистолет с последней цифрой «двадцать» в серийном номере.

Добраться до горящих в машине мертвецов, чтобы проверить, нет ли у них номерных пистолетов, было невозможно. «Да и хрен с ними! — решил Иван. — Еще таскать их с собой! До понедельника времени много...»

В этой группе преследователей, как помнил Иван, было пять машин. Значит, осталось четыре. Расслабляться нельзя, сейчас появятся и остальные... Крепыш, стоящий у «мерседеса», в это время сделал какое-то движение, Иван даже не разобрал — угрожающее или нет, может быть, просто пот рукой вытер или сопли. Но среагировал мгновенно: рукоятка его пистолета врезалась сбоку в лоб крепышу. Тот от удара развернулся лицом к Ивану и сполз на землю рядом с машиной.

— В машину! — заорал на него Иван. — Быстро!

Повторять не пришлось. Парень вскочил на ноги и юркнул в машину, на место водителя. Иван сел сзади. И вовремя. На шоссе показались три иномарки. Они притормаживали с явным намерением свернуть в парк...

— Гони! — приказал Иван. — На полную.

«Мерседес» рванул по главной аллее в глубь Измайловского парка. Труп на сиденье застреленного Иваном парня рядом с водителем качнулся назад, а затем завалился вперед и уперся головой в переднее стекло. «Мерседес» быстро набрал скорость. Иван, неплохо ориентирующийся в Измайловском парке, заметил, что слева мелькнул поворот на Елагинский проспект. Он посмотрел назад. Иномарки не отставали, хотя и не приближались на расстояние выстрела. Происшествие с джипом, видно, вновь охладило охотничий пыл его преследователей.

— На дорогу смотри, — приказал Иван крепышу, заметив, что тот искоса поглядывает на него. — Парк хорошо знаешь?

— Мой район, — тихо ответил крепыш.

— Тогда сам дорогу выбирай, — приказал Иван. — Вернемся обратно, на шоссе.

Крепыш-водитель гнал, не сворачивая, до Московского проспекта, там резко крутанул влево, через минуту пролетел Майскую аллею и еще через пару минут вылетел на Народный проспект, едва не сбив ларек на углу перекрестка.

— Ты, блядь, ездить не умеешь?! — прикрикнул на водителя Иван. Ему вовсе не хотелось застрять где-нибудь, чтобы висящие на хвосте иномарки спокойно расстреляли его из нескольких стволов.

— Вижу плохо, — буркнул водитель.

Тут Иван обратил внимание на то, что лицо крепыша залито кровью. Кровь натекла на глаза и уже подсыхала, образуя корку, мешающую смотреть.

— Протри глаза, сопляк, — разрешил ему Иван, поняв, что тот боится сделать лишнее движение, опасаясь опять получить по морде...

Они выехали к аллее Большого круга. Ивану показалось, что крепыш бросил на него быстрый взгляд. Сомнения родились в его голове. Что-то слишком поспешно он свернул: кто-то ждет его там, куда он везет Ивана...

— А ну стой! — крикнул ему Иван. — Давай прямо.

— Куда прямо-то? — заупрямился водитель.

Иван сзади выстрелил в приборную панель и разнес спидометр.

— Я сказал — прямо! — повторил он.

«Мерседес» влетел в пешеходную зону и помчался, уже не разбирая дороги, через пешеходные дорожки и газоны, ломая кусты и круша скамейки... Иномарки с «охотниками» следовали на порядочном расстоянии. Как показалось Ивану, они пребывали в некоторой растерянности. По крайней мере, никаких активных действий не предпринимали...

Машина продралась через кусты на очередной перекресток аллей. Что-то Ивану здесь не понравилось: обстановка была какая-то неестественная. Почему-то поблизости торчали «Жигули» девятой модели. Что они делают в пустынном парке? Крепыш зачем-то направил «мерседес» в сторону этой машины и даже зацепил ее левым крылом... «Вот сучонок, — подумал Иван. — Наколоть меня хочешь? Похоже, тебя тут ждали...»

— Вперед! — приказал он. — И на полную, с ветерком.

Машина рванула по пустынной аллее Пролетарского входа в сторону шоссе Энтузиастов. Оглянувшись посмотреть, как там иномарки, Иван с удивлением отметил, что парни, сидевшие в «девятке», даже не вылезли из машины после того, как левое крыло «мерседеса» продрало им боковые дверцы... Но больше всего озадачивало то, что откуда-то сбоку к «девятке» подбежал уже знакомый Ивану человек с рацией в руке. В нем Иван узнал того самого ментовского пидора, который стрелял в него во дворе дома Лещинского и в которого он тоже стрелял, но промазал.

— Вперед! — заорал Иван еще громче, хотя водитель и так гнал на полной скорости, еле вписываясь в повороты аллеи.

«Никитин, — всплыла в голове Ивана фамилия, которую называл в разговоре с ним Крестный. — Это его человек. Крестный сказал: «Он сам тебя найдет». Откуда он взялся?..»

— Ну теперь, паскуда, мы с тобой поговорим! — последняя фраза относилась уже к водителю-крепышу, вцепившемуся в руль...

«Мерседес» выскочил на шоссе Энтузиастов. Здесь было оживленное движение, и Иван приказал сбавить скорость, не желая привлекать лишнего внимания. Тем более что от иномарок они, похоже, оторвались или, по крайней мере, ушли из зоны видимости.

— В центр, — крикнул Иван, и «мерседес» влился в поток машин, следующих в сторону Рогожской заставы. Они проехали под железнодорожным мостом, затем пересекли еще две ветки... Справа мелькнула станция метро «Авиамоторная»... Еще одна железнодорожная ветка...

— Налево, — скомандовал Иван, внимательно следящий за дорогой. —К кладбищу.

Водитель послушно свернул с шоссе. А что ему еще оставалось? «Ему вообще уже осталось мало чего», — подумал Иван.

У кладбищенской ограды он приказал остановиться, вышел из машины, открыл дверцу и вытащил водителя за шиворот из-за руля.

— Пошли, — коротко сказал он.

Ивану этот район Москвы не был знаком, но он представлял себе, что по прямой от кладбища, если стоять к нему спиной, должна быть станция «Москва-Товарная». А саму станцию он изучил хорошо...

...Именно там он проводил одну из ликвидаций. Крестный как-то попросил его похитить видного деятеля московского криминального мира, предпринявшего что-то против него, Крестного. Иван в подробности чужих взаимоотношений обычно не вникал. Так вот: того деятеля Иван привез на «Товарную», а там уже Крестный сам с ним разговаривал. Но, видно, они тогда так ни о чем и не договорились. Потому что чуть позже Ивану было сказано:

— Заткни его, Ваня. Он слишком воняет.

А теперь Иван сам вел туда же еще одного деятеля, чтобы прояснить ситуацию: откуда у них на пути возник сегодня человек из никитинской своры...

Иван не ошибся в выборе направления. Минут

через десять они наткнулись на железнодорожные пути, а дальше сориентироваться было уже не сложно. Ивану удалось отыскать даже то самое место, где он осуществлял ликвидацию: оно удобно было тем, что находилось в закоулке между какими-то пакгаузами. Почти все свободное пространство занимали вагоны, это скрадывало звуки и затрудняло обзор.

Увидев приоткрытую дверь в одном из товарных вагонов, Иван остановился.

— Лезь, — приказал он крепышу.

Тот затравленно оглянулся, но повиновался, поскольку после всего произошедшего боялся Ивана до ужаса. Иван нырнул вслед за ним.

— Итак, сейчас ты мне расскажешь все, что знаешь о людях, которые ждали тебя в Измайловском парке. Если мне покажется, что ты врешь... Повторяю: если мне только покажется! — ты умрешь.

Иван поставил его у торцевой стены вагона лицом к себе, а сам встал напротив на расстоянии удара.

— Меня не ждал никто, — неуверенно пролепетал крепыш.

Иван тут же ударом пистолета сломал ему нос. Незадачливый водитель упал на колени, закрыв лицо руками.

— Ты все же решил умереть? — спросил Иван, слегка наклонившись к нему. — Кто были эти люди в «девятке»?

— Я не знаю их, — дрожащим голосом, совершенно не вязавшимся с его крепкой борцовской фигурой пролепетал парень. — Какая-то центральная группировка. Они вызвали нас на переговоры. Я не видел никого из них раньше. Мы хотели только пощупать их, посмотреть, кто они... Я ничего о них не знаю...

— А сам ты кто? — спросил Иван, сообразивший, что речь идет о каких-то преступных группировках, договаривавшихся между собой. Но откуда же тогда, черт возьми, там взялся Никитин со своими людьми?..

— Из Балашихи я, — ответил парень. — Старшиной кличут...

— Салага ты, а не старшина, — отрезал Иван. — У них менты на хвосте, а ты перся к ним, как к маме родной.

Старшина с недоверием поглядел на Ивана.

— Думаешь, на понт тебя беру? Думай как хочешь. Только ты мне сейчас скажешь, зачем пер прямо к ментам... Меня испугался? Или ты у них в агентуре? И меня к ним вез, а?

Старшина молчал, плохо понимая, о чем идет речь.

— Почему вы вообще около меня остановились? Ты со своими засранцами?

— Да мы поссать... — пробормотал парень, трогая пальцами то, что осталось от его носа. — Пива напились...

— Ты мне только в мозги не ссы, — ответил Иван. — «Поссать»!.. Трое уже поссали, сейчас и ты обоссышься.

Старшина, до сих пор еще не терявший надежды, что его отпустят живым, напрягся. Иван хорошо видел, что он вот-вот бросится на него. Потому что других вариантов спасти свою жизнь у него не оставалось. Так полагал Старшина. Он, конечно, не мог знать, что у него нет ни единого шанса. Иван сознательно провоцировал крепыша. Потому что убивать дрожащую тварь ему было невыносимо скучно, даже рука не поднималась, но не от жалости, а, скорее, от лени. И он ждал, когда тот проявит хоть какое-нибудь подобие агрессии...

Иван даже нарочно сделал вид, что отвернулся от Старшины, не упуская тем не менее того из поля зрения. Он даже дал возможность Старшине толкнуть себя и ждал, когда же тот нападет на него, ну хоть за горло схватит, что ли... Надеяться убежать мог только совсем уж пацан: чтобы освободиться, требовалось убить Ивана. Другого пути не было.

Но Старшина, с силой толкнув Ивана, бросился к двери. Тот даже не упал, поскольку ждал этого толчка и был готов к нему. Преодолевая раздражение и скуку, он всадил пулю беглецу в затылок. Старшина выпал из вагона.

...Иван шагал по путям, размышляя над тем, как странно складывалась ситуация. От «охотников» он оторвался, последнего из них убил совсем недавно — значит, в запасе у него почти сутки. Их можно провести спокойно, никого не убивая. И Крестный при этом не сочтет его проигравшим. Так много свободного времени Ивану и не нужно, но поразмышлять в спокойной обстановке не мешает.

Откуда, к примеру, взялся Никитин? Это была загадка, над которой Ивану предстояло поломать голову.

Могло ли это быть случайностью? Могло. Влез же Иван совершенно случайно в ту операцию Крестного у гостиницы «Украина»! Тогда Иван взял на себя чужую роль и расстрелял объект ликвидации... Мог он напороться еще раз? В принципе — мог...

...Иван решил избегать пока многолюдных мест Москвы: они требовали особой концентрации внимания. В тихих окраинных районах он чувствовал себя гораздо спокойнее. Любого человека здесь можно было увидеть метров за пятьдесят, а то и за все сто, и заблаговременно, до выхода на позицию возможного выстрела, определить — стоит его опасаться или нет.

Однако, размышляя, Иван машинально двигался какими-то переулками и не следил за направлением движения. К тому же внимание его было ослаблено ощущением, что опасность в настоящий момент отсутствует. И вдруг, повернув за очередной угол, он оказался на большой и шумной улице с интенсивным автомобильным движением... Внезапно возникшее ощущение, что вот сейчас раздастся направленный в него выстрел, как будто раскололо окружающий мир на тысячу осколков: опасность таилась в каждой проезжавшей машине, в каждом проходящем мимо человеке, в каждой подворотне, даже в каждом случайно брошенном на него взгляде.

Он мгновенно напрягся, отогнав все ненужные в данную минуту мысли. И уже автоматически отслеживал сложную ситуацию, вновь видел каждое лицо, попадавшее в поле его зрения, приоткрытое окно каждой машины, пролетавшей мимо, регистрировал каждое движение проходящих мимо людей, не вписывающееся в общую схему...

Вывод был неутешительный: теперь ему надо так же, как от «охотников», шарахаться от ментов... А ведь еще сегодня утром они не вызывали опасений!

Иван поймал себя на том, что озирается по сторонам, как затравленный зверь. Это было хуже всего, потому что привлекало внимание окружающих. Иван почти бегом заскочил в какой-то магазин.

Напряжение сразу ослабло. Два десятка покупателей, пять продавцов — вот, собственно, и все, за чем нужно было теперь следить. Внимательно осмотрев зал, Иван не обнаружил ничего подозрительного. Обычный магазин. От ярких бутылок, упаковок, коробок, пачек рябило в глазах. Между стеллажей с товарами бродили покупатели с металлическими корзинами. Иван взял корзину и прошел в зал. «Надо что-то купить, — подумал он, — чтобы не привлекать внимание других...»

Он побродил минут пять вдоль стеллажей, бросил в корзину бутылку пива и пакетик чипсов и понял, что пора уходить. Если задержится дольше, то привлечет внимание персонала. А что предпримет этот персонал дальше, предположить трудно. Может вызвать ментов, а может устроить силами собственной охраны... Реальной опасности для Ивана это не представляло, но главным врагом сейчас был шум. Его Иван боялся больше всего.

Он пошарил по карманам джинсовой куртки и с отвращением вытащил на свет сотню долларов десятками. Рублей не было. «Еще один повод для лишнего внимания к моей особе...» — подумал Иван. Конечно, тысячи москвичей ежеминутно пытаются расплатиться долларами, но Иван хотел бы сейчас принадлежать к тем жителям столицы, которые долларов не имеют.

— Девушка, можно зелеными? — обратился Иван к продавщице, стоявшей за кассой у выхода.

Та мельком оглянулась и кивнула. Полезла в сумочку, достала свои деньги, отсчитала стоимость Ивановых чипсов и пива. Иван протянул ей десятку.

— По четыре... — то ли спросила, то ли проинформировала она.

Даже в этой экстремальной ситуации Иван не мог не удивиться.

— По четыре? — переспросил он.

— По шесть — в обменном пункте, — отрезала продавщица, отсчитывая ему сдачу рублями.

«Да хоть по два, только давай быстрее!» — думал он про себя. За ним уже выстроилась очередь, что заставляло его чувствовать себя актером на сцене...

Бутылке пива нашлось применение тут же, едва Иван покинул магазин... Улица сразу навалилась на него множеством впечатлений — зрительных и слуховых. Услышав визг тормозов и звук открываемой дверцы автомобиля, он резко обернулся и увидел остановившийся у тротуара «опель» и вылезающего из него молодого мужчину, поразительно напоминавшего внешностью и повадкой тех «охотников», которых ему показал Крестный на «базе отдыха»... «Охотник!» — мелькнуло в голове у Ивана. Откуда он мог здесь взяться и как вычислил «зайца», рассуждать было некогда. Иван взмахнул бутылкой и обрушил ее на голову вылезшего из «опеля» мужчины... Не дожидаясь, пока тот упадет, Иван выхватил пистолет и дважды выстрелил: сначала в голову мужчины, а затем в окно автомобиля, не разглядев даже, сидит ли там кто-либо, автоматически целясь туда, где предположительно могла находиться голова пассажира, если бы он сидел рядом с водителем...

...Уже сворачивая за ближайший угол, Иван понял, что это был не «охотник». Просто мужчина, которому понадобилось что-то срочно купить в магазине. На свое несчастье он затормозил прямо за спиной у Ивана. Его смерть была случайна и бессмысленна.

Ивану стало плохо, словно он предал кого-то, нарушил какую-то заповедь, не выполнил обязательства. «Я не могу убивать всех подряд только потому, что они попадаются мне под горячую руку, — мучительно искал выход из этой патовой ситуации Иван. — Так я из профессионала превращусь в маньяка...» Иван припомнил шуточку Крестного: «Смотри, Иван, не перестреляй пол-Москвы!» Но ему было совсем не смешно. Крестный, по сути дела, придумал своего рода пытку: выдержишь — ты профессионал высшего класса, а не выдержишь, сломаешься — станешь либо трупом (с помощью «загонщиков» и «охотников»), либо маньяком.

Был уже вечер вторника, первого дня игры. Предстояло пройти еще через шесть дней испытаний — и не стать ни трупом, ни маньяком...

Иван блуждал всю ночь по пятачку Москвы, ограниченному Рогожской заставой, в районе которой его наверняка поджидают если не «охотники», то люди Никитина, станцией «Москва-Товарная», где на путях наверняка уже обнаружен труп Старшины и менты разыскивают убийцу, и многолюдной улицей, как он позже сообразил, Нижегородской, выходить на которую он теперь просто опасался во избежание непредсказуемых последствий... Иван и там основательно наследил, оставив после себя труп. Может быть, и не один: кто знает, что там с пассажиром машины стало после его выстрела!

Оставался один путь — к центру Москвы. Ему очень не хотелось двигаться в этом направлении. Там было гораздо больше людных улиц. «Охотник» мог подойти незаметно почти вплотную... Но главное, на многолюдной улице еще нужно было научиться существовать. Научиться вливаться в ее течение, маскироваться так, чтобы чувствовать себя капелькой в людском потоке. Научиться следить за всей массой людей одновременно, не пытаясь регистрировать движение каждой части этого целого...

Двигаться к центру было необходимо. Это все же лучше, чем кружить на одном и том же пятачке, пугая редких ночных прохожих и рискуя нарваться на милицейский патруль.

Где-то под утро Иван принял решение пробираться сначала к Таганской площади, а потом и дальше в Замоскворечье. Замоскворечье он, по крайней мере, хорошо знал. Помнил пустынные полянские и ордынские улочки и проезды. Они казались ему сейчас такими спокойными и привлекательными...

На рассвете он заставил себя выйти на Садовое кольцо, на улицу Земляной вал. По пути ему встречались лишь редкие прохожие. Иван присел на скамеечку на остановке троллейбуса. Через полчаса к нему подсела какая-то старушка, вида самого простецкого, по-видимому, из тех, что живут торговлей на маленьких рынках у станций метро или сбором пустых бутылок. Иван не почувствовал при ее приближении никакой опасности.

— Эй, парень! — бесцеремонно толкнула она его в плечо. — Ты куда едешь-то? Куда тя несет?

Иван не глядя оттолкнул ее руку.

— Нет, парень, ты не прав! — заявила бабка. Она, как стало ясно, была сильно пьяна. — Нет, ты скажи, на хрена тебе куда-то ехать, если тут, рядом, все есть. Тебе же некуда ехать-то, мужик! Не-е-ку-да!

Она погрозила Ивану пальцем и вновь схватила его за плечо.

— Пойдем со мной! — по-пьяному убежденно и деловито заявила она. — Нет! Не думай. Себя я не предлагаю...

Бабка кокетливо покрутила толстым безобразным задом.

— ...У меня там все есть. Все найдем. Были б деньги. У тебя есть деньги? А, парень?..

Иван не знал, как от нее отделаться, и пребывал в некоторой растерянности. Свернуть ей шею было проще простого. Без всякого шума. Но Ивану не хотелось этого делать! Он хотел одного — спокойно сидеть и ждать троллейбуса. Если бы это спокойствие никем не нарушалось, он готов был просидеть так сутки.

— ...Ты чо, глухой, да? — продолжала приставать бабка. — Деньги у тебя есть? Есть?

Иван сунул руку в карман, достал несколько бумажек, сунул их бабке. Та удовлетворенно мотнула головой, сделала шаг от остановки, посмотрела на бумажки, потом на Ивана и спросила:

— Ты чокнутый?

Иван промолчал.

— Тогда давай еще! — заявила старуха, не дождавшись ответа.

Иван встал. Бабку как ветром сдуло.

Подошел троллейбус. Иван с удовлетворением отметил, что в салоне всего человек пять пассажиров...

«Чертова бабка, — думал Иван, проезжая Таганскую площадь. — Ведь червяк же! А почему-то не раздавил ее...» И без того подавленное настроение окончательно испортилось.

Проехали мост через Москву-реку, мост через Водоотводный канал, Павелецкий вокзал... Иван вышел перед Серпуховской площадью. Свернув направо, он углубился в лабиринт Монетчиковых переулков, которые считал, пока не сбился со счета. Через какое-то время набрел на Новокузнецкие переулки, в глубине души чуть ли не обрадовался, что снова выйдет путаница... Но Новокузнецких оказалось всего два, оба длинные и кривые, и это несколько разочаровало его... Иван вышел на Ордынку, а когда добрался до ее конца, к Третьяковке, город уже проснулся.

И тут Иван вспомнил условие Крестного: если за сутки он не убьет никого из «охотников», то проиграл... Иван выматерился. «Сопляк, салага херов, — ругал он самого себя. — Разнюнился, тяжело, видишь ли, ему, убивать не хочется... Крестный с дерьмом смешает, если не удастся выиграть... Ладно Крестный — сам-то хорош буду!..» Иван взглянул на часы. «Охотника» из джипа он убил, помнится, часов в десять утра. Значит, у него осталось часа два, не больше, чтобы найти «охотников». Хотя бы одного!

Что делать? Нужна какая-нибудь идея — как срочно разыскать кого-нибудь из них...

«Да!.. Замаскировался с перепугу, — думал Иван. — Так ведь и проиграть недолго». Ему было даже неловко перед самим собой из-за волнений и метаний прошедшей ночи. По-видимому, произошла адаптация в новых условиях или он просто отдохнул наконец... Москва не вызывала уже у Ивана тех опасений и чувства тревоги, которые еще совсем недавно он испытывал со всей остротой.

Похоже, чем-то ему помогла и та бабка, которая вымогала у него деньги на остановке троллейбуса и которую он не захотел убивать. Пережитая злость на нее, нерастраченная энергия раздражения несколько взбодрили его, хотя вспоминалась она Ивану до сих пор как какой-то бред.

...Как же быть с «охотниками»? Рыскать по Москве и искать случайный контакт? Так можно неделю пробегать. Глупо! «Охотников» надо вычислить. Для начала — вспомнить все, что о них известно...

Иван напряг память. Это был процесс, напоминающий сканирование... В сознании мелькали картины всех контактов, которые когда-либо состоялись у него с людьми Крестного... Но ничего существенного для решения данной задачи он не нашел. Единственное, что смог добыть из памяти, — внешние данные некоторых из «охотников»... Стоп! Есть зацепка!..

Приезд в Москву. Первый день. Стрельба у гостиницы «Украина». Вот он запрыгивает в машину к людям Крестного... «Илья! — осенило Ивана. — Того высокого длинноволосого парня звали Илья! Это он впервые при мне произнес имя «Крестный»... Вполне возможно, что он еще жив. Скорее всего, он один из теперешних «охотников». Но даже если его и нет среди них... Он мне что-то говорил перед тем, как я отказался идти с ними... Куда я отказался идти? В ресторан гостиницы «Савой», куда же еще! Конечно. Туда мы и подъехали после того, как довольно долго мотались по Москве... Что он сказал? Что-то насчет портье... Спроси Илью, он сказал. У портье... Да, именно так все и происходило!»

Это уже было кое-что! Не Бог весть какая информация, но попробовать можно. Других вариантов все равно нет!

У Ивана оставалось полтора часа. Он решил действовать нагло, почти в открытую.

Вышел на Большую Ордынку и поймал такси.

— К «Савою», — сказал он водителю. — И побыстрее.

На того это не произвело никакого впечатления. Он тронулся с места не спеша, приноравливаясь к неторопливому движению по Большой Ордынке...

— Овес нынче дорог... — нагло улыбнулся водитель в ответ на недоуменный взгляд Ивана. — Овес да гаишники...

Иван пошарил в кармане и нашел долларов пятьдесят, не считая рублей, полученных в качестве сдачи в магазине. Он бросил деньги рядом с ручкой переключения скоростей. Затем вынул пистолет, на глазах у водителя проверил, сколько осталось патронов, хотя прекрасно помнил это, и сунул его опять в карман.

— Пятьдесят баксов, — сказал он водителю. — Но чтобы через десять минут мы были у «Савоя». Если хочешь заработать еще, подождешь меня минут пять.

— Понял, — отозвался сразу же повеселевший водитель и лихо газанул, вылетая на Большой Москворецкий мост...

До «Савоя» они домчались в одно мгновение.

Иван молча вышел из машины и направился к ресторану. Водитель пусть ждет, а не хочет — обойдемся и без него... Надеяться на чью-то помощь было не в правилах Ивана. Он предпочитал даже в мелочах ни от кого не зависеть и всегда рассчитывал только на себя... Но на всякий случай отметил, что звука отъезжающей машины не было слышно. Значит, вдохновленный долларами, водитель все-таки ждет.

Еще не назвав имени Ильи, Иван уже понял, что с «Савоем» угадал точно. Портье просто застыл на месте, увидев Ивана. Его рука двинулась, а затем остановилась на полпути к карману, в котором, очевидно, лежал пистолет. Это продлило ему жизнь. Ровно на пять секунд, в течение которых Иван внимательно смотрел ему в глаза. В них увидел он запоздалый страх перед неизбежной смертью, бесконечное удивление по поводу наглости Ивана, заявившегося туда, куда он ну никак не должен был приходить... И даже уважение прочитал Иван в этих глазах — уважение к настоящему профессионалу. Иван молча ударил его пальцами в горло. Портье начал оседать на пол, но Иван подхватил его и быстро отволок в какую-то каморку поблизости. Пощупал пульс — отсутствует! Как и следовало ожидать: удар в нервный узел на шее отработан был у Ивана хорошо. Пошарив у портье по карманам, Иван с удовлетворением обнаружил пистолет с последней цифрой серийного номера «двадцать три». Вспомнив об ожидающем водителе такси, взял из кармана убитого и пачку денег...

Свою норму на среду он выполнил. Осталось позаботиться о четверге — назначить свидание. Иван вытащил из нагрудного кармана портье авторучку, нашел на его столе чистый листок, пару секунд раздумывал, а затем написал: «Четверг. Казанский вокзал». Записку он сунул портье в рот — так, чтобы клочок ее выглядывал наружу и сразу бросался в глаза при взгляде на убитого.

Иван взглянул на часы. Прошло минуты четыре с того момента, как он здесь, в «Савое», появился. «Даже успеваю на такси», — подумал он... Водитель ожидал его на том же месте.

— К трем вокзалам, — сказал он таксисту, садясь на сиденье рядом с ним. — И чем быстрее ты свалишь отсюда, тем будет лучше для нас обоих.

— Понял, — ответил сообразительный шофер, уже выруливая с Лубянской площади на Мясницкую...

Глава шестая

Никитин воспаленными глазами уставился на распинавшегося перед ним Серегу Коробова. «Хоть и тупой, — думал генерал Никитин, — а умеет иногда. Умеет. Люблю я таких — тупых и преданных...»

Слушать то, что докладывал Коробов, было одно удовольствие. То, что он говорил, означало большую удачу, такую, какая бывает один раз в десять лет... Удовольствие портило лишь то, что голова Никитина соображала с каждой минутой все хуже — не выспался! С этими ночными совещаниями... А что делать, если сводки поступают после двадцати четырех часов? Хочешь не хочешь, до утра сидишь с Герасимовым, голову ломаешь: нет ли в сводках какой-нибудь зацепки...

Но сегодня можно будет выспаться. Спасибо Коробову! Откопал такой факт, что и голову ломать не надо — и так все ясно.

— Ну вот, Никитин, а ты на него ругался. По лбу ему стучал, — подал голос Герасимов, когда Коробов закончил свой доклад. — А ведь он нас всех выручил. Молодец!..

Герасимов хлопнул руководителя «Белой стрелы» по плечу. Коробов сидел довольный, на лице его бессознательно то и дело появлялась глуповатая улыбка удовлетворения...

— Даже Коробову ясно, — продолжал Герасимов, — что все сообщенные им сведения выстраиваются в одну фактологическую цепочку. Старшину нашли на станции «Москва-Товарная». На Нижегородской улице, совсем недалеко от станции, через несколько часов убит старший матрос торгового флота Самсонов, находившийся в Москве в отпуске. В одно время с ним, опять же неизвестным лицом, застрелена его любовница, сидевшая в машине. Наше внимание два последних убийства привлекли по двум причинам. Близостью к «Москве-Товарной», а стало быть, и к трупу Старшины — раз. Абсолютным отсутствием мотива — два. Самсонов в Москве, как установлено, никого, кроме своей любовницы, не знал, появился в столице только вчера, причин для его устранения какими-либо его недоброжелателями не просматривается никаких. Ограблен он не был, хотя имел при себе крупную сумму денег...

— Очевидцы... — не вытерпел и попытался высказаться Коробов. — Очевидцы...

— Коробов! — с иронией посмотрел на него Герасимов. — Ты уже отблистал, дай и мне посверкать немного. Хотя где уж мне до тебя сегодня...

— Ох, мудозвоны!.. — простонал Никитин. — Геннадий, давай ближе к делу.

— ...Итак, подхожу вплотную к главному, дорогой ты наш товарищ генерал. То, что убийство Старшины и убийство Самсонова с любовницей совершены одним и тем же человеком, не вызывает сомнений. Это подтверждается косвенно показаниями очевидцев, которые описывают внешность стрелявшего в Самсонова очень близко к тем данным, что мы получили от свидетеля происшествия у въезда в Измайловский парк с шоссе Энтузиастов. Но только что я получил и прямое подтверждение... — Герасимов сделал эффектную, как ему показалось, паузу. — Эксперты подтвердили, что выстрелы в Старшину и в Самсонова с любовницей сделаны из одного пистолета.

Никитин, однако, никак не отреагировал. Это

были скорее доказательства для суда, чем сведения для оперативной работы. В оперативке иной раз достаточно только интуиции, без всяких доказательств...

Герасимов прищурился и продолжил. У него, видно, были припасены еще кое-какие козыри, и он тоже хотел устроить себе небольшой бенефис.

— Далее. Как нам уже доложил наш доблестный командир и начальник над всеми индейскими стрелами (надо сказать, что присутствующие этой шутки Герасимова не оценили), сегодня днем был убит портье ресторанно-гостиничного комплекса «Савой», некто Прошкин. На теле убитого не обнаружено никаких повреждений, которые могли бы стать причиной смерти. Однако это было именно убийство. Свидетельницей его оказалась уборщица, спрятавшаяся за барьерчиком гардероба. Как только убийца скрылся, уборщица вызвала милицию. Во рту портье обнаружена записка, состоящая из трех слов: *«Четверг. Казанский вокзал»*. Ни автор записки, ни ее адресат не установлены. Возможно, что автором записки был убийца. Возможно, но не достоверно. Уборщица хорошо рассмотрела убийцу и показала, как именно был убит портье. Опираясь на ее слова, можно утверждать с высокой степенью достоверности, что убийца применил один из специфических приемов, известный нашим спецназовцам под названием «поцелуй Матильды». Описание внешности, сделанное уборщицей, полностью соответствует данным на фигуранта из Измайловского парка и совпадает с описанием «стрелка» с Нижегородской улицы...

— Фоторобот сделал? — спросил Никитин.

Герасимов молча показал ему фотопортрет, составленный по обобщенным показаниям очевидцев всех трех эпизодов дела.

Никитин целую минуту вглядывался в довольно схематичное изображение человека на рисунке и наконец задумчиво спросил:

— Где я мог видеть эту рожу?

— Во сне она тебе снилась, Никитин, — ответил Герасимов и развернул перед ним какую-то папочку.

— Бля-я... — задохнулся Никитин. — Марьев. Гладиатор. Блядь буду, если не он!

— Не будешь, — хмыкнул Герасимов. — Он это, точно. Вот его фотография из дела. Правда, он здесь значительно моложе. Фотография времен лагеря спецподготовки. Но узнать можно.

— Ну, мужики, — Никитин даже поднялся со стула, не зная, как выразить им свою благодарность, — порадовали. Это дело так нельзя оставить... — И полез в сейф.

Герасимов уже нюхал свой кулак, понимая, что Никитин сейчас достанет бутылку коньяка, и хочешь не хочешь, а грамм двести с ним придется выпить.

— Это же надо — сам в руки идет!.. — бормотал Никитин, разливая «Корвуазье» по граненым стаканам. Он терпеть не мог тонкое стекло. И вообще часто страдал ностальгией по давно прошедшим временам своей молодости. Поэтому, например, в сейфе у него всегда имелась пачка «Примы» для себя, тогда как на столе лежал «Кэмэл» для гостей.

Герасимов уже чувствовал себя именинником, но главный козырь все же приберег напоследок. Уже выпив свой коньяк, затянувшись сигаретой и слегка захмелев, он вальяжно развалился на стуле и сказал:

— Есть еще один сюрприз. Уж не знаю, Бог или черт дернул меня отдать эту записочку, найденную у портье во рту, на графологическую экспертизу. И знаешь, Никитин, что выдал их компьютер?

— Ну, что еще новенького скажешь? — Захмелевший Никитин уже достал вторую бутылку коньяку и наливал себе еще стакан.

— Ее написал Гладиатор. Марьев. Это он назначил кому-то свидание на Казанском вокзале.

— Что? — Никитин уронил бутылку, коньяк потек по полу. — И ты мне уже час мозги канифолишь, зная все это?! Да я же тебя... Актер хренов!

Никитин разом протрезвел, как только окончательно стало ясно, что есть возможность завтра взять Марьева.

— Все, — заявил он. — Оба пошли на хрен. Завтра в шесть — у меня.

Коробов с Герасимовым выскочили из кабинета.

Никитин подобрал с пола бутылку с остатками коньяка, допил ее из горлышка и направился в комнату отдыха, дверь в которую находилась рядом с его столом, но была замаскирована стенными панелями. Но сделав очередной шаг по направлению к ней, Никитин вдруг остановился, словно вспомнив что-то, вернулся к столу, на ощупь нашел стакан, наполненный коньяком, и выпил его...

До кровати в комнате отдыха он добрался с трудом. Упал, не раздеваясь, на постель и еще некоторое время невнятно бормотал.

— Иван... Гладиатор... Иван... Марьев...
Потом он заснул.

Утром Никитин проснулся в пять часов. Несмотря на жестокое похмелье, он тут же схватился за телефон и набрал домашний номер Герасимова. Ждать, когда тот возьмет трубку, пришлось довольно долго.

— Ну ты, умник, — буркнул Никитин в трубку, едва услышал хриплый герасимовский голос. — Вы хоть додумались с Коробовым, что записку он не мне и не тебе оставлял? Кому она была адресована, до того и должна была дойти. Это не ясно, что ли?

— Ясно... Додумались...

— И до чего вы додумались? Это ж сразу делать надо было, на месте...

— Слушай, чего ты меня-то пытаешь, звони Коробову, — попытался возмущаться Герасимов. — Он там рулил...

— Полковник Герасимов! — заорал в трубку Никитин. — Я задаю вам служебный вопрос. Извольте отвечать.

Герасимов запыхтел в трубку, но ответил по форме:

— Докладываю, товарищ генерал. Коробов объяснил уборщице, что содержание записки не составляет никакой тайны и вполне может быть передано подругам и сослуживцам. Через два часа оперативники Коробова выяснили, что содержание записки знают не только все работники «Савоя», но даже продавщицы «Детского мира». При такой плотности распространения информации не думаю, чтобы она могла пройти мимо адресата.

— Ну, смотри, умник, — сказал Никитин. — Молись Богу, чтоб было так. — И бросил трубку.

Герасимов не ошибся в своем предположении, что содержание записки дошло до адресата. Записка у трупа во рту! Всех посвященных так и распирало поделиться информацией с друзьями и знакомыми. Этот голливудский сюжет всколыхнул обыденную повседневность существования местного персонала. Уже через полчаса содержание записки стало известно официантам и горничным, а они сообщили его всем остальным, включая клиентов, находившихся в тот момент в зале.

...На постоянных клиентов, привычно расположившихся за большим, на десять персон, столом, новость произвела ошеломляющее впечатление. Высокий, длинноволосый Илья так сжал свой фужер с шампанским «Асти Мондоро», что раздавил его в руке и порезался. Пока он ходил в туалет обмывать руку, пока официант поливал ее йодом и забинтовывал, за столом царило молчание, все сидели с непроницаемыми лицами.

Каждый думал примерно об одном и том же: «Этот наглый «заяц» становится опасен... Он уже убил пятерых «охотников» и забрал два номерных пистолета...» Тут мысль спотыкалась — вспоминалось, что убит еще и портье, то есть всего ликвидировано шестеро «охотников» и отобрано три пистолета. Тридцать первый, конечно, сам виноват, ведь он был оставлен на своем месте как раз на тот случай, если на ресторан набредет ошалевший «заяц»... Вместо этого он стал жертвой да еще и отдал «зайцу» свой пистолет...

Холодок опасности постепенно начинал подбираться к позвоночникам сидящих за столом «охотников».

Илья, вернувшись с забинтованной рукой и усевшись за стол, молчал минуты три. В течение этих трех минут у всех «охотников», сидящих за столом, вновь возникли схожие мысли: каждый думал о том, нет ли его личной вины в происшедшем... В «Савое» сидела первая десятка, у каждого из них в подчинении была своя маленькая группа из трех человек, которым они отдавали приказы: что делать, где искать «зайца», кому какой объект в Москве брать на себя.

— Кто ставил Тридцать первого на входе? — нарушил наконец молчание Илья.

...Эти люди часто участвовали вместе в сложных и опасных операциях и в ходе них привыкли называть друг друга по номерам. Да и состав их, пусть и не очень быстро, но все же постоянно менялся, и запоминать партнеров по номерам было гораздо удобнее, чем привыкать каждый раз к новому имени...

Девятый, вздохнув, поднял вверх руку.

— С понедельника возьмешь его номер. Если останешься в живых. — Илья обвел взглядом сидящих за столом. — Где мы его ждали? Кто расставлял людей?

Четвертый плеснул себе коньяку, взял рюмку.

В Одинцово. И на вокзалах, — ответил он на вопрос Ильи. — Вокзалы — это его любимое место. — И, пожав плечами, замолчал.

— Значит сейчас на Казанском кто-то есть? — спросил Илья. — Кого там поставили?

— Восемнадцатого и Двадцать второго. — На вопрос и на этот раз ответил Четвертый. — А что? Они хорошие стрелки...

— Вы еще ничего не поняли, да? — Илья говорил спокойно, но это спокойствие казалось «охотникам» почему-то угрожающим... Спокойствие камня, нависшего над горной дорогой. Спокойствие гор перед обвалом.

— Это не «заяц». — В голосе Ильи появился холод могильного мрамора, как будто он хотел подчеркнуть: этот холод легко мог стать уделом тех, кто сейчас не поймет его до конца. — Это волк, кабан, аллигатор. Это раненый слон. Кто-нибудь из вас видел раненого слона? Завтра на Казанском вокзале увидите. Потому что все мы, сидящие за этим столом, будем завтра там. С шести утра. И до тех пор, пока не явится Иван. Менты скорее всего тоже там будут. Их не замечать. Вы меня поняли? Не ввязываться ни во что. Даже если будут провокации с их стороны. Нам важно взять Ивана. Или убить его. И привезти тело Крестному. Если мы это сделаем, мы раздавим и Крестного. Вы сами выбрали меня своим председателем и поэтому до следующих выборов будете выполнять все мои приказы. Сейчас я отвечаю за судьбу нашего Союза киллеров. Лично. Перед всеми вами и вашими людьми. И поверьте моей интуиции, которая меня никогда не подводила: если мы сейчас не убьем этого чеченского волка и не раздавим его престарелого маразматического хозяина — Крестного, наш Союз никогда не сможет занять в России того места, которого он достоин...

Илья налил себе лимонный «Перье» без газа, выпил и добавил:

— Восемнадцатого и Двадцать второго можете считать покойниками. А Иван скорее всего уже имеет не три, а пять наших пистолетов... У меня все. Завтра в шесть на Казанском. Если не возникнут стандартные варианты, каждый действует автономно. В контакт друг с другом без острой надобности не вступать.

Он поднялся и вышел из зала.

— Х-х, Керенский... — хмыкнул кто-то. Кажется, это был Второй.

...Из «Савоя» Иван направился сразу на Казанский вокзал, чтобы на месте восстановить в памяти всю его обстановку, продумать варианты атак, отходов, обманных ходов, определиться с использованием подручных материалов в качестве прикрытия, выявить мертвые зоны обстрела с наиболее выгодных огневых позиций. Ему важно было увидеть вокзал глазами «охотника».

Кстати, и с водителем пора было расстаться. Как ни удобно было ездить по Москве на машине вместо того, чтобы фланировать по улице, реагируя одновременно на тысячи взглядов... Привыкать к удобствам он не мог себе позволить. Это был закон его жизни: стоит привыкнуть к чему-то удобному, облегчающему твое существование, и тебе конец. Рано или поздно ты не сможешь без этого обходиться и поставишь свою жизнь под угрозу. Причем подставишься по глупости, из-за своей личной слабости. Нельзя привыкать ни к чему — ни к вещам, ни к людям, ни к удобствам. Все, к чему ты привязываешься, так или иначе укорачивает твою жизнь... Поэтому с водителем надо было распрощаться, а чтобы молчал, постараться замазать его в чем-то. Это заставит его держать в дальнейшем рот закрытым. Не убивать же его только за то, что подвез тебя с одного конца Москвы на другой! «Так можно пол-Москвы перестрелять». Фраза эта почему-то застряла в голове Ивана и постепенно становилась чем-то вроде лейтмотива его рассуждений и даже действий...

Комсомольская площадь, или площадь трех вокзалов, как ее предпочитает называть сегодня большинство москвичей, встретила Ивана привычной суетой. Поток машин, двигающийся со стороны Садового кольца по Каланчевке и проспекту Академика Сахарова, уходил по Краснопрудной и Русаковской улицам в Сокольники. На площади из машин высаживались те, кому нужно было покинуть Москву, или те, кто встречал приезжающих в столицу... Иван не принадлежал ни к тем, ни к другим, но его целью тоже была именно площадь трех вокзалов. Его такси подрулило к Казанскому вокзалу со стороны рабочих пакгаузов и камер хранения, в переулочек, зажатый Казанским с одной стороны и веткой с Курского на Рижский — с другой.

Таксист и в мыслях не держал в ближайшее время расставаться со своим клиентом. Не каждый день выпадает удача: за полчаса заработать триста, а потом еще за полчаса — пятьсот. Разве можно упускать такого пассажира? Да пусть он хоть трижды бандит, вымогатель, насильник, грабитель, убийца — какая разница? Он платит деньги, и этого достаточно. Да мы со всей душой, все, что угодно, и с ветерком, и крадучись...

Иван предполагал, что на каждом из московских вокзалов его будут ждать «охотники». Слишком хорошо была известна Крестному его любовь к железнодорожным воротам Москвы, а тот не мог не поделиться информацией со своими «мальчиками»... Иначе бы они его просто не поняли. На Казанском Ивана однозначно поджидали, как и на любом другом вокзале. Но ему хотелось проверить два момента: во-первых, знают ли они его в лицо достаточно хорошо, чтобы начинать атаку, не произведя предварительной идентификации личности; во-вторых, сможет ли он сам уверенно вычислять «охотника» в экстремальных условиях...

С водителем Иван обращался вежливо. Тот ведь никак от него пока не зависел. Иван ничего не приказывал, ничего не требовал — какое, собственно, он имел на это право? Он лишь просил спуститься туда-то, повернуть туда-то, остановиться там-то.

Водитель остановился прямо напротив какой-то забегаловки с шашлыками... Черт его знает, кому пришла в голову мысль поставить шашлычную именно тут, где народ почти и не ходит. Разве что какие-нибудь транзитные пассажиры, шатаясь по площади, набредут на нее случайно и купят пару шашлычков. А так — убыточное дело. Наверное, поэтому шашлычная и была вечно закрыта... Вот в таком месте, куда случайный-то прохожий не забредет, Иван и оставил такси.

Прежде всего он направился в кассу. Предпочитал купить билет — только чтобы поменьше вопросов и свободный доступ в зал ожидания без особых проблем...

...Иван не без оснований полагал, что, прежде чем застрелить, «охотники» попробуют взять его живьем. Откуда им было знать, что после Чечни с Иваном такой номер вообще не проходит. На любую самую неожиданную атаку он успевал среагировать, принять какие-то меры к ее отражению или нейтрализации. А уж после этого сам начинал диктовать условия противоборства. И надо сказать, условия эти никогда не были выгодными для соперников Ивана.

Вокзал был все-таки не улицей с ее ежесекундно меняющейся ситуацией и бесконечным набором персоналий. Вокзальный люд тоже находился в постоянном движении, но оно было во много раз упорядоченнее уличного. По сравнению с быстриной улицы вокзал был стоячим прудом, у каждой обитающей в нем лягушки была своя хорошо известная партия...

...В кассовом зале стоял привычный галдеж цыганок, в ноздри ударил специфический запах застарелого пота, исходящий от пассажиров, застрявших на вокзале больше чем на сутки. А число таких на Казанском было постоянным и составляло примерно половину всех присутствовавших в зале.

...Отпечаток кочевой жизни на лицах настоящих пассажиров не позволял «охотникам», как бы они ни старались, замаскироваться под постоянных или временных обитателей Казанского — под вокзальных кочевников. Что-то неуловимое выдавало их. Может быть, привычка самого тела к комфорту?..

Иван же был кочевником по натуре. Наверное, лишенная постоянства, беспокойная жизнь киллера в чем-то соответствовала самой его природе. Поэтому и чувствовал он себя как дома на этих вокзальных островках-стоянках среди московской суеты. Иногда, правда, и его тянуло отдохнуть на постоянном стойбище, отлежаться в своей «берлоге» на площади Восстания...

По вокзалу нельзя разгуливать с пистолетом «наперевес». Прежде чем выстрелить в Ивана, нужно его вычислить, то есть проявить к нему неприкрытый, целенаправленный интерес. А это означает обнаружить себя. То, что можно сделать на многолюдной улице почти незаметно, на вокзале — практически невозможно. Это все равно что появиться во фраке на пляже.

Одного такого «фрачника» Иван выявил сразу. Тот выбрал позицию, невыгодную во всех отношениях, кроме одного — удобство наблюдения. Он решил, вероятно, что основная проблема — Ивана найти. Поэтому и уселся в кресло, стоящее у главного прохода. Мимо него хоть раз, но должен был пройти каждый, кто попадал на Казанский. А то, что это кресло само по себе торчало на виду, он как-то не сообразил... Это была грубая ошибка.

«Охотник» и Иван встретились глазами сразу же, как только Иван вместе с потоком пассажиров какого-то поезда вынырнул из-за угла. Белобрысый парень с прической ежиком и серьгой в ухе смотрел на Ивана во все глаза с не поддающейся маскировке тревогой. Нелюдимого Марьева не знал в Москве никто, кроме Крестного и его «курсантов». Это был явно один из них. Иван смотрел ему в глаза и кроме тревоги видел в них еще и растерянность. Да и было отчего растеряться. Иван мог фиксировать каждое его движение. Киллер попробовал было сунуть руку в карман, но тут же отказался от этого намерения, и его рука остановилась на полпути в очень неестественном положении, а затем медленно легла опять на колено. Иван держал обе руки в карманах своей джинсовой куртки, без сомнения имея в каждом по пистолету, и успел бы несколько раз продырявить неудачливого киллера прежде, чем тому удалось бы достать свой пистолет.

Киллер понял, что где-то ошибся, но осознал это слишком поздно. Иван уже владел ситуацией и сам диктовал ее развитие. У «охотника» была слабая надежда на напарника, но тот отправился с очередным обходом по другим залам, и раньше чем через пять минут ожидать его появления не приходилось.

Не зная наверняка о присутствии на вокзале еще одного или нескольких «охотников», но предвидя такую возможность, Иван решил действовать спокойно, без шума, но быстро. Он видел, что белобрысый боится рукой пошевелить — очень уж не хочется ему расставаться с жизнью. И потому направился прямо к нему, по пути отслеживая, чтобы тот ни на мгновение не выпадал из пределов видимости, а также чтобы никто не оказался случайно на линии выстрела и не лишил бы его таким образом преимущества над соперником. Поэтому Иван двигался по сложной траектории и несколько метров даже шел в неестественном положении, как-то боком. Но зато он вышел точно на «охотника». Расстояние между ними неумолимо сокращалось...

Наконец Иван подошел вплотную и сел рядом, положив свою ладонь на руку белобрысого парня, лежащую на колене. Со стороны это выглядело как дружеская встреча двух хорошо знакомых людей.

— Малыш, тебе никто не говорил, что ты похож на молодого Мэла Гибсона?..

Иван говорил ровно и спокойно, именно таким тоном, какой и свойствен дружеской беседе. Парень в ответ лишь судорожно вздохнул и сделал глотательное движение. Он не знал, как в такой катастрофической ситуации вести себя с Иваном, боялся сделать что-нибудь не так и тем самым вызвать его раздражение...

— Девушки, например, не говорили? Нет? — Иван чуть наклонился, приблизил свои губы к его уху и немного понизил голос: — Где твоя пушка?

Парень подбородком указал на свою левую подмышку. Иван приятельски-покровительственным жестом похлопал его по левой стороне груди и действительно обнаружил, что пистолет там, где было указано.

— Жаль, что тебе никто раньше не говорил, что ты похож на Мэла Гибсона, — продолжал дружеским тоном трепаться Иван. — Теперь уже, наверное, никто так не скажет. Потому что в настоящий момент ты похож на пацана, который увидел, как отец трахает его мамочку. А еще ты похож на человека, который ждет смерти...

Медленно выговаривая все это, Иван спокойно, без резких движений, но достаточно быстро сунул руку за борт светлого летнего пиджака парня и, вытащив из подмышечной кобуры пистолет, сунул его себе в карман. Может быть, кто-то и успел заметить в его руке оружие, но теперь это не имело значения, потому что задерживаться в зале Иван не собирался.

— Если хочешь остаться в живых, то сейчас пойдешь со мной и будешь вести себя тихо. Тогда, может быть, тебе удастся осуществить свое желание...

Иван обнял паренька за плечи, они одновременно поднялись и вместе пошли к выходу на перрон... Затем свернули направо, в тот глухой проход, в конце которого Иван оставил такси. «Охотник» вел себя в соответствии с поставленным условием. Но Иван обратил внимание на то, что парень незаметно озирается по сторонам, и сделал вывод: «охотник» на вокзале не один...

Таксист и на этот раз терпеливо ожидал пассажира. Последнего это совершенно не удивило, но и особенно не обрадовало. Водитель же заметно повеселел — денежный клиент вернулся! Он даже вышел из машины и услужливо распахнул заднюю дверцу для Ивана и его спутника. Иван надел на парня наручники, взятые у него же из кармана, затолкал его в машину, сам сел рядом с ним, закурил. Любопытствующий таксист пригнулся к рулю и в то же время навострил уши. Прикинулся ветошью — сделал вид, что его нет в машине... «Да хрен с ним, пусть слушает!» — решил Иван.

— Теперь ты будешь быстро и внятно отвечать на мои вопросы...

Тон Ивана изменился вместе с ситуацией. Теперь он говорил сухо и по-деловому четко, вовсе не угрожал, но за короткими, рубленными фразами чувствовалась реальная опасность.

— Первый вопрос: сколько еще «охотников» на вокзале?

— Один, — глухо ответил парень.

— Второй вопрос: кто руководит «охотой»? Крестный?

— Нет, — мотнул головой парень. — Илья. Первый номер.

Только теперь Иван мог оценить по-настоящему всю важность той информации, которую он откопал в своей памяти, — о молодом человеке по имени Илья и о «Савое»...

— Третий вопрос. Твой пистолет с особым номером?

— Да, — кивнул парень. — Восемнадцатый. Из тройки Четвертого.

— Из какой еще сраной тройки? — не понял Иван. — Можешь это считать четвертым вопросом.

— Каждый из тех, кто входит в первую десятку, имеет в подчинении группу из трех человек...

Парень объяснял неохотно, словно делая над собой усилие, по-видимому, ему не хотелось предавать своих. Иван слушал его со всевозрастающим интересом и удивлением.

— ...В каждую тройку входят: один «курсант» из второй десятки, один — из третьей и один — из четвертой. Чтобы уравнять возможности каждой тройки и никому из СК не давать преимущества.

— Что такое СК?

— Союз киллеров.

Парень, видно, все-таки решил сдавать всех подряд, надеясь таким путем спасти свою жизнь, и демонстрировал готовность отвечать на любые вопросы... Иван понял, что ему есть чем поинтересоваться, помимо обстоятельств игры, навязанной ему Крестным. О Союзе киллеров Иван слышал впервые. Эта информация его и заинтересовала, и обеспокоила одновременно...

— Союз — это Крестный? — спросил Иван.

— Союз — это Илья, — ответил белобрысый. — Это первая десятка.

— А Крестного, значит, в расход... — Иван уже не спросил, а просто подумал вслух.

— Крестному осталось жить столько же, сколько тебе. Он умрет в тот же день, что и ты.

Парень, видя, что информация, сообщенная им, озадачила Ивана, чуть приободрился и говорил уже гораздо увереннее...

— Мы уберем его, как только ты будешь убит. Он старик и ни опасности, ни ценности сам по себе не представляет. Крестный приговорен. Точно так же, как и ты.

— И что же дальше? — поинтересовался Иван.

— Дальше мы будем делать то, что нужно нам, а не Крестному... Добиваться своих целей... Выбирать своего председателя, которым сможет стать каждый из нас...

— Каких целей? И почему их нельзя добиться с Крестным?

— С Крестным? — Парень растерялся. — Он старик...

— Ну и что? Вот ты молодой. Но он умрет, по крайней мере, после меня. А ты меня опередишь.

— Илья говорил... — пробормотал парень, но почему-то резко замолчал на середине фразы.

— Что говорил? Ну! — прикрикнул на него Иван.

— Что мы не должны быть бездумными исполнителями... Нам самим следует решать, как работать и за какую цену... Этот старый маразматик считает, что владеет нашими жизнями, как Господь Бог... Мы сами определим, кому жить, а кому умереть...

Парень явно повторял чужие, услышанные им от кого-то фразы, не слишком хорошо понимая, чьи интересы по-настоящему просматриваются за этими, на первый взгляд, складными словами... Он был предназначен на роль обычного «политического мяса», одной из тех песчинок в составе электората, из которых и состоят песочные фундаменты постаментов для политических лидеров...

— Заткнись, — сказал ему Иван. — Это уже и без вас давно решено.

Иван ждал, когда второй «охотник», обеспокоенный исчезновением белобрысого, начнет его искать и метаться по вокзалу, пытаясь разобраться в ситуации. А этот Ивана уже не интересовал. Только он пока не придумал, что делать с ним дальше... Убивать его не было ни желания, ни особой необходимости.

— Меня будут искать... — подал белобрысый голос, в котором чувствовалось напряжение. Он будто намекал на какую-то угрозу.

— Я сказал: заткнись! — вторично оборвал его Иван. — Будет лучше, если я про тебя забуду... — Иван опустил стекло в задней дверце такси и достал пистолет. — Вы никогда ничем не станете. Всегда будете только кучей дерьма. И вам вечно будет засерать мозги какой-нибудь хуеплет вроде Ильи... Вот это, что ли, твой приятель?

Иван показал пистолетом на невысокого плотного парня с квадратными плечами с плащом, перекинутым через правую руку. Он шел в их сторону напряженной походкой. Осторожность настолько ясно выражалась во всех его движениях, что давала противоположный, демаскирующий эффект...

— Смотри, — сказал Иван белобрысому, — так может двигаться только самоубийца. Ты, надо сказать, выглядел не лучше...

Парень с плащом приближался медленно, но шел точно в направлении такси. Он был так увлечен осматриванием закоулков и дверей справа и слева, что обратил внимание на такси только тогда, когда до машины оставалось метров десять. Иван не стал дожидаться, пока он примет какое-либо решение: сразу же выстрелил, попав парню в левую сторону груди. Тот без звука упал замертво. Шофер такси автоматически повернул ключ в замке зажигания.

— Подожди, — остановил его Иван. — Не торопись.

Он не спеша вылез из машины. Ему для решения очередной проблемы требовалось всего двадцать — двадцать пять секунд, а за такое короткое время ничего существенного произойти не может... Когда Иван был уже около лежащего на асфальте парня и разгибал пальцы его правой руки — они сжимали рукоятку пистолета, спрятанного под плащом, — он услышал, как открылась дверца машины. Белобрысый пытался удрать... Иван передумал отпускать его: врагов нельзя щадить, их нельзя прощать и верить им нельзя ни в чем, кроме искренней ненависти и желания убить тебя...

Белобрысый не успел выбраться из машины, он только поставил на асфальт одну ногу. Иван поднял руку убитого «охотника» с пистолетом и нажал на спуск его же пальцем. Раздался выстрел. Пуля попала белобрысому в шею, он захрипел и свалился на заднее сиденье... Иван вытащил наконец пистолет у мертвеца и бросился к машине. Захлопнув на бегу дверцу, открытую белобрысым, он сел рядом с водителем.

— В Сокольники, — приказал он.

Бледный водитель трясущейся рукой включил скорость. Машина вырулила из тупичка, пересекла площадь и помчалась по Краснопрудной.

Иван, перегнувшись через спинку переднего сиденья, проверил карманы белобрысого. Ему нужны были деньги, и он действительно нашел перехваченную резинкой пачку долларов, состоящую из мелких банкнот. Выдернув из пачки примерно треть банкнот и сунув их в карман, Иван бросил остальные на заднее сиденье и сказал дрожавшему от страха водителю:

— Деньги — твои. Избавься от него сам. — Иван кивнул на заднее сиденье. — А меня высади у метро...

Минут через десять он уже спускался по эскалатору на станцию метро «Сокольники», предоставив водителю самому решать свои проблемы... В конце концов, тот неплохо сегодня заработал. И с этим не перетрудится.

...Улица вновь кромсала сознание Ивана на части тысячами острых осколков. Впечатления от московской уличной суеты больше всего напоминали ему отражение в разбитом зеркале... Но Иван твердо решил держаться и не впадать в панику. В метро было все же немного спокойнее, хотя и здесь обстановка походила на калейдоскоп. Однако по крайней мере от станции до станции она изменялась мало, и напряжение, владевшее Иваном, ослабевало...

...Водитель такси, долго блуждавший вокруг парка «Сокольники», вырулил наконец на пустынный, заросший кустами перешеек между Оленьими прудами, вытащил из машины тело и, уложив его в какую-то ложбинку, привалил хворостом... Иван к тому времени уже несколько раз перешел с линии на линию метрополитена и вплотную подумывал о том, где и как ему устроиться на отдых предстоящей ночью.

Никаких оригинальных или хотя бы просто удобных вариантов... На вокзалы соваться нельзя, там ждут «охотники», в этом была возможность убедиться... Снимать какую-нибудь бабу и проводить ночь у нее? Нет, этот вариант тоже не годится. Одна мысль о том, что придется кого-то трахать, вызывает тошноту... Хочется просто покоя и неподвижности. Одиночество — лучший вид комфорта...

Ехать на площадь Восстания в свою маленькую и не известную никому квартирку Иван не рискнул по двум причинам: во-первых, нет никакой гарантии, что это тайное убежище не раскрыто, во-вторых, если бы его обнаружили именно там, он оказался бы в ловушке, потому что путей отхода из этого места не было.

«Видимо, придется всю ночь шататься по улицам с шестью пистолетами в карманах, как ходячий арсенал», — подвел итог Иван.

Глава седьмая

С восьми часов утра Никитин организовал на Казанском вокзале грандиозный ремонт.

Многочисленные входы и выходы, переходы между залами, проходы на перроны и прочие торные пути — все было перегорожено барьерами, стойками, натянутыми веревками с надписями: «Прохода нет. Ремонтные работы». Жизнь вокзальных аборигенов была жестко ограничена, свободное для передвижения пространство безжалостно усечено, потоки прежде хаотически метавшихся пассажиров — упорядочены твердой рукой, не знающей ни сомнений, ни жалости. В результате на всем пространстве вокзала остался единственный путь — с площади и из метро к перронам. И двигаться по нему в этом направлении было просто и легко — поток людей тек ровно, спокойно, несколько завихряясь только в кассовом зале. А вот обратно двигаться было чрезвычайно трудно — все равно что плыть против течения, и потому пассажиры с прибывающих поездов большей частью шли в обход — на площадь и вокруг вокзала...

Не рискнув никому что-либо доверить, Никитин сам расставлял людей, сам проводил инструктаж и сам осматривал предполагаемые огневые позиции. Сложность заключалась в том, что из-за скопления больших масс людей в ограниченном пространстве невозможно было вести эффективную стрельбу в здании вокзала. Никитин распорядился привезти на

Казанский пневматические пушки, стреляюшие сетями, которые обычно использовались при отлове диких зверей. Специфическое оружие безо всяких объяснений позаимствовали в Московском зоопарке и Институте зоологии при Российской Академии наук. Четыре пушки расставили в местах, где с наибольшей вероятностью могли произойти стычки, и замаскировали под ремонтную технику.

Никитин отправил в залы Казанского вокзала тридцать оперативников, переодетых в рабочую одежду, и они с восьми часов утра принялись ковырять, сверлить, стучать и пилить. Чтобы деятельность сотрудников Никитина не выглядела откровенной имитацией, пришлось срочно согласовать с руководством вокзала характер и объемы реальных ремонтных работ. Оперативники хоть и кое-как, но все же принялись их выполнять... Руководство вокзала давно планировало ремонт внутренних помещений, что, собственно, и натолкнуло Никитина на эту идею — задействовать своих людей под видом ремонтных рабочих.

Кроме того, среди пассажиров вокзала постоянно крутилось человек десять сотрудников, изображавших приезжих, они должны были отслеживать появление Ивана. Всем занятым в операции были заранее розданы фотографии Ивана, изготовленные на основе фоторобота. Никитин строго проинструктировал каждого: при обнаружении Марьева никаких самостоятельных действий не предпринимать, сообщать об этом по рации ему лично и четко выполнять все приказы, которые поступят от него.

Первые два часа прошли в большом напряжении. Все ждали, что искомый объект будет вот-вот обнаружен и начнется активная операция по его задержанию. Никитин при этом волновался, пожалуй, больше других. Он понимал, что нет никаких оснований ожидать появления Ивана с самого утра, но все же почему-то волновался... Постоянно проверял связь с постами, группами задержания и слежения. Дергал Коробова, допрашивая о готовности его людей применить стандартные разработки по задержанию опасного преступника в многолюдной городской среде. Герасимов, сидевший рядом с ним в кабинете начальника вокзала, хозяина которого они просто выгнали, усмехался себе в реденькие усы и говорил, что сейчас поспать бы не мешало, встали-то рано, а Иван, мол, все равно раньше полудня не появится... По его предположениям, Иван должен был отсыпаться сейчас где-нибудь в укромном месте. Никитин посылал его подальше, причем каждый раз по новому адресу. И продолжал волноваться.

К десяти часам утра и самим Никитиным, и всеми его людьми овладела какая-то апатия, появилось желание послать всю эту затею к черту, а затем закинуть туда же свою пушку или автомат и завалиться спать. Герасимов же к тому времени уже воплотил это всеобщее желание в реальность: растянулся на составленных вместе стульях и мирно спал, сладко посапывая. Никитин жутко ему завидовал, но последовать его примеру все же не решался. Зато подошел к изредка всхрапывающему во сне Герасимову и зажал ему нос пальцами. Тот проснулся, послал Никитина на хрен, повернулся на бок и вновь заснул.

Собственно, последние два часа дремали все или почти все, но то, что личный состав снизил свою боеготовность, не вызывало сомнений. К двенадцати часам дня все начали потихоньку просыпаться и приходить в себя, с ужасом осознавая фактическую сторону и возможные последствия своего состояния.

Нельзя сказать, чтобы, выспавшись или хотя бы немного вздремнув, никитинские оперативники привели себя в полную боевую готовность... Проснулся наконец и Герасимов. Он поглядел на часы, встал, расставил на места стулья и заявил Никитину, что самое время подкрепиться ну хотя бы кофейком с бутербродами. Теперь Никитин послал его на хрен. Однако Герасимов туда не пошел, а направился в одну из вокзальных забегаловок, где накупил целую гору бутербродов и десятка два одноразовых пакетиков растворимого кофе.

Никитин не спал и даже не дремал ни минуты. Он сидел за столом начальника вокзала и грыз ногти. Его начали посещать сомнения: может быть, Иван вообще сегодня не придет на Казанский вокзал?.. Герасимов, совсем напротив, был абсолютно спокоен и уверен в успехе. Вскипятив воды в найденном в шкафу у начальника вокзала сувенирном электрическом самоваре и заварив кофе, главный аналитик принялся за бутерброды.

— Никитин, вынь пальцы изо рта, руки-то грязные... Между прочим, совать грязные руки в рот — верный способ подхватить желудочно-кишечное заболевание. А то и глисты... Представляешь, Никитин, у тебя глисты? Проводишь ты, к примеру, совещание с нами, а сам места себе не находишь — ни сесть, ни встать...

— Хватит трепаться, — сказал Никитин. — Лучше объясни мне, почему он никак не идет?

— Знаешь, Никитин, в чем разница между мной и тобой? У тебя сильно развита интуиция, у меня — логика. С помощью интуиции хорошо предугадывать развитие ситуации и разбираться в мотивах преступлений. Но объяснять самому себе что-нибудь, опираясь на интуицию, — это гиблое дело... Кстати, если ты мне сейчас не поможешь справиться с этими бутербродами, я объемся и потеряю способность соображать.

— Вот и теряй, обжора. И я тебя завтра же уволю... И вообще — иди на хрен со своими бутербродами.

Никитин достал из кармана фляжку, отвинтил крышку и надолго приложился к горлышку.

— В кофе плеснуть? — спросил он у Герасимова, оторвавшись от фляжки.

Тот помотал головой:

— Мы к этому делу не привычные. Работаем только по трезвянке.

— Слушай, Ген, а ты ничего не напутал? — Никитин смотрел на Герасимова с сомнением и одновременно с надеждой. Он в общем-то был уверен, что тот ничего не напутал. Но Иван-то все не появлялся!.. — Может, это не он написал записку?

Герасимов задумчиво поднял глаза к потолку.

— Может, и не он. Теоретически можно допустить что угодно: например, что эту записку написал ты, генерал Никитин, особенно учитывая твои контакты с криминальным миром...

— Хватит паясничать, — разозлился Никитин. — Или ты сейчас выкладываешь свои соображения, или идешь писать рапорт об увольнении.

— Ну, ладно, ладно... Мы же шутим... Соображения тут простые. Записка вообще была странной: время встречи точно не указано, только день — четверг... — Герасимов запихнул в рот еще один бутерброд и, пережевывая его, пытался продолжать говорить: — Согласись... Странная манера... назначать встречу! — Он запил бутерброд кофе и вновь заговорил нормально: — Человеку, увидеться с которым очень хочешь, горишь желанием, так встречу не назначают. Такую записку можно написать человеку, с которым встречаешься по необходимости — не хотелось бы, но обстоятельства вынуждают. Например, с врагом... Что за враги могли быть у Ивана Марьева в «Савое»? По «Савою» у нас информации очень мало, почти нет. Об убитом портье по фамилии Прошкин удалось выяснить следующее: никакой это не Прошкин, а рецидивист Гапоненков по кличке Игла, заядлый морфинист. Гапоненков фигурирует в трех делах как исполнитель заказных убийств. Скрывается уже больше года...

— Это что же выходит? — почесал затылок Никитин. — Киллеры друг друга мочить начали, что ли?

— Выходит так. Но... Что у них там за разборки, нам неизвестно. Кто был еще в «Савое» кроме Гапоненкова — неизвестно. Кому адресована записка — неизвестно. Кто придет на встречу с Иваном — неизвестно. Судя по тому, как Иван обошелся с Гапоненковым, вряд ли встреча обещает быть дружеской. Кроме того, придут ли на встречу с Иваном те, кого он пригласил, тоже неизвестно...

— Они меня сейчас мало интересуют. Мне нужен именно Иван. Он постоянно оказывается у меня поперек дороги...

— Думаю, напрасно ты ими пренебрегаешь... Но об этом чуть позже. Итак, принимаем за основу то, что Иван назначил здесь встречу своим врагам. Или врагу. Значит, Марьев примет меры предосторожности, то есть вряд ли заявится сюда открыто. Это касается и его врагов. Они обязательно будут действовать скрытно, всячески маскироваться. Кстати, скорее всего, они уже здесь, причем с раннего утра, как и мы... Если, конечно, они стремятся встретиться с Иваном, а не бегают от него.

— Да хрен с ними. Уже полдня прошло, а его все нет. Почему?..

— Берем другой информационный ряд. Что нам известно об Ивановых подвигах за последние двое суток? Он совершил ряд странных, неадекватных действий. Расстрелял зачем-то в Измайловском парке и на шоссе Энтузиастов две машины. Одну из них утопил в пруду. Убил при этом пять человек. Захватил неизвестно для какой цели Старшину, ехавшего, как мы знаем, на свою собственную ликвидацию, покатался с ним по парку, а затем убил. Убил случайного человека и женщину, ехавшую с ним, на Нижегородской улице. Иван мечется, совершает немотивированные поступки. Он постоянно возбужден, взволнован. Чем? Не имеем об этом никакого представления... Но тем не менее это остается фактом. Судя по хронологии совершенных убийств, у него просто не было времени отдохнуть за эти двое суток. Он трудился в поте лица, лишая жизней ближних своих...

Герасимов закурил, выпустив струю дыма.

— Я думаю, — сказал он, — Иван сейчас спит. Отдыхает. И появится здесь только к вечеру. Бодренький и свеженький, как огурчик. А мы все будем как член после трех палок — неподъемными.

— Ну это только твои предположения — спит.. только к вечеру... В конце концов, Прошкин, или, как там его, Гапошкин, был убит вчера утром. Что после этого делал Иван, мы не знаем. Может быть, спать завалился?

— Может быть, и завалился. Действительно, мы не знаем. Но, вероятно, скоро узнаем.

— О чем это ты?

— Да о трупе, найденном ночью здесь, на Казанском вокзале, в тупике у пакгаузов.

— Да иди ты!.. — отмахнулся Никитин. — Тебе теперь везде Иван мерещится. Ты его прямо каким-то пулеметчиком себе представляешь.

— Возможно, я и ошибаюсь... — Герасимов протянул ему сотовый телефон. — На. Сам позвони экспертам.

Никитин посмотрел на него с тревогой... Набрал номер, вызвал к телефону лаборантку, спросил, что там с результатами экспертизы по трупу, найденному на Казанском вокзале... Он внимательно слушал, и со стороны хорошо было видно, как на него действует то, что он слышит: начинал разговаривать стоя, потом сел, чуть позже — оперся локтями о колени, а закончив разговор, некоторое время молча сидел, опустив голову и не глядя на Герасимова.

Тот ждал достаточно долго, но в конце концов не выдержал и спросил:

— Ну что там?

Никитин медленно кивнул и лишь затем сказал:

— Пистолет тот же... Что на «Товарке» и Нижегородской. И установлена личность убитого — некто Сафронов, киллер. В двух делах о заказных убийствах проходит вместе с Гапоненковым. — Он ударил себя кулаком по колену. — Я ничего не понимаю! Если он назначил встречу этому Сафронову на сегодня, то почему убил его вчера? Ты можешь это объяснить? Теперь вообще непонятно, придет он на вокзал или нет...

— Думаю, что придет. Разница по времени между убийством Гапоненкова и убийством Сафронова всего полчаса. Не думаю, чтобы встреча Сафронова с Марьевым была заранее оговорена. Они встретились случайно. Создается впечатление, что все убийства, совершенные Иваном за последние два дня, были случайными, не спланированными заранее. В пользу такого утверждения говорит и спонтанность его действий. Хотя, возможно, мы просто не знаем мотивов всех этих убийств... Но я уверен, что Иван сегодня появится здесь. И что встречу он назначал не Сафронову. И что на встречу с ним придет некто, связанный и с Сафроновым, и с Гапоненковым, то есть, вероятнее всего, это будет киллер. И еще у меня есть одна догадка: встретятся они для того, чтобы убить друг друга. Если хочешь, это мне подсказывает моя интуиция. Интуиция, вытекающая из логики...

— Мне плевать, откуда ты это взял... Я думаю о том, что делать нам, чтобы не оказаться в очередной раз в дураках. Что-то слишком часто оставались мы в дурацком положении в последнее время.

— Ждать. — Голос Герасимова звучал уверенно. Он был убежден в своей правоте. — Ждать Ивана. И помочь киллеру убить его.

Никитин задумчиво посмотрел на Герасимова. Он-то вовсе не испытывал подобной уверенности.

— Я бы предпочел взять его живым...

«Охотники» показали себя большими профессионалами в отслеживании «дичи». Никто из них не порывался не только заснуть, но даже расслабиться. На всех подействовала легкость, с которой Иван расправился с не самыми худшими из «охотников». Да и средний уровень их подготовки был в целом все же значительно выше, чем у оперативников Коробова и Никитина. Они умели часами поддерживать неизменно высокий уровень внимания, настраивать свои сигнальные системы на появление одного-единственного человека и при этом игнорировать постороннюю, не относящуюся к заданию информацию...

Илья появился на Казанском в десять часов: прошел вместе с потоком народа по единственному пути через вокзал, оторвался от толпы в кассовом зале, постоял в очереди в кассу, оценивая обстановку и вычисляя среди вокзальной публики своих людей.

...Вон тот развалившийся в кресле в обнимку с саквояжем мужик простецкого вида с совершенно тупой мордой — Седьмой. В саквояже, с которым он ни на минуту не расстается, у него, конечно, готовый к употреблению автомат. Седьмой на дело только с автоматом ходит. Это его специфика. И крошит все подряд, что попадает на линию огня между ним и объектом. Несмотря на свой простецкий вид, он сейчас внимательно следит за залом. Илья почувствовал и на себе его едва скользнувший взгляд. Нужно, кстати, за ним присматривать, когда появится Иван. При случае он не преминет срезать из автомата и своих, если кто под руку попадется. Хитрая и опасная сволочь этот Седьмой.

Ага!.. Компания, которая пьет водку, стоя за столиком вокзального кафе, — это Второй, Третий и Девятый. Эти демонстративно нарушают приказ Ильи — в контакты без надобности не вступать. Вечная оппозиция. Второй мечтает занять его, Ильи, место. Само по себе это нормально. Ведь и Илья мечтает занять место Крестного... Тот не умеет или не хочет пользоваться всеми преимуществами, которые оно ему дает. А Илья — и умеет, и хочет. Поэтому и рвется на это место. Уже не просто мечтает, а предпринимает конкретные шаги, чтобы мечту эту осуществить. Почему же Второму не помечтать о том же в отношении Ильи? Тем более что все это — так, ничего серьезного, одно фрондерство: похмыкивание за спиной, мелкий саботаж... Однако сегодняшний факт надо запомнить. Они же, сволочи, самоустранились от участия в операции. И кто знает, что они сейчас пьют: воду из винных бутылок, как того требует технология проведения операции, или водку. Второго-то с Третьим вряд ли удастся тронуть, их не только свои тройки поддержат. А вот Девятый напрасно с ними связался. Напрасно. Вылетит он во вторую, а то и в третью десятку. Если, конечно, жив останется. Но это уже его личная проблема. О своей безопасности каждый сам должен заботиться... В первую очередь — следить, чтобы свои же не подстрелили. Пусть Девятый теперь следит повнимательнее.

А в очереди в соседнюю кассу стоит Шестой. Человек ответственный. Туповат, правда, но все делает на совесть. И легенда у него самая, пожалуй, сложная — стоит в очереди в кассу, покупает билет, потом курит, стоит в очереди, чтобы сдать билет... Опять курит и идет покупать новый... Чтобы потом его тоже сдать... Все время в движении, все время на ногах. Утомительно. Зато постоянно среди пассажиров, постоянно меняет позицию, активен, постоянно контролирует зал. Нет, Шестой надежный кадр. Он всегда поддерживает того, кто наверху. А пока наверху я, меня это устраивает.

Десятый не придумал ничего умнее, чем поставить книжный лоток. Ну, с этим понятно, ему повыделываться хочется. «Мы все глядим в Наполеоны...» — вспомнил Илья. Лоток, конечно, очень удобная позиция, можно сказать, лучшее, что можно придумать... Возможность постоянно, не привлекая ничьего внимания в ответ на свой интерес, следить за залом. А что — скучаю, мол, смотрю по сторонам!.. Возможность мотивированно двигаться, уже попав в поле зрения объекта. Мало ли что там под прилавком продавцу может понадобиться! Продавец постоянно совершает такие движения... Возможность мотивированно оставаться все время на одном месте... Да, в общем, куча преимуществ. Но ведь все это нужно делать технично! Ну вот он выперся со своим лотком. А что он делать будет, если вдруг нагрянет торговая или налоговая инспекция? Начнет требовать документы, которых у него, конечно же, нет? И что — устроит перестрелку с налоговиками? Ясное дело, он всех их положит. Но это же идиотизм! Это же провал операции! Кроме того, разве с такой рожей можно книгами торговать? На ней же написано, что ее обладатель — прыщавый онанист с патологическими наклонностями и к книгам никакого отношения не имеет. Он же не сможет отличить Хейли от Пристли, а Роберта Желязны от Сулеймана Стальского. Там сейчас такой подборчик изданий на лотке — умереть со смеху можно. Ну со смеху-то ладно. Но ведь подозрение это вызовет у любого мало-мальски умного человека... С такими выкидонами он никогда выше нынешнего уровня не поднимется. Союзник такой никому не нужен. На раз подставит...

Илья вышел из очереди и двинулся дальше по единственному пути через вокзал...

...Ну вот, прямо в Одиннадцатого упираешься, ни обойти его, ни объехать. Позиция отличная — с точки зрения пострелять. Но торчит он тут, как член на лбу. То есть привлекая всеобщее внимание. Но с этим уже ничего не поделаешь — Одиннадцатый упрям, как африканский носорог. Его теперь проще убить, чем согнать с облюбованного им места. Иметь его в противниках — это целая проблема. Да и числить его своим союзником —

тоже. Ведь нужно постоянно следить, чтобы он не уперся во что-нибудь ненужное... Устал я от него, но ничего не поделаешь — работать приходится с тем материалом, который есть. Торчит тут, и пусть себе торчит. Его проблема, в конце концов, если Иван шлепнет упрямца... Одиннадцатый, этот носорог, считается входящим в первую десятку. Традиция есть традиция. Надо, чтобы число голосов не было четным. Первый кандидат на замену номеров с четвертого по десятый...

...Первая десятка решала голосованием, кого из остальных двадцати девяти поставить на место Одиннадцатого, если он уходил наверх. Первый, Второй и Третий выбирались раз в месяц всеми четырьмя десятками. Первый становился Председателем и получал очень большую власть над остальными. Вплоть до применения высшей меры в экстренных случаях. Такая система приводила к очень оживленной политической борьбе и не давала людям застояться, закиснуть, ослабить инициативу...

Четвертый бродил по перрону, делая вид, что поглядывает на табло прибывающих поездов, но Илья тут же уловил острые взгляды, которыми он встречал всех, попадающих на перрон.

Этот выбрал себе роль эдакого мотающегося в проруби эдельвейса. Такая уж натура — на одном месте не сидится, не лежится, не стоится! «Via est vita!» Скорее уж: «Via est morta!» С его-то быстротой реакции и показателями стрельбы! Непостоянен, правда, — это его главный недостаток. Неудержимая активность может совершенно неожиданно смениться непреодолимой ленью, происходящей от склонности к гедонизму и сибаритству. Тогда он все дела сбрасывает на свою тройку, а сам ударяется в праздность. Неностоянен и ненадежен. Его нужно все время чем-то увлекать, что-то такое ему подсовывать интересное, иначе он за тобой не пойдет — брякнется на ближайший диван... Сейчас он возбужден: вчера Иван убил одного человека из его тройки, другой пропал, скорее всего, навсегда. Иван у него теперь в печенках сидит, вот он и не может на месте оставаться...

Илья обошел вокзал с левой стороны, как раз там, где вчера был убит Двадцать второй. У него неприятно засосало под ложечкой: «На какой хрен я год назад подобрал Ивана, этого чеченского ублюдка, у гостиницы «Украина», когда тот влез не в свое дело и помешал нам самим осуществить ликвидацию? Хотел на свою сторону переманить! А он каким-то образом на Крестного вышел. Я бы давно уже стер в порошок этого Крестного, который вообразил себя невесть кем — не то Нероном, не то Мухаммедом, пророком Аллаха на земле! Сволочь! Гребет огромные деньги их руками в свой карман. Да если эти деньги в ход пустить, можно в России такое место занять — Крестный даже представить себе не может! Россия — страна революций. Но такой революции, какую задумал я, в России еще не было... Она даже и не снилась ей ни в каком кошмарном сне!..»

На Пятого он наткнулся сразу же, как только вышел на площадь. Тот стоял у подземного перехода с букетом роз и нервно поглядывал на часы. «Господи! Откуда берутся такие идиоты? Ведь он уже два часа ждет свою мифическую девушку! Еще часа два — и к нему просто менты подойдут с проверкой документов... Ну придумал! Гений! Нет, Пятый самостоятельно работать не может, теперь я в этом окончательно убедился. Пора ставить вопрос о переводе его обратно во вторую десятку. Вот он, полюбуйтесь! Стоит и не знает, что ему делать...»

Илья прошел мимо и прошипел, не шевеля губами:

— Пошел отсюда! Быстро!

Пятый как сквозь землю провалился. Впрочем, он действительно оказался под землей — смылся с площади в подземный переход...

...Так. Все вроде? А где же Восьмой-то? Ну этот самый хитрожопый! Осторожный, как все азиаты, он ведь то ли казах, то ли узбек, всегда выбирает самую защищенную позицию, хотя далеко не всегда — самую эффективную. И был в чем-то он, видимо, прав, поскольку в первой десятке состоит дольше всех. Да и на заседаниях правления никогда не лезет вперед, держится за спинами других, ничего не предлагает, при голосовании почти всегда воздерживается... И сейчас забился, наверное, в какую-нибудь щель, как таракан. Тараканы, кстати, из существующих сегодня на Земле животных — древнейшие. Но первым Восьмому никогда не стать. Даже вторым или третьим. Тараканы — ветвь тупиковая... Да хрен с ним, пусть сидит в своей щели. Припомним ему, когда удобный случай представится...

Проходя по вокзалу, Илья видел, конечно, необъяснимое обилие ремонтных рабочих, часть из которых бестолково и лениво ковырялась в стенах, а часть откровенно дремала, прислонясь к этим же стенам. Хотя Илья и не считал себя крутым аналитиком, но уж совсем тупым он себя не назвал бы. К тому же с интуицией у него тоже было все в порядке. Развитая была интуиция. Она-то и заставила его обратить внимание на этих рабочих. А элементарная логика подсказала, что не будет никто тратить деньги на рабочих, которые еле-еле ковыряются, вместо того чтобы работать. Подсадные рабочие, ментовские. Что это у них за агрегаты такие интересные по залам расставлены?

Илья насчитал таких «рабочих» больше двух десятков. «И все это на одного Ивана? Ни хрена себе, вот это они его уважают! Гораздо больше, чем мы, — хмыкнул про себя Илья. — Он, сука, конечно, боец. Но и не таких обламывали. Не сможет один человек победить Союз киллеров. Не сможет. Надорвется... А менты — что ж, они не помеха. Нас не трогают, и хрен с ними. А если

Ивана ненароком завалят — так это хорошо, нам мороки меньше... Союзнички! — ухмыльнулся Илья. — Всех вас прижучим, придет время...»

...Иван проснулся от настойчивого запаха духов, который лез ему прямо в ноздри. Он вряд ли сумел бы отличить «Boucheron» от «Dolce & Gabbana», а среди торговой марки «Salvador Dali» почувствовать разницу между «Laguna» и «Dalissime», но аромат духов его чем-то взволновал, о чем-то напомнил: что-то такое туманное и очень приятное мелькнуло в голове, отдалось в пояснице и вызвало слабое напряжение в паху...

Иван повернул голову в сторону запаха и сначала увидел обнаженную женщину, спящую на его правом плече, а затем и почувствовал ее тело своим телом. Он и сам оказался обнаженным, что его немало удивило.

Было странно, что он по-прежнему не чувствовал никакой опасности. Он внушал себе, что опасность должна быть, что забывать о ней нельзя, но... совершенно не ощущал ее.

Не было никакой опасности. Была только женщина, мирно спящая на его плече, и она вызывала у него интерес. Нет, не желание, а именно интерес. Он осторожно вытащил правую руку из-под ее головы и сел на кровати. В своей левой руке он обнаружил пистолет... Женщина не проснулась, а только пошевелила головой, устраивая ее поудобнее на подушке, слегка почмокала губами, сглатывая скопившуюся во рту слюну. Затем она потянулась, расправляя затекшие ноги, повернулась, чтобы лечь на спину, длинными ногтями поскребла волосы на лобке и, взяв себя правой рукой за левую грудь, успокоилась и задышала глубоко и ровно.

Иван встал и начал одеваться, разглядывая лежащую перед ним на спине женщину. Фигура у нее была чуть полновата и тем не менее привлекательна. Она притягивала взгляд Ивана. Округлые плечи придавали ей подчеркнутую женственность. Резко выраженная талия переходила в крутые бедра. Не в теле женщины, как таковом, а именно в линии перехода от талии к бедрам заключалась какая-то волнующая тайна... Черный треугольник лобка, тщательно подбритый по бокам и кудрявившийся густыми волосами в центре, почему-то не напоминал Ивану о близости влагалища: чего не видишь, того как бы и не существует в природе... У этой женщины было просто красивое тело, на которое приятно смотреть...

Иван одевался машинально, не думая о том, что и зачем делает. В голове сработала какая-то вложенная туда помимо его воли программа, которой он подчинился, не рассуждая... Хотелось остаться и продолжать смотреть на спящую женщину, потому что Иван чувствовал нечто необычное. Он, конечно, видел женщин в постели, но они всегда лежали с раздвинутыми ногами, с приподнятым, беспокойно ерзающим тазом, готовые втянуть в себя, как бы всосать его плоть. И он боролся с ними в постели, побеждал их своими руками и своим членом. Они были привлекательны, но только как соперники. Не соперницы, а именно соперники Ивана. Враги... Видел он и мертвых женщин, но это была всего лишь мертвая, разлагающаяся плоть...

Иван оделся. Его пистолет был на своем месте, но чего-то еще не хватало. Иван оглянулся, увидел на тумбочке у кровати пять пистолетов, взятых у убитых «охотников». Он несколько секунд смотрел на них, но затем все же не стал брать с собой.

Иван нагнулся и положил руку на бедро женщины. Она открыла глаза, спокойно, без всякого испуга, посмотрела на него и улыбнулась. Потом потянулась, провела правой рукой по соскам тугих продолговатых грудей, по упругому животу, лобку, ногам. Собственное тело явно нравилось ей, само его существование доставляло удовольствие. И еще Иван понял: ей приятно то, что он на нее смотрит. Ему тоже было приятно на нее смотреть. В ней напрочь отсутствовала агрессия...

Иван неожиданно вспомнил, что уже наступил четверг, и взглянул на часы. О женщине он почти сразу перестал думать... На часах было девятнадцать сорок.

— Я ухожу, — сказал Иван. — Спасибо. Я хорошо отдохнул.

Иван говорил очень непривычные для него слова. Вернее, непривычными были испытываемые при этом ощущения. Он, к примеру, с удовольствием произнес фразу: «Я хорошо отдохнул». И не только потому, что последние года два он вообще не отдыхал... Отдыхать ему не давало что-то такое, что вошло в его жизнь в Чечне, а может быть, и еще раньше, что-то, заставляющее Ивана ненавидеть весь мир, всех людей, поклоняться Великой Смерти, убивать и чувствовать от этого наслаждение... А эта простая фраза несла в себе заряд какой-то непонятной пока Ивану свободы...

Он сделал шаг к двери.

— Подожди, — сказала женщина.

Она села на постели, подогнув под себя по-турецки ноги и открыв для обзора щель пониже лобка, которая у Ивана ассоциировалась с агрессией. Но он по-прежнему не ощущал ничего, что бы говорило об исходящей от нее опасности...

— А это? — показала она подбородком на тумбочку с пистолетами.

— Я вернусь за ними, — ответил Иван и вышел из комнаты.

Когда Иван закрыл за собой дверь, Надю почему-то охватило сильное волнение. Откинувшись на постели, она сжимала руками груди и напряженно прислушивалась к звукам в квартире...

Шаги Ивана медленно удалялись от двери ее

комнаты. Она мысленно представила себе, как он идет по коридору, вот поравнялся с комнатой матери... Вдруг шаги смолкли — очевидно, он остановился. Сердце Нади провалилось куда-то в живот и еще дальше в пах. Она сейчас хотела его так сильно, что, казалось, кончила бы от одного его взгляда — такого, как тогда, в метро...

Скрипнула дверь в комнату матери. Надя застонала и почувствовала, как сладкие волны, берущие начало в паху, разливаются по всему телу и яркими вспышками сверкают в мозгу...

В тот момент, когда Иван покидал спальню, он и не думал заходить в комнату к больной старухе. Но его чуткое, тренированное ухо вдруг уловило хорошо знакомое слово, произнесенное старческим голосом... Это заставило его напрячься, прислушаться и в конце концов остановиться у двери старухиной комнаты.

— Смерть... — доносился до Ивана свистящий шепот. — Смерть ходит... Стоит за дверью... Заходи... Устала ждать... Заходи...

Иван толкнул дверь, которая едва слышно скрипнула. Старуха лежала, глядя в потолок, иссохшие губы шевелились, издавая невнятные звуки, которые время от времени складывались во вполне различимые слова:

— Устала... Болит внутри... Смерть... Устала ждать... Заходи...

Иван слушал старуху, ни о чем не думая и не испытывая никаких чувств. Он вспоминал прощальный взгляд, брошенный ему обнаженной женщиной в ее спальне, и постепенно осознавал, зачем зашел в комнату старухи... Зашел, потому что его звали, потому что просили у него милостыни...

— Болит все... Болит... Устала ждать...

Иван подошел ближе к постели старухи. Она по-прежнему смотрела в потолок и Ивана не замечала.

— Ну-у-у... — протяжно произнесла она. — Ну уже...

Иван протянул к ней руку и приставил средний палец правой руки к центру груди между ключицами — к основанию горла.

— А-а-а-х!.. — выпустила из себя воздух старуха.

Иван слегка надавил пальцем и секунд двадцать держал его в таком положении... Горло старухи некоторое время делало судорожные движения, но очень быстро успокоилось... Старуха молчала и больше не шевелилась...

Иван постоял минуту, глядя на затихшую старуху... И решил для себя, что все сделал правильно.

Он вышел из квартиры и с этой минуты думал только о предстоящей встрече на Казанском вокзале.

Иван был уверен, что на Казанском вокзале его поджидают не один и не два «охотника»: как минимум — десяток, причем самых лучших... На внимание со стороны Никитина тоже можно было рассчитывать... Если, конечно, он вмешается в игру. Встретил же он никитинских людей в Измайловском парке! Столкнулся-то он с ними случайно, но это не значит, что они не успели сесть ему на хвост или вычислить его по каким-то своим каналам. А каналов у них немало...

Отправляться сразу на Казанский было нецелесообразно. Несколько успокоенный мыслью о том, что главные силы «охотников» должны собраться на Казанском вокзале и, следовательно, вероятность напороться на них на улицах Москвы снизилась, Иван без приключений преодолел путь до метро, почти не обращая внимания на взгляды в свою сторону.

Иван не разрабатывал заранее план действий. План всегда диктовали внешние обстоятельства — особенности поведения жертвы, жесткие ограничения в выборе способа убийства, как в случае с

Кроносовым, которого Иван отравил через водопровод, или плотность преследования, как сейчас... Иван изучал эти обстоятельства, принимал их как данность, пропускал через себя, делая частью своего понимания ситуации, а уж это понимание само рождало некий план, всегда нетрадиционный и трудно воображаемый для противника.

Переиграть Ивана можно было только с помощью таких же нетрадиционных методов... Если предположить, что Иван знает о наличии «охотников» внутри здания вокзала и не полезет на рожон, а постарается найти обходной маневр, тогда ставить стрелков на вокзале бессмысленно... Правда, с таким же успехом можно допустить, что Иван вычислит такой ход мысли и реакцию «охотников» и сделает наоборот — устремится в здание вокзала и уже оттуда, изнутри, будет организовывать свою атаку...

От рассмотрения всех возможных вариантов развития событий у Ильи — Председателя Союза киллеров — голова шла кругом. Но в конце концов он успокоил себя тем, что диспозиция все равно будет складываться стихийно — как следствие господствующего в СК принципа демократического автономизма: цель общая, но каждый действует в одиночку.

Никитин же вообще был лишен возможности строить какие-либо предположения по поводу поведения Ивана, поскольку у него не имелось для этого необходимой информации. Догадки Герасимова были, конечно, хороши, но оставались лишь догадками, и Никитин вынужден был действовать самым традиционным и прямолинейным образом: повышать концентрацию своих людей во всем пространстве предполагаемого контакта и ждать, пока активизируются субъекты этого контакта. И он ждал... Ждал уже двенадцать часов, то окончательно теряя терпение, то вновь вдохновляясь единственным своим аргументом — чем больше проходит времени, тем вероятнее, что вот-вот, сейчас появится Иван...

...С «Октябрьской» Иван поехал не сразу к «Комсомольской», а в другую сторону по Кольцевой линии и вышел из вагона на станции «Парк культуры». Там он пересел на Кировско-Фрунзенскую линию и, миновав чуть ли все весь центр Москвы, выбрался за пределы Садового кольца. Он не сошел ни на станции «Красные ворота», ни на «Комсомольской»... Иван покинул метрополитен, только доехав до станции «Красносельская».

Иван вышел на Краснопрудную улицу и направился в сторону Комсомольской площади. Он тщательно исследовал все попадающиеся по пути забегаловки, подвальные бары, столовые, рюмочные, шашлычные-чебуречные, винные магазины с отделами, торгующими в розлив. И вот наконец в каком-то Давыдовском переулке нашел то, что искал... В грязной, заплеванной забегаловке, торговавшей пивом, портвейном «Анапа», причем сильно разбавленным, и бутербродами с килькой, он увидел форменную фуражку носильщика с Ярославского вокзала. Ее обладатель, краснолицый мужичок лет пятидесяти, разговаривал с типичным московским «синяком» неопределенного возраста. «Синяку» с равными шансами на успех можно было дать и тридцать лет, и шестьдесят. Иван взял кружку пива и пристроился за соседним столиком.

— Нет, — говорил «синяк», водя перед своим лицом указательным пальцем из стороны в сторону, — я поднялся не в восемьдесят пятом, а в девяностом... — Он иногда задевал себе пальцем за нос и вздрагивал. — Я... Я все направления... Я всю площадь снабжал водкой... У меня здесь до самой Краснопрудной очередь стояла. В два ряда... — «Синяк» придвинулся ближе к краснолицему носильщику и понизил голос до шепота, поведя по сторонам ничего не видящими глазами: — Я деньги из воздуха делал... Я продал три... пять... не помню... Я продавал вагоны водки... На запасных путях Казанского стоял состав с водкой для Москвы... Ко мне пришел Батя...

— Я с ним поработал, еще застал... Он бригадиром был... — вставил краснолицый.

«Синяк» утвердительно-понимающе покивал головой и вновь поднял указательный палец, желая продолжать делиться своими воспоминаниями:

— Батя сказал, что мне дадут всего десять процентов, но там этой водки было море, вагоны... «Вези водяру, Батя, — заорал я ему. — Я согласен!..»

Теперь краснолицый точно с таким же выражением кивал головой.

— Через две недели! Ты понял?.. Через две недели, Петя, я стал приезжать сюда на «форде». У меня тогда был красный «форд» и свой шофер. Самому мне водить нельзя было. Права у меня еще в восемьдесят пятом отобрали. Насовсем... Правда, потом вернули... — «Синяка» разбирал смех. — Ты мне веришь, Петька? Ко мне на прием записывались, я шишка тогда был для всех Сокольников. В Сокольниках только у меня водка была...

Пиво в забегаловке было отвратительным, пить его Иван просто не смог — так и стоял перед полной кружкой, разглядывая кильку, лежащую перед ним на кусочке черного хлеба. Килька была украшена одиноким засохшим колечком лука и благоухала подсолнечным маслом... «Вечер воспоминаний окончен, — подумал Иван. — Пора прогуляться». Он подошел к стойке, купил бутылку «Анапы», попросил открыть, взял один бутерброд, один стакан, нахлобучил стакан на бутылку и протолкался от стойки к столику, за которым и «синяк», и Петя-носильщик теперь оба понимающе кивали друг другу перед опустевшими кружками.

— Не помешаю, ребята? — спросил Иван и, не дожидаясь ответа, поставил бутылку на стол.

Он снял стакан с горлышка бутылки и стал наливать в него портвейн. Взглянув как бы случайно на стоящих напротив него «синяка» и носильщика, он резко остановил процесс наполнения стакана и громко воскликнул:

— Петька! Ты откуда, брат?

Краснолицый носильщик очень сосредоточенно на него смотрел, нисколько, впрочем, не узнавая. За годы путешествий по портовым и вокзальным забегаловкам Петя успел обрести столько «братьев», что число их, наверное, превысило численность населения славного города Бомбея, в котором побывал он тридцать лет назад, служа тогда в советском торговом флоте.

— Мы с тобой год назад на этом же самом месте эту же «Анну Палну» пили! — орал на всю забегаловку Иван, хлопая Петьку по плечу.

Носильщик счастливо улыбался, уже представляя себе, как будет пить до утра за счет этого денежного «знакомого»... А может, и дольше — если «знакомый» вырубится раньше него и даст возможность спокойно ознакомиться с содержанием своих карманов и кошелька... Он старательно напрягал память, но вспомнить новоявленного «брата» никак не мог. Однако тот держал в руках бутылку, и Петя решил-таки проявить к нему самые теплые «родственные» чувства.

— Мужики! Угощаю! — шумно радовался встрече Иван. — Каждому по бутылке! Я мигом.

Он сбегал к стойке, взял еще две таких же бутылки «Анапы» и два таких же бутерброда, все это принес и выставил на столик. В соответствии с неписаной традицией каждый распоряжался предназначенной ему бутылкой по своему усмотрению. Носильщик Петя налил половину кружки и принялся прихлебывать из нее по глоточку. «Синяк» набузовал полную кружку, но пить начал из горлышка — то, что осталось в бутылке. Иван наполнил свой стакан доверху, взял его в руку, но потом поставил на столик и сказал, указывая пальцем в самый нос «синяка»:

— И тебя я тоже знаю. Ты — Равиль!

— Я?! — возмутился «синяк». — Я никогда не был татарином! Ни-ког-да! — И он по своей привычке поднял указательный палец и отрицательно помахал им перед собой. — ...Нет, одно время я был евреем. Был... — Неожиданно «синяк» смягчился и утвердительно закивал головой. — Но тебя я не знаю...

— Слушай, а сейчас ты кто? — не отставал от него Иван.

— Я?! — крайне удивился тот. — Я русский. Или российский? Не знаю точно...

— Тогда давай... И за тех, и за других...

Иван поднял его кружку с вином и сунул ему в руку. «Синяка» немного покачивало, и он вцепился в кружку, как в точку опоры. Начал пить, но осилил только половину, после чего прижал кружку к щеке и так стоял, покачиваясь и глядя на Ивана. Только Иван якобы собрался выпить свое вино, как «синяк» попытался усесться прямо под столик, что было категорически запрещено теми же неписаными традициями московских забегаловок — где угодно, только не в заведении! Иван с носильщиком подхватили его под руки и потащили на улицу. «Синяк» бороздил носками ботинок асфальт...

— Давай сюда — сказал Иван, заметив невдалеке очень соблазнительный каменный заборчик, каких в Москве не так уж много и какие привлекают всех, не рассчитывающих добежать до туалета.

На пространстве вдоль забора было действительно не слишком чисто, более того, вся обозримая территория была основательно «заминирована». Они затащили бесчувственное тело за забор, и Иван, отстранив грузчика, слегка толкнул «синяка» в спину. Тот, полетев носом вперед, влип плашмя в хорошо удобренную московскую почву.

— Ты чего?! — закричал носильщик. — Безрукий, что ли?

Иван посмотрел на Петю абсолютно трезвым взглядом, сразу вызвавшим у последнего серьезные опасения.

— Не волнуйся! Тебя я положу, где почище. Фуражку сними, чтоб не испачкалась...

— Ты чего, брат? — бормотал носильщик, пятясь назад, но фуражку все же снял.

— Я тебя раздеваю, браток, — ласково ответил Иван и слегка врезал ему левой в подбородок.

Носильщик резко дернулся назад и с глухим звуком стукнулся затылком о кирпичную стену какого-то сарая. Иван подхватил его под мышки и аккуратно усадил на землю. Затем стащил с него форменную куртку, быстро натянул ее на себя, взял из рук у Пети фуражку и, помахивая ею, двинулся в сторону Краснопрудной... Он был почти готов к свиданию с «охотниками» на Казанском вокзале.

В зале для транзитных пассажиров Ярославского вокзала Иван взглянул в зеркало и с удовлетворением отметил, что не может сам себя узнать. Надвинутая на глаза фуражка закрывала половину лица, во всей остальной внешности не осталось ни одной индивидуальной черты. Единственное, что могло привлечь внимание, — бляха носильщика, на которой можно было разобрать надпись: «Ярославский».

Проторчав примерно полчаса у транзитных касс и успешно отбившись от всех пассажиров Ярославского и Ленинградского вокзалов, пытавшихся его «снять», Иван услышал наконец обращенную к нему долгожданную фразу:

— На Казанский отнесешь?

— Ну! — быстро ответил Иван.

— Ну-ну! Неси! — буркнул ему высокий и толстый мужчина с совсем узкими плечами, но зато с необъятным задом. Этот пассажир пыхтел и отдувался уже только от того, что ему приходилось нести свое собственное тело. А кроме тяжелого, откормленного тела у него были еще внушительного вида чемодан, перетянутый ремнями, и спортивная сумка, небольшая, но плотно набитая. Застегнуть сумку не удалось, и теперь из нее торчали какие-то тряпки и целлофановые пакеты.

Толстяк назвал цену, на которую Иван тут же, не торгуясь, согласился. Он и представления не имел, сколько берут носильщики за свои услуги...

— Деньги вперед, — только и сказал Иван, давая понять, что он согласен.

Толстяк высыпал ему в подставленную ладонь горсть пятирублевых монет. Иван, не считая, сунул их в карман. Потом легко подбросил чемодан на левое плечо, а правой хотел было подхватить спортивную сумку... Но толстяк не дал ему даже притронуться к сумке, отрицательно покрутил головой и сказал:

— Это я сам.

«Деньги у него, что ли, там? — подумал Иван, но, оценив еще раз взглядом комплекцию своего клиента, изменил свое мнение: — Нет, скорее жратва!» Нести один чемодан ему было еще удобнее... Держа его двумя руками и полностью загораживая при этом свое лицо, имеешь тем не менее возможность наблюдать за обстановкой... А при необходимости можно, даже не избавляясь от чемодана, правой рукой быстро выхватить пистолет...

Они вышли из здания Ярославского вокзала и спустились в подземный переход. Иван, внимательно наблюдавший за всеми, кто попадал в поле его зрения, остался доволен результатами своего наблюдения... На них все обращали внимание. Толстяк обладал настолько колоритной внешностью, что пройти мимо него, не оглянувшись и не хмыкнув про себя: «Вот это да!», было просто невозможно. На фоне такого пассажира носильщик с чемоданом совершенно терялся. Да и что примечательного можно найти в носильщике, которой тащит обыкновенный чемодан с Ярославского вокзала на Казанский?

Подземный переход они миновали спокойно. По пути Иван заметил только троих обладателей чрезмерно внимательных глаз, шарящих взглядами по лицам всех прохожих подряд. Но входить в контакт с противником здесь, в подземном переходе, Иван не собирался. Он назначил встречу на Казанском, а значит, должен попасть внутрь вокзала и именно там начать разборку с «охотниками»... «Это дело чести!» — мог бы сказать Иван, если бы подобное понятие еще существовало в его сознании. На самом деле он просто чувствовал, что все должно быть именно так, а не иначе...

Едва они влились в поток пассажиров, двигающихся через Казанский вокзал, как Иван отметил резкое усиление напряженности в окружающей обстановке. Внимательные, ищущие взгляды буквально пронизывали все пространство вокзала. Невозможно было даже приблизительно определить количество субъектов наблюдения...

Оперативники Никитина, проведя весь день и вечер в бесконечном и бессмысленном ожидании и в напряжении, к этому времени уже слегка озверели и чуть ли не за руки хватали проходящих мимо них людей, чтобы заглянуть им в лицо.

«Охотники» Ильи проявляли профессиональную выдержку, терпеливо дожидаясь появления объекта. Сколько раз им приходилось это делать, прежде чем всадить пулю в какой-нибудь дорогостоящий лоб! Сам Илья все чаще делал свои обходы, рискуя привлечь внимание оперативников. Он порядком нервничал из-за того, что Иван заставляет себя так долго ждать, но с удовлетворением отмечал вполне сносную боевую готовность своих людей... Правда, от троицы, собравшейся поначалу за столиком в кафе, осталось на настоящий момент только двое. Девятый напился, как свинья, и громко храпел, развалясь в кресле, неподалеку от столика, за которым Второй и Третий продолжали свою пьяную беседу. А что? С них взятки гладки. «Интриганы хреновы!» — ругнулся про себя Илья. И еще он немного беспокоился за Одиннадцатого, который продолжал упрямо торчать у стены на проходе, демонстрируя поразительную силу воли и одновременно тупое упрямство. Илье показалось, что он уже накалился, как утюг, до последней степени и готов был прострелить любую мало-мальски подходящую для этого башку. «Даже если Иван сегодня не появится, — думал Илья, — этот без выстрела с вокзала не уйдет...»

...Его-то первого и определил Иван как «охотника». Держа двумя руками чемодан и наблюдая в щель между рукой и чемоданом злобно бегающие глаза стоящего у стены в наилучшей огневой позиции верзилы, Иван уже не сомневался, что это именно «охотник». Тот был в расстегнутой почти до пояса джинсовой рубашке, правую руку он держал за пазухой и нервно то сжимал в кулак, то вновь разжимал пальцы левой руки.

«Ты откроешь сегодняшний счет», — подумал Иван, имея в виду не счет смертей, а лишь счет пистолетов. Жизнь его была Ивану не нужна...

...Он всегда презирал противников, которые старались победить врага не умением убивать быстрее и эффективнее, а демонстрацией свой злобы, гнева, ярости или бешенства. За всем этим Иван видел одно стремление слабого, неуверенного в себе человека напугать противника громким голосом и злобным видом... В деле такие ярые и злобные оказывались неуклюжими и нерасторопными. Если их запугивание с самого начала не имело успеха, они сразу и безоговорочно проигрывали. Стоило им только повстречать врага, у которого не было страха перед ними, — и им наступал конец...

Ивану вспомнился один чеченец, изъявивший желание драться с русским рабом-гладиатором. Чеченец поставил на кон самое дорогое, что у него было, — свое оружие: короткоствольную скорострельную винтовку и старинный кинжал своего отца, в ножнах, украшенных чеканкой... В живых мог остаться только победитель в поединке, значит, проигравшему оружие было уже ни к чему... Бой был долгим и утомительным — один из самых трудных боев, проведенных Иваном в чеченском рабстве. Чеченец каждую секунду готов был нанести смертельный удар и каждую секунду готов был его получить... «Профессионализм, — подумал Иван, — как раз и состоит в этой двойной ежесекундной готовности...» Он навсегда запомнил взгляд чеченца: неподвижный, непроницаемый, говорящий, казалось, только одно: «Встречай свою смерть!..» Иван дважды увернулся от его стремительно выброшенной руки, нацеленной прямо в Иваново горло. Если бы чеченцу удалось тогда вцепиться Ивану в горло, тот был бы уже покойником. Он вырвал бы у гладиатора горло, как вырвал кусок мяса из плеча, едва коснувшись его своими крючковатыми пальцами, твердыми, как клюв орлана-белохвоста... Иван понял, что в третий раз ему увернуться не удастся. И прежде чем чеченец в третий раз нацелился на его горло, Иван воткнул указательный палец своей правой руки ему в глаз — глубоко, на всю длину пальца, очевидно задев какой-то важный мозговой центр... Чеченец застыл, как парализованный. Застыл и Иван, держа палец в его голове. Чеченец, напряженно выгнувшись, как столбнячный больной, начал падать всем корпусом назад... Голова его постепенно сползала с Иванова пальца. Поразило Ивана то, что все это время выражение другого, невредимого глаза оставалось неизменным...

...Все это промелькнуло в голове Марьева в течение нескольких секунд, пока он разглядывал внешне спокойного, но внутренне взвинченного до последней степени «охотника» у стены. Правой рукой за пазухой тот сжимал пистолет — в этом Иван не мог ошибиться. «Охотник» злобно смотрел на толстяка пассажира, ненавидя его, очевидно, уже только за то, что он не Иван...

...Иван споткнулся ровно за один шаг до верзилы. Угол летящего чемодана угодил тому прямо в лицо, левая рука падающего вслед за чемоданом Ивана скользнула парню под рубашку, и мгновенно перехватила руку киллера, и выдрала из нее пистолет, а в это время правая Иванова рука, якобы пытаясь удержать падающий чемодан, слегка коснулась нервного узла у основания шеи верзилы. Иван упал, парень же остался стоять там, где стоял. Он моргал глазами и шевелил губами, но не мог ни вымолвить слова, ни поднять руки... Иван ползал по полу у его ног, неуклюже хватал чемодан, бормотал извинения, даже отряхивал брюки верзилы и заправлял ему рубашку. Отнятый пистолет уже лежал в кармане форменной куртки. Толстяк нависал над Иваном, загораживая его от излишне внимательных глаз, и вполголоса матерился. Надвинув фуражку на глаза, Иван наконец вновь подхватил чемодан и всем своим видом изъявлял готовность двигаться дальше — извините, мол, досадное недоразумение, глупая случайность!

Верзила так и продолжал стоять на своем месте у стены, и ненависть в его глазах горела прежним огнем, даже, пожалуй, еще усилилась, но он был абсолютно беспомощен. А Иван и толстяк направились в кассовый зал. Здесь, как понял Иван, им предстояло расстаться... Ивану следовало решить, какую линию поведения, какую тактику избрать на ближайшее время...

В зале Иван сразу же выделил в толпе напряженную физиономию книжного лоточника, с которым пытался вести интеллектуальную беседу какой-то пожилой мужчина в очках и с бородкой клинышком. Лоточник в ответ на обращения интеллектуала только закатывал глаза к потолку и отрицательно мотал головой. Когда же он опускал глаза, то нетерпеливо шарил цепким взглядом по залу, явно кого-то выискивая и поджидая. «Охотник», — отметил про себя Иван.

Толстяк подошел к очереди в кассу.

— Сюда. — Он указал Ивану на место у своих ног, куда надо было поставить чемодан.

Иван освободился от чемодана, поправил немного великоватую фуражку и спокойно, ни быстро, ни медленно, пошел в сторону вокзального кафе, глядя, казалось бы, только прямо перед собой, но на самом деле видя все по обеим сторонам от себя... Он пытался засечь еще хотя бы одного «охотника». У него было уже шесть «охотничьих» пистолетов, не хватало всего одного, чтобы выиграть эту придуманную Крестным жестокую игру... Однако ему не удалось обнаружить больше ни одного из преследователей, хотя он ясно ощущал их присутствие недалеко от себя. Можно было бы, конечно, удовлетвориться одним изъятым пистолетом и потихоньку убраться из здания вокзала. Еще один пистолет за оставшиеся до понедельника дни Иван как-нибудь сумел бы добыть! Но он твердо решил закончить игру сегодня.

Подойдя к витрине-прилавку кафе, Иван, стоя спиной к залу, снял фуражку, не спеша достал из кармана пистолет и аккуратно поместил его внутрь фуражки. Бросив на стойку пятирублевую монетку из числа только что полученных от толстяка, Иван буркнул продавщице: «Сдачи не надо», чтобы не терять времени, взял стаканчик кофе и повернулся к залу лицом... Его появления в помещении вокзала, так сказать, «с открытым забралом» с этой стороны никто не ожидал — он находился далеко от основного прохода, в «застойной» зоне. И действительно, на тот момент Ивана еще никто не заметил.

С пистолетом, прикрытым фуражкой, и стаканчиком кофе он двинулся к ближнему столику, где два парня спортивного вида беседовали за бутылкой водки. Уже по пути Иван услышал, как один из них говорил другому:

— На Шестого надежды мало. Он никогда не пойдет против Ильи. По крайней мере, сейчас...

Содержание сказанной парнем фразы, прозвучавшее знакомое имя — все это сразу насторожило его. А когда он поставил свой кофе на столик и оба парня одновременно повернули к нему головы, настал момент полной ясности: в их глазах отразилось такое удивление, что истолковать его можно было только в определенном смысле — оба они, конечно же, узнали Ивана... Поэтому он без всякой паузы произнес:

— Стреляю при первом движении. Ваши животы у меня на стволе. Успею убить обоих прежде, чем вы пошевелитесь. Вы все поняли?

Парни одновременно кивнули, глядя на правую руку Ивана, которую он держал под столешницей. Они загораживали Ивану большую часть зала, и он не видел, что там творится, но старался фиксировать изменения обстановки с помощью слуха...

— Теперь давайте знакомиться. Сначала ты, — кивнул Иван на парня слева от себя. — Двумя пальцами, очень осторожно, достаешь пистолет и кладешь его на столик.

Парень, растопырив пальцы, залез себе за пояс и достал пистолет, держа его, как было приказано, указательным и большим пальцами. Он положил пистолет на столик и средним пальцем осторожно придвинул его к Ивану. Иван левой рукой взял пистолет и сунул его в карман.

— Теперь ты, — обратился он ко второму «охотнику», — делаешь то же самое.

Второй парень тоже растопырил пальцы и сунул их за пазуху своего легкого летнего пиджака. Он уже вытащил пистолет с видимым намерением положить его на стол, но... то ли от волнения, то ли с умыслом парень выронил пистолет из задрожавших пальцев, и тот упал на мраморный пол с характерным металлическим стуком... Неизвестно, на что он рассчитывал, если сделал это умышленно. Может быть, надеялся, что Иван сунется поднимать упавшее оружие или заставит это сделать его самого? И, таким образом, он получит хоть какой-то шанс, хоть минимальную возможность для атаки? Но Иван просчитал такой вариант еще до того, как произнес первую фразу, и заранее принял решение, что он будет делать в этом случае. Звук от удара упавшего пистолета о мраморный пол однозначно послужит сигналом для всех остальных «охотников», сколько бы их ни находилось в этом зале. Решение Ивана было очень невыгодным для парня, уронившего пистолет, как, впрочем, и для его спутника, уже расставшегося с пистолетом...

Иван, не медля ни секунды, выстрелил два раза, попав одному киллеру в живот, а другому — чуть пониже живота, и бросился на пол вслед за их рухнувшими телами, стремясь упасть так, чтобы опрокинувшийся столик и тела парней загородили его от выстрелов со стороны зала. В том, что выстрелы сейчас же последуют, Иван был абсолютно уверен. Не знал он лишь одного: сколько человек будет по нему стрелять... Можно было предполагать наличие в зале от двух до пяти стрелков.

Едва он коснулся пола, как сразу из трех точек зала загремели выстрелы... Шестой, стоявший на широко расставленных ногах прямо посреди очереди в кассу, стрелял, держа пистолет обеими руками и вытянув их далеко перед собой. Он успел сделать три выстрела, но, поскольку цели не видел, попал два раза в крышку столика и один раз в плечо раненного Иваном Второго... Десятый, оттолкнув от себя осточертевший ему за день книжный лоток, произвел два выстрела — как и Шестой, с вытянутых рук. Но он тоже не видел Ивана за лежащими на полу телами и потому оба раза попал в спину Третьему, добив его окончательно... Больше всего шума наделал Седьмой. Выхватив из лежащего у него на коленях саквояжа автомат, он вскочил и с нечленораздельными криками начал поливать очередями всех лежащих на полу в кафе, надеясь, что ему удастся всадить хотя бы одну пулю в Ивана.

И своей цели он достиг. Как ни прикрывался Иван телом Второго от автоматных выстрелов, пули рикошетили от мраморного пола, и две из них все-таки попали ему в ногу и в бедро... Седьмому, может быть, даже и удалось бы прикончить Ивана, позиция которого была весьма невыгодной, но он отвлекся от него ради Девятого. Тот при первых же выстрелах проснулся, но по-прежнему сидел в кресле. Седьмой не мог упустить такого момента и, чуть изменив вектор стрельбы, срезал Девятому короткой очередью полголовы...

Иван уже держал в обеих руках по пистолету и готов был начать ответный огонь, но неожиданно выстрелы в его сторону прекратились, хотя стрельба в зале и продолжалась... Оттолкнув от себя изрешеченное пулями тело Второго, Иван смог увидеть любопытную картину: неподалеку от него оседал на пол парень с автоматом в руках; у продавца книжного лотка безжизненно повисла правая рука, и он пытался поднять с пола пистолет левой; около касс один из пассажиров очень технично проведенным приемом ломал руку, держащую пистолет, еще одному «охотнику». И все это происходило, как на сцене в театре — среди неподвижных декораций и на виду у затаившего дыхание зрительного зала. Среагировать успели лишь профессионалы, остальные пассажиры только рты пораскрывали: кто для крика, кто от удивления... Впрочем, Седьмой зацепил несколько человек из числа пассажиров автоматной очередью.

Зато через мгновение все пришло в движение и начался самый настоящий сумасшедший бразильский карнавал в его российском варианте. Не только русский бунт может быть, по выражению великого русского поэта и писателя, бессмысленным и беспощадным — не менее бессмысленна и беспощадна русская паника!

Весь Казанский вокзал просто взорвался коллективным воплем. В кассовом зале средняя сила его достигала того предела, который с трудом может выдержать человеческое ухо. Отдельные женские визги доходили уже до уровня ультразвука... В какой-то момент от срикошетивших пуль, а может быть, и от резонансных колебаний, вызванных диким ором пассажиров, лопнули и обвалились дождем осколков стекла в двух кассах, увеличивая и без того запредельную панику.

Подальше от кассового зала крики звучали слабее, но и там вопили так, что услышать самого себя было трудно.

На улице слышались только отдельные вопли, но беспорядочный шум возникал то там то тут, волнами прокатываясь вокруг вокзала.

Первой двигательной реакцией людей, находившихся в кассовом зале, было бежать прочь, наружу, туда, где не стреляют. Хотя стрелять уже давно перестали, на это никто не обратил внимания, руководствуясь элементарной логикой: раз только что стреляли, значит, сейчас могут опять начать!

У тех, что сами были вне кассового зала, но предполагали, что их близкие находятся внутри него, реакция была иной — бежать к своим, чтобы спасать их. Казалось бы, как и кого они могли спасти? Но люди об этом обычно не задумываются...

В результате одна толпа ринулась из кассового зала, а другая — в зал. В узких местах проходов они столкнулись между собой. Барьерчики, поставленные никитинскими оперативниками, были отброшены. Но движение застопорилось, и встречные потоки начали выдавливать друг друга в свободное пространство, поскольку ни те ни другие не могли достичь своей цели. Оперативники, которые после первых выстрелов успели выскочить из облюбованных ими закоулков и попасть в эпицентр ситуации, могли продолжать активные действия. Остальные оказались плотно придавлены напирающими массами пассажиров к тем самым стенам, которые они весь день «ремонтировали».

Люди с улицы тоже ломанулись внутрь вокзала, окончательно заперев своими телами все входы и выходы... Четвертый, мотавшийся все время по перрону, одним из первых устремился внутрь и опять же одним из первых столкнулся со встречным движением. Троих или четверых ему удалось отшвырнуть со своего пути, но потом народ повалил сплошным потоком и затолкал его в какой-то небольшой промежуточный зальчик. Там он оказался сжат телами настолько плотно, что не мог пошевелить руками. Попробовал было брыкаться, но прижатый к нему толстый украинский дядька так врезал ему лбом в висок, что он на время потерял сознание и предпочел больше не рыпаться.

Торчащего на проходе Одиннадцатого, еще парализованного хитрым приемом Ивана, свалили с ног первые же выбежавшие из зала обезумевшие пассажиры, и он, не имея сил подняться, был просто затоптан.

От Ярославского и Ленинградского вокзалов по подземному переходу бежали к Казанскому многочисленные любопытные и обеспокоенные. Им тоже пришлось столкнуться с теми, кто стремился покинуть Казанский вокзал. И те и другие прочно застряли под землей.

Больше всего повезло тем, кто решил бежать через площадь поверху. Они сохранили оперативный простор для своих действий, полную свободу передвижения. Из них и составилась внушительная толпа любопытных, кружащих вокруг вокзала, но уже сообразивших, что соваться внутрь не стоит.

В двух местах внутри вокзала никитинские бойцы, стремясь остановить напирающих на них людей, выстрелили из пневмопушек ловчими сетями. Запутавшиеся в сетях люди — а их оказалось человек по десять в каждой сети — свалились на пол и тем дали новый поворот событиям. Люди, как фишки домино, валились друг на друга и увлекали стоящих рядом с собой на пол... А дальше схватка происходила, как говорят спортсмены-борцы, уже в партере...

...Иван сумел вовремя оценить ситуацию и ее возможные последствия, совершенно нежелательные для него. После паники милиция обязательно начнет свои разборки, и выбраться отсюда будет уже чрезвычайно трудно... Иван накрыл голову форменной курткой и прыгнул прямо в высокое окно, рядом с которым стояли столики кафе. Вывалившись с осколками стекла на улицу, он покатился по тротуару. Иван показал дорогу многим другим — за ним устремилась часть толпы, и он немедленно и самым благополучным образом с ней смешался.

Не выбираясь из густой толпы, он незаметно переложил свои пистолеты, которых теперь стало уже три (вместе с двумя трофейными), в небольшую кожаную сумочку, приготовленную специально для этой цели. После этого Иван стянул с себя форменный китель и в дальнейшем просто «потерял» его на ходу.

Вырвавшись наконец из толпы, Иван прошел под железнодорожным мостом на Каланчевку и в первом же попавшемся аптечном киоске купил на оставшиеся у него заработанные монетки бинт и расческу. Прямо в скверике у железной дороги перебинтовал себе ногу, став объектом внимания прохожих: двух девушек, мужчины с дипломатом и старушки с объемистым пакетом, набитым продуктами...

Девушки, увидев, как Иван стягивает джинсы, подумали невесть что и ускорили шаг. Мужчина остановился, поскольку заметил, что голая нога Ивана в крови, и, засомневавшись, спросил:

— С вами все в порядке? Вам нужна помощь?

Иван покачал головой и ответил:

— Нет. Спасибо. Справлюсь сам.

Мужчина пожал плечами и пошел дальше, правда, все время оглядываясь.

От старушки не так-то легко оказалось отвязаться.

— Ох, милок, — всплеснула она руками, поставив свой пакет на асфальт, — где ж тебя так?

Иван сразу понял, что так просто прогнать ее не удастся, но он кое-что придумал... Продолжая бинтовать ногу, он ответил срывающимся голосом:

— На Казанском сейчас кучу народа постреляли. Я еще легко отделался. Там трупы — десятками. Народу — толпа. Из автоматов били...

Последние слова он договаривал уже вслед устремившейся к вокзалу старухе, которая, подхватив тяжелый пакет, развила рекордную для себя скорость.

Иван усмехнулся. Он закончил с ногой, натянул окровавленные джинсы, причесался и захромал вверх по Каланчевской улице. Дойдя до ближайшего коммерческого ларька, купил себе новые джинсы, зашел за ларек и, морщась от боли в простреленной ноге, переоделся. Свернув свои старые джинсы, он сунул их в щель под ларьком... Теперь он мог привлечь внимание прохожих только тем, что немного хромал на левую ногу, да еще на локте у него была свежая царапина — задел об осколок стекла, когда вылетал через окно.

Через двадцать минут он добрался до входа на станцию метро «Красные ворота» и спустился вниз. Доехав до станции «Чистые пруды», перешел на «Тургеневскую», вошел в вагон, сел и вздохнул с облегчением. Теперь можно было отдохнуть до самой «Октябрьской».

Глава восьмая

Илья был на площади, когда увидел, что от Казанского побежали люди... «Как тараканы от дихлофоса! Наконец-то», — процедил он сквозь зубы и верхом через площадь устремился к вокзалу, навстречу выскакивавшим из него пассажирам. Позади него бежали еще какие-то люди, в том числе, как Илья успел заметить, и в милицейской форме... Когда он пересек площадь, все входы в вокзал были уже забиты толпами народа. Проникнуть внутрь стало делом невозможным. Илья влился в группу, которая бестолково моталась вокруг вокзала, ведомая одним только острым любопытством. Илья вполне разделял их стремление вникнуть в суть происходящего внутри вокзала. Но его лично интересовали прежде всего ответы на два вопроса: убит ли Иван и кто из «охотников» остался жив?

Вообще-то он совсем не так представлял себе встречу с Иваном. Но что он мог сделать? Менты, того и гляди, Ивана перехватят. А живым им его отдавать нельзя... Волей-неволей придется стоять рядом с ними, следить за ситуацией... Да еще этот разброд в первой десятке...

Вокзал начал потихоньку освобождаться от толпы. Люди, выбиравшиеся из здания вокзала, тут же попадали в кольцо милиционеров, которых здесь неожиданно появилось не меньше сотни. Они стояли плотными заслонами на всех немногочисленных выходах из здания, понемногу выпускали народ, при этом обыскивали каждого на предмет наличия оружия и проверяли документы, задерживая всех, у кого таковых не оказывалось.

Илья видел, как проверяли Четвертого, но почти не беспокоился за него. Не дурак же тот, в конце концов, чтобы лезть в руки милиции с пистолетом! Как ни дорого личное оружие во время игры, но жизнь дороже... Милиционеры проверили Четвертого и отпустили его, как и всех остальных. Пистолета у него, естественно, не оказалось, а документы были в порядке.

Четвертый присоединился к толпе зевак. Илья сразу же подошел к нему, дернул за руку, вопросительно посмотрел в глаза... Тот лишь молча пожал плечами. Илья сплюнул, выматерился. Стали вдвоем наблюдать за дальнейшим развитием событий...

Примчались машины «скорой помощи» целой стаей. Все двенадцать прибывших машин выстроили в ряд, вплотную к выбитому высокому окну кассового зала, и через него стали выносить на носилках раненых и грузить в машины. Когда двенадцать носилок были вынесены, окно вновь перекрыли омоновцы. Илья рассматривал раненых настолько внимательно, насколько это было возможно издалека, но ни Ивана, ни кого-либо из своих среди них не увидел. Тогда он приказал Четвертому подогнать поближе «Жигули» девятой модели, завести их и быть наготове... Где-то через час вокзал был полностью очищен. Никто из киллеров первой десятки больше так и не появился.

Милиция взялась за толпу, скопившуюся около вокзала. Надо было расчистить место для проезда милицейских машин, чтобы погрузить в них тех, у кого не оказалось с собой документов. Таких насчитывалось больше сотни. Но погрузили и увезли их очень быстро. Милиция, как видно, вошла в ритм, действовала четко и эффективно.

Подошли еще пять машин «скорой помощи».

В них погрузили целых четырнадцать носилок с телами, накрытыми брезентом... Илья не мог знать, сколько именно среди них было его людей, но пребывал в уверенности, что они там точно были.

Наконец Илья дождался того явления, из-за которого и торчал перед вокзалом столько времени... Из дверей вокзала вывели человека в наручниках и через плотный коридор милиционеров повели к машине... Это оказался не Иван, а Десятый. Следом за ним вывели еще одного — Шестого. Больше Илье ждать было нечего...

Мент у машины замешкался с дверцей, и Шестой с Десятым «застряли» перед ней, как мишени в тире. Снять две цели с угловой разницей в прицеле в двадцать секунд для Ильи труда не составляло. Он два раза нажал на спуск, с удовлетворением отметил, как завалился на спину Десятый и осел на колени Шестой, как вслед за этим попадали и раскатились в разные стороны милиционеры. Что будет дальше, он примерно знал, поэтому бросился к машине, стоявшей метрах в пяти от него, прыгнул на сиденье рядом с Четвертым, и их «девятка» резво взяла с места, разогнавшись сразу до восьмидесяти! Они вылетели на проспект Академика Сахарова и через двадцать секунд, свернув направо в скверик, быстро пересели в «ауди»... По Большому Палашевскому переулку выскочили на Каланчевку и вновь спустились на Комсомольскую площадь. Дорогу им преградила милицейская «канарейка». «Ауди» резко затормозила, Четвертый открыл дверцу, высунулся наружу:

— В чем дело, начальник?

Милиционер без объяснений помахал им палкой — поворачивай, мол, обратно. Четвертый не стал спорить, развернул машину, по Каланчевке они выбрались на Садовое кольцо и растворились в потоке машин.

Два часа, в течение которых Казанский вокзал оставался парализованным, отняли у Никитина столько сил, что их хватило бы года на два интенсивной работы...

Когда началась стрельба в кассовом зале, его интересовало только одно: обнаружен ли Иван? Никитин знал, что его люди стрелять не должны, просто не имеют права: на многолюдном вокзале это было просто небезопасно. Стрелять они могут только в исключительных случаях, лишь для того, чтобы подавить огонь преступников... По крайней мере, так оно будет выглядеть в сводке, что бы там ни случилось на самом деле. Если же кто-то из его людей и срежет пару ни в чем не повинных россиян, Никитин не будет наказывать его слишком строго... Если, конечно, кроме них он замочит еще и Ивана. Издержки производства! Всегда можно списать это на беспредел бандитов. Но вот если Ивана среди убитых не окажется... Чего ради он тогда рискует своим местом? Чего ради допустил проведение массового теракта на вокзале? Ведь именно такая формулировка появится в сегодняшних полуночных сводках... Поэтому, когда раздались первые выстрелы, Никитин и Герасимов не рванулись в кассовый зал, чтобы присутствовать на месте проведения операции лично. Они прекрасно знали, что вот-вот начнется паника, люди заметаются по вокзалу и блокируют все проходы. В зале и без того было достаточно оперативников, расставленных практически на каждом квадратном метре...

Никитин тут же схватил рацию и, забыв все позывные, с которыми они работали в эфире, закричал:

— Ивана! Ивана делайте, Серега, Ивана!..

Герасимов вырвал у него рацию.

— Ты чего орешь, идиот! Думаешь, нас никто не слушает? Будешь потом за стрельбу в зале отвечать...

— Ну? Что там у них? Не могу я здесь сидеть!

— Там кончится все за минуту или две. Потерпи...

— Давай, Гена, вызывай Коробова, пусть доложит, что там...

— Доставай свою «Приму», товарищ генерал, закури пока, успокойся!

Вместо сигарет Никитин достал свою фляжку с коньяком и крепко приложился.

— «Стрелец»! «Стрелец»! Ответь «Зодиаку»! Что у вас там происходит? — кричал тем временем Герасимов в рацию. — Доложи обстановку!

— «Зодиак», я — «Стрелец»! — раздался из рации сильно искаженный помехами взволнованный голос Коробова. — Срочно перекройте снаружи разбитое окно кассового зала. Через него из помещения вокзала вырвалась группа людей. Возможно, Иван среди них. Как поняли меня?

— Пошел ты!.. Поняли тебя! Хрен ты теперь кого-нибудь из них возьмешь! А окошко мы тебе перекроем, это мы разом... «Ярославль»! «Ярославль»! Вызывает «Зодиак». Срочно десять человек к разбитому окну на Казанском вокзале... Перекрыть все выходы на Казанском. Берите людей из резерва, сколько нужно. Искать оружие, проверять личности. Всех подозрительных — **на Лубянку**. Фигурант Марьев, он же Гладиатор, не задержан. Ориентируйтесь на фоторобот. Как поняли?..

Услышав слова Коробова про Ивана, Никитин только махнул рукой и вновь приложился к фляжке...

— «Стрелец»! «Стрелец»! Ответь «Зодиаку»! Кто стрелял? Есть ли жертвы?

— Я — «Стрелец». Докладываю, — ответил Коробов, — стреляли с трех точек. Шесть или семь пистолетных выстрелов. Автоматная очередь в скопление людей...

При этих словах Никитин закатил глаза и простонал:

— Ох, еб твою мать...

— ...Минимум пять убитых, — продолжал Коробов. — Вызывайте медиков. Есть раненые. Много. Двоих стрелков взяли живьем.

— Начинайте разблокирование вокзала. Да осторожнее там, не давайте им перетоптать друг друга. Будь на связи постоянно...

Никитин, несмотря на выпитый коньяк, был абсолютно трезв. Он достал наконец свою «Приму», закурил и вопросительно уставился на Герасимова:

— Что делать-то будем? Идеи есть?

— Облажались мы опять, Никитин. Вот и вся идея. Что делать? Будем задержанных ребят крутить, стрелков. Это хоть что-то даст. Узнаем, что у них за дела с Иваном... Прямо сейчас этим и займемся...

Герасимов вызвал по рации Коробова и приказал направить к ним четверых омоновцев повыше ростом и поплотнее комплекцией, да побыстрее.

Минут через десять в дверь кабинета начальника вокзала ворвался парень двухметрового роста в форме ОМОНа и голосом, от которого уши закладывало, начал:

— Товарищ генерал...

Никитин замахал на него рукой:

— Проводи на место. К Коробову.

Построившись клином вокруг Никитина и Герасимова, омоновцы врезались в толпу и, к общему удивлению, действительно ее раздвинули. Вся группа довольно быстро продвигалась вперед. Минут через семь-восемь они оказались в кассовом зале, центр которого был уже очищен от народа.

...На полу лежали трупы. Увидев, сколько их, Никитин сразу почувствовал сильную, прямо-таки смертельную усталость. Уже сегодня средства массовой информации подсчитают трупы, и отныне в каждом выпуске новостей после указания числа погибших будет называться его фамилия... При этом обязательно прозвучат слова о его личной ответственности за обеспечение безопасности жизни и здоровья москвичей... И еще непременно будет сказано о повышении уровня преступности в столице. Хотя вот это-то как раз и есть чистое вранье — нисколько этот уровень не повысился!.. А скоро и совсем упадет. Резко упадет. Как только Никитин начнет осуществлять свой план перестройки криминальной жизни... Если, конечно, не будут мешаться под ногами всякие Иваны...

К ним подошел Коробов, которому не терпелось выложить все, что удалось разузнать:

— Четырнадцать убитых. Один из них затоптан. Двенадцать раненых. Двое взяты с оружием. Вот эти...

Он указал рукой на двух парней в наручниках. Один из них беспокойно и затравленно озирался по сторонам, словно ожидая выстрела. Другой, очень бледный, сидел на полу, привалившись спиной к стене, весь перекосившись на правую сторону. На лице его было написано полное безразличие к происходящему и к дальнейшему развитию событий.

— Ранен? — спросил Никитин.

— Ранен, — кивнул Коробов. — В плечо. Вел стрельбу из пистолета из-за книжного лотка. Успел сделать два выстрела. Сюда...

Коробов показал Никитину перевернутые столики кафе, трупы нескольких человек между ними, лежащие в лужах крови, мокнущие в крови чемоданы и сумки...

— Стрелял из этого пистолета, — продолжал Коробов. — Обратите внимание на цифру...

Никитин увидел, что у серийного номера пистолета последние две цифры вытравлены, вместо них четко выделялась цифра «десять». Он вопросительно посмотрел на Герасимова, тот недоуменно пожал плечами.

— И у этого, — Коробов кивнул на озирающегося парня, — пистолет номерной. Он произвел три выстрела в том же направлении. — Он показал второй пистолет с выделенными цифрами «ноль» и «шесть». — Найдены еще два ствола. Тоже номерные, с цифрами «два» и «четыре». «Четвертый», очевидно, был сброшен владельцем, когда начали проверку документов. А «второй» принадлежал, скорее всего, одному из убитых в кафе. И еще один пистолет с номером был у того, кто стрелял из автомата. Его номер «семь». Без сомнения, все это одна компания...

В это время к Коробову обратился оперативник, тщательно обыскивавший трупы на предмет установления личностей убитых.

— Товарищ полковник! У одного из убитых обнаружено оружие! — И он передал Коробову еще один пистолет с выделенным номером. Последняя цифра его была «девять».

Коробов начал излагать свою версию происшедших событий:

— Стрельба началась в кафе. Там раздались два выстрела. Скорее всего, стрелял Гладиатор, хотя все это странно: никто его не видел, как он туда попал — неизвестно. Каюсь, мои люди этот момент пропустили. Бандиты среагировали раньше. — Коробов посмотрел в сторону задержанных оперативниками стрелков. — Наши отреагировали уже на их выстрелы и автоматную очередь. Мои люди произвели два выстрела, оба попали в цель. Автоматчик был убит прямым попаданием в голову, а тот, что изображал книжного продавца, ранен в плечо. Третьего взяли без применения оружия... Пассажиров покрошил автоматчик... Как только выстрелы прекратились, неустановленный субъект выбил телом стекло окна и скрылся в неизвестном направлении, вслед за ним через окно вырвалась часть людей из зала. Остальные были задержаны. Есть основания считать, что скрывшийся был Иван Марьев — Гладиатор...

Герасимов хмыкнул себе под нос: «Есть основания считать... Научился трепаться, собака! Есть основания считать, что мы бездарные дилетанты по сравнению в этим Марьевым!..»

— Полковник Герасимов, опросите задержанных, — приказал Никитин. Ему не терпелось получить хоть какую-то информацию об Иване.

Герасимов подошел к Шестому. Тот давно уже следил за ним и Никитиным, успел понять, что они тут главные, и потому не дал Герасимову первым задать вопрос:

— Я все скажу, начальник. Только дай охрану. Меня сейчас убьют. Тут наших десять человек было. Все бьют без промаха, в яблочко. Спрячь меня, начальник. Все скажу. Блядь буду, все скажу. Это все Крестный. Это его игра. Мы только пешки, стрелки... — Он неожиданно закричал высоким истерическим голосом: — Спрячь, начальник! Я здесь как кабан перед номерами!.. — И снова перешел на ноющий, просящий шепот: — Убьют меня. Я много знаю, начальник. Я по окнам с крыши бил, когда Белоглазова убивали. Я все расскажу, все, что знаю...

Герасимов смотрел на него с интересом:

— Не бойся. Спрячу. Ваших всех перебили. Никто тебя не убьет.

— Меня Илья убьет. Он всегда на подчистке стоит, когда на дело идем. Отвези меня в камеру, начальник. В одиночку. На Лубянку отвези. И бумагу давай, все напишу. Как есть все напишу...

— Не тараторь. Объясни: почему вы хотели убить Гладиатора?

— Нам его Крестный отдал. Как «зайца». Мы его загнать должны были. Но он, сука, живучий оказался. А Илья сказал — убить и принести Крестному. Бросить ему. И тогда Крестного убить...

— Падаль... — процедил сквозь зубы сидящий у стены Десятый. — Ты, сука, сдохнешь сегодня же. Тебя загрызут, падлу...

— С ним меня не сажайте, — тут же забеспокоился Шестой. — Он меня убьет. Они все меня убьют...

— Заткнись, — оборвал его Герасимов. — Кто такой Илья?

— Илья первый номер. Он — Председатель.

Я — Шестой. А этот гад — Десятый... — Он обеими руками в наручниках показал на раненого, сидящего на полу.

— Какой номер у Крестного? — спросил у него наобум Герасимов.

— У Крестного нет номера... — Шестой посмотрел на Герасимова с недоумением: как это, мол, вы не знаете, кто такой Крестный? — ...Крестный над нами всеми. Он приказывает. А мы делаем. У него нет номера...

— Где ваша база? Где вы должны были встретиться после вокзала?

— Не доезжая Балашихи — поворот налево, на грунтовку. Примерно в километре — дом отдыха старый, брошенный. Названия нету там...

— Что ж за адрес ты даешь? Поди туда — не знаю куда... Хитришь?

— Блядь буду, начальник! Не вру. Нет там никаких указателей...

— Показать дорогу сможешь?

— Начальник, я не поеду туда! Нас там перестреляют... Как кроликов!

— Поедешь. Или я тебя сам шлепну...

— Вспомнил! Я вспомнил. Там Гладиатор ментов пострелял в ночь на вторник.

— Хорошо.

Герасимов повернулся к стоявшему рядом Коробову, подмигнул ему и сказал, будто приказывая:

— Этого отправить на Лубянку. Под усиленной охраной. И поместить в отдельную камеру.

— Есть! — подыграл Коробов.

Герасимов подошел к раненому Десятому, тронул носком ботинка его ногу:

— Добавить ничего не хочешь?

— Пошел ты! — огрызнулся Десятый.

Герасимов «приказал» Коробову:

— Этого тоже на Лубянку... По дороге пристрелить. При попытке к бегству...

— Есть! — снова поддакнул Коробов.

— У-у, суки!.. — прошипел Десятый.

Наблюдавший за всем этим Никитин отозвал Герасимова в сторону:

— Цирк устраиваешь? На хрена тебе все это?

— Так ведь первый же принцип, товарищ генерал: разделяй и допрашивай...

— Что скажешь про все это?

— Очень интересная ситуация вырисовывается, товарищ генерал. Неспроста Гапоненков, убитый в «Савое», и Сафронов, застреленный вчера здесь же, на вокзале, проходили по одним делам. Уверен, что вся эта братия, о которой мне сейчас рассказал этот подонок, что очень жить хочет, проходит по одним и тем же делам. Это одна компания. Интересно то, что у них есть какая-то организация с жесткой иерархией. На это указывают и номера пистолетов. Во главе — некто по имени Илья, номер первый. Кто такой Крестный, я пока не понял, но, судя по всему, он выше этой организации, он дает им заказы. Какой номер у Ивана — тоже непонятно. Он, похоже, не входит в их структуру, он сам по себе. Почему-то они хотели его убить. Этот хрен говорит: Крестный приказал. Кстати, Илья явно копает под этого Крестного. Наверное, сам хочет на его место. Сколько всего человек в организации — пока не выяснил. Этого Шестого возьму в жесткий допрос, из него, похоже, еще много чего можно выдавить.

— Что там про милиционеров из Балашихи?

— Говорит, их пострелял Гладитор. И рядом где-то там — база Крестного. Точнее выяснить пока не удалось. Выясним. Туда нужно будет наведаться.

— Заканчивай здесь. Голова уже болит от одного вида этого проклятого вокзала. Опять упустили Ивана, мать твою ети...

— Скажи спасибо, что хоть этих взяли. А то бы понавешали на тебя всех собак!

— Не спеши радоваться. Еще понавешают...

В это время к вокзалу подогнали крытый фургон

для перевозки заключенных. Убитых увезли в морг, когда Герасимов допрашивал задержанных.

— Давай грузи и работай с ними всю ночь. Меня утром «на ковер» дернут. Нужно будет козыри иметь.

— Найдем козыри, Никитин. Не волнуйся!..

Герасимов уверенно улыбнулся и махнул рукой Коробову — давай, мол, грузи, мы тоже едем...

Коробов лично наблюдал за погрузкой задержанных. Он поспешил лишь самую малость: не дожидаясь, когда молоденький сопровождающий, уже взявшийся за ручку дверцы фургона, распахнет ее, скомандовал: «Пошел!»

Задержанные, сначала один, а затем и другой, оказались на улице. Они подошли к фургону. Дверца не открывалась. Сержант с мальчишеской физиономией остервенело ее дергал, но дверцу заклинило. Задержанные «зависли» на открытом пространстве. Коробов похолодел. «Быстро назад!» — заорал он. Но было поздно...

Выстрелов он не услышал, но увидел, что раненый начал заваливаться на спину, а другой задержанный — оседать на колени. Через секунду оба валялись на асфальте. Весь конвой лежал рядом с ними. Разница была только в том, что конвой был жив и заботился о сохранении своей жизни, а тем, кто только что еще назывались задержанными, заботиться было уже не о чем. Они оба были мертвы.

Перепрыгивая через живых и мертвых, Коробов выбежал из-за машины и успел увидеть, как хлопнувшая дверцей «девятка» рванулась с места и ушла на проспект Академика Сахарова. Но пока он успел добежать до милицейской машины, пока разогнал ее и тоже выскочил на проспект, «девятки» уже и след простыл... Коробов объявил, конечно, тревогу на ближайших постах ГАИ, но никакого результата это не принесло...

Глава девятая

Выйдя из метро на Октябрьской, Иван попытался вспомнить, в какой именно стороне находится дом той девушки, в квартире у которой он недавно отсыпался, но это ему не удалось. В сознании не отложился маршрут их движения, когда девушка вела его, смертельно уставшего, почти под руку к себе домой. Как он шел от нее, тоже не запомнилось. Иван тогда думал только о предстоящей встрече с «охотниками» на Казанском вокзале...

Иван мог рассчитывать лишь на свои бессознательные реакции. Если сознание вновь каким-то образом отключить или отвлечь, маршрут как-то проявится в голове Ивана, ноги сами отведут его туда, куда он хочет попасть.

Иван закурил и облокотился на какую-то ограду, чтобы немного разгрузить раненую ногу. За весь год пребывания в Москве он не был ранен ни разу. Последнее ранение он получил в Чечне... Иван попытался подсчитать, сколько всего боев он провел в качестве раба-гладиатора. Это оказалось бессмысленным — он и тогда, в Чечне, свои бои не подсчитывал. А сделать это сейчас было просто невозможно. Иван твердо помнил одно: он выиграл все эти бои, во всех стал победителем. Наглядное доказательство этому то, что он до сих пор жив...

...Иван убивал всех своих соперников в бытность рабом-гладиатором. Убивал всех своих противников, когда был солдатом. Убивал все свои жертвы, когда был киллером. Иван был самым эффективным орудием убийства, какое только можно создать из человека... «Кто создал меня? — думал Иван. — Кто научил меня убивать? В лагере, где меня учили стрелять без промаха в любой ситуации и уходить от выстрела, нам не объясняли, как чувствовать приближение смерти... Как ее встречать, как с ней общаться... Нас учили вовремя взводить курок. Но, умея только это, я никогда бы не стал профессионалом. Когда я понял, что смерть можно любить? И что она тоже может быть неравнодушна к тебе? В Чечне. Там каждое утро начиналось с одной и той же мысли: если я сегодня никого не убью, значит, убьют меня... Это была даже не мысль — просто вот так работал закон самосохранения...»

Что-то здесь было не так, ощущалась какая-то неправильность... Какая именно — Иван до сих пор не мог понять, уже не впервые думая об этом. Человек, как и любое животное, продолжает жить только тогда, когда стремится к жизни, когда хочет жить. Почему же Иван всегда оставался в живых, хотя шел навстречу смерти? Может быть, он сам был неправильным? Или неправильно устроен мир, в котором он живет? Это были слишком сложные вопросы для Ивана, но и без ответов на эти вопросы жить ему становилось все сложней...

Хотеть жить означало бояться смерти. Но стоило гладиатору испугаться смерти в любом бою, и он сразу делал шаг ей навстречу. Жизнь почему-то всегда доставалась ему, не боявшемуся смерти и любившему ее, а тех, кто очень хотел жить, Иван убивал...

Сможет ли он когда-нибудь жить, не убивая? Эта мысль впервые пришла ему в голову, и ответа на нее у него не могло быть, Иван чувствовал: впервые после Чечни что-то изменилось в нем. Изменилось за эти несколько дней, которые он прожил в роли «дичи», в роли «зайца»... Игра, придуманная Крестным, была слишком похожа на жизнь, которой Иван давно уже не жил. Она заставила его бояться преждевременной смерти. Крестный поставил условие — сохранить свою жизнь до определенного времени. И Иван выполнял это условие: он не просто боролся, он даже боялся за свою жизнь. Боялся настолько, насколько умел это делать...

...Иван давно уже неосознанно повторял тот путь, которым его недавно провела встреченная в метро девушка. Он пересек Крымский вал, почти не замечая направленных на него взглядов, во множестве привлекаемых его отрешенным видом и замедленными движениями. Но он уже выключился из игры — вновь был прежним Иваном, не «зайцем», убивающим «охотников», а прошедшим Чечню Иваном, знающим и любящим смерть... Незаметно для себя он свернул в немноголюдные московские дворы и минут через пять оказался перед одним из подъездов шестнадцатиэтажного дома. Даже не думая о том, сколько этажей ему следует пройти, Иван начал подниматься по лестнице пешком, пройдя два этажа, остановился на третьем и уверенно повернулся к квартире слева. Дверь в нее была не заперта.

Иван, не стучась, толкнул дверь и вошел. Он сразу узнал квартиру, в которой уже побывал. Вон там, направо, комната больной старухи. Прямо — комната девушки, ее дочери. «Вернее, женщины», — подумал Иван, вспомнив, как разглядывал ее тело, в котором не было ни капли целомудрия, зато ярко проявлялась зрелая женственность. У невинных девушек не бывает таких тел...

Как звали женщину, Иван не запомнил, хотя мать, кажется, ее как-то называла. Его не волновало имя. Он хорошо представлял себе то чувство глубокого покоя и вместе с тем почему-то ощущение близости смерти, которые он испытал, глядя на обнаженную женщину. Тогда, впервые за долгое время, женское тело не внушило ему никаких опасений, не было воспринято им как источник агрессии... И он не боялся, что оно засосет его в себя, затянет обратно в небытие, из которого он когда-то появился на свет...

После Чечни Иван брал женщин, ничего особенно интересного при этом не испытывая. Брал, как берут хлеб, воду, вино, даже просто как сигарету из пачки. Он телом женщины доставлял себе удовольствие... И в эти моменты продолжал оставаться один, не допуская и мысли о том, чтобы как-то обнажиться, разоблачиться перед ней. Это было слишком опасно — все равно что врагу подставить незащищенную спину. А женщина и являлась для Ивана врагом, ведь ее нужно было побеждать, причем каждый раз заново...

И вдруг он встретил женщину, которая не была для него врагом. Она вызывала у него уже гораздо более сложные чувства, чем простой и понятный интерес...

...Иван толкнул дверь в комнату старухи. Первое, что он увидел, был гроб. Старуха в гробу все так же устремляла глаза в потолок, только теперь эти глаза были закрыты. Но Ивану казалось, что и через опущенные веки старухин взгляд устремляется ввысь, пронизывает потолок и пытается что-то отыскать в ночном московском небе...

Иван хорошо знал, что, кроме холодных звезд и еще более холодной черноты между ними, там ничего нет, ничего найти невозможно. Звезды всегда и везде оставались для Ивана далекими и холодными — и в Чечне, во время изнуряющих тело и опустошающих душу ночевок в горах, под ледяным чеченским ветром, пахнущим смертью, и в Москве, в пустом, безлюдном ночном городе, где десять миллионов москвичей каждую ночь прячутся под одеялами от холодного звездного ветра и все же не все могут согреться...

Иван точно знал, что в небе нет абсолютно ничего, кроме черноты, звезд и этого ветра. Должно быть, поэтому мертвое упрямство старухи вызывало у него какой-то давно забытый, бессознательный страх, сродни детским ночным страхам... Что ищет там мертвая старуха? Или смерть открывает человеку какую-то тайну?..

Иван далеко не сразу перевел взгляд со старухи на сидящую рядом с гробом ее дочь. Надя была в черном платье, волосы покрывала тонкая черная косынка, а в руках она теребила черный платок. Но в широко раскрытых глазах, смотревших на Ивана, не было ни скорби, ни душевной муки. Она смотрела с удивлением и радостью. Увидев Ивана, Надя встала и сделала шаг ему навстречу.

— Ее никто не пришел проводить, — сказала она. — Кроме тебя.

Она подошла к нему совсем близко, и Иван уловил тот же запах духов, что разбудил его всего несколько часов назад.

— Как называются эти духи? — спросил Иван. — Хороший запах.

— «Indian Summer», — ответила женщина. — Странно, я впервые их попробовала только сегодня утром. А теперь мне кажется, будто хожу с этим запахом всю жизнь...

Иван закрыл глаза, глубоко вдохнул ее запах и сказал осторожно, словно шел по первому, еще не окрепшему льду:

— «Индейское лето»... Мне нравится...

— Ее знали в Москве столько людей, — сказала Надя, поглядев на гроб, — но никто не пришел и даже не позвонил. Может быть, еще придут? Завтра...

— Она не хочет никого видеть, — возразил Иван. — Она смотрит на звезды...

Он хотел еще что-то добавить, но женщина посмотрела на него с недоумением.

— Не мешай ей! — Иван взял женщину за плечо

и вывел ее из комнаты. — Закрой дверь в квартиру, — сказал он, — никто не придет.

Женщина закрыла дверь, и они прошли в ее комнату.

Иван не спрашивал, как ее зовут, и не хотел этого вспоминать, потому что не желал превращать все происходившее в обычное сексуальное приключение. Пусть она остается для него просто женщиной. Даже не олицетворением всех женщин на свете, а просто существом по имени Женщина. Иван не хотел, чтобы она имела другое имя.

Он помнил ощущение покоя, испытанное им, когда она лежала на его руке и ее сосок запутался в волосах на его груди. Он взял ее за талию и посмотрел в глаза. Иван не увидел в них ни острого желания завладеть им, ни стремления перебороть его волю. В ее глазах он прочел лишь желание принадлежать ему, желание покоряться... Иван чуть не задохнулся от того, что вдруг понял: она хочет умереть вместе с ним. Он ясно прочитал в ее глазах желание смерти. Ее жизнь была в его руках. И не потому, что он обладал способностью в любую минуту лишить ее жизни, изломать это тело, заставить кричать и корчиться от боли. Она добровольно, сама отдавала ему право распоряжаться ее жизнью.

Ивану захотелось увидеть ее тело. Он развязал черную косынку, и волосы легли на плечи женщины, закрытые черным платьем. Расстегивая ее платье, он почувствовал, как она прижалась щекой к его руке, и понял, что это была не ласка. Это было признание его силы, его власти над ней.

Платье упало на пол. Иван положил ей руки на плечи, затем взял ее за горло, нащупав то самое место, которого он касался недавно на горле ее матери. Женщина слегка дрожала, но не сопротивлялась. Она неуверенно начала расстегивать его рубашку, но он не почувствовал в этом ее движении стремления сделать его беззащитным... Теплая волна выплеснулась откуда-то из глубины, закружила ему голову и опустилась к бедрам, заставив толчками напрячься его член.

Не сумев расстегнуть черный бюстгальтер, Иван просто разорвал его и обнажил ее груди, тут же прижав их к своей груди. Он опускался руками по ее спине все ниже и ниже, проник под черные трусики и сжал руками теплые ягодицы. Ее руки еще возились с пуговицами на его джинсах, а Ивану уже не терпелось освободить свой член от прикосновений грубой материи и ощутить его в руках этой женщины. Первое прикосновение ее пальцев к головке его члена вызвало у него легкую дрожь, по спине пробежали мурашки... Ему захотелось войти в эту женщину — медленно-медленно, чтобы ощутить все оттенки первого узнавания. Ее руки легко поглаживали его член, совершая движения, от которых ему было невыразимо приятно. По-прежнему не было никакого ощущения опасности, более того, хотелось погрузиться еще глубже в это растворяющее его тепло, в это изумительное чувство, предваряющее полное овладение женским телом, Женщиной.

Он поднял ее за бедра и поставил на кровать, опуская руки еще ниже, к ее ногам, вместе с трусиками... Он положил руку ей на лобок, и она тут же слегка раздвинула ноги, пропуская руку к влагалищу. Он взял ее ладонью правой руки снизу, левой обхватил за спину и положил на кровать...

Он уже ни о чем не думал, ни о чем не заботился, ни о чем не беспокоился. Он забыл о Казанском вокзале, о пистолетах с номерами, о Крестном и Никитине, он забыл о всей Москве и о Чечне тоже, он забыл о всей России и обо всем мире, он забыл, наконец, что он Иван, что его профессия — смерть, забыл, что он вообще жив. Он чувствовал теперь одну только Женщину и больше ничего не хотел...

...Едва вынырнув из водоворота новых для него и столь ярких ощущений, Иван вспомнил почему-то о мертвой старухе, лежащей в соседней комнате... И тут же подумал о Крестном. Из холодной черной пустоты с такими же холодными звездами выплыло лицо Крестного... Крестный смотрел на Ивана пустым и холодным, как это межзвездное пространство в московском небе, взглядом...

— У тебя есть телефон? — спросил Иван женщину.

Она молча взяла с тумбочки сотовый и протянула Ивану. Не вставая с кровати и одной рукой продолжая обнимать теплое женское тело, Иван набрал контактный номер Крестного.

— Я выиграл, Крестный, — сказал Иван, едва услышав ответ в телефонной трубке. — Семь номерных игрушек лежат у меня перед глазами.

Иван скосил взгляд на тумбочку, на которой лежали восемь пистолетов, лишь один из них был без номера. Тот, который Иван забрал у балашихинского лейтенанта.

— Тебе перечислить их номера?

— Не надо, Ваня, я и так тебе верю. Я знал, что ты выиграешь, и сам хотел этого. — Крестный вздохнул в трубку: — А вот я, похоже, проиграл.

— О чем ты? — не понял Иван.

— Игра с летальным исходом, Ваня. Это наша жизнь. Я придумал эту фразу давно. Очень давно. И вот проигрываю. Приближаюсь стремительно к этому исходу. «Game over...»

— Крестный, ты пьян? — спросил Иван.

В трубке неожиданно возник другой голос — жесткий и нервный:

— Он трезв. И почти мертв. Я его, суку, буду медленно убивать! Как он убивал всех нас, заставляя рвать друг друга голыми руками. Теперь я буду его рвать...

— Кто это? — перебил Иван.

— Мы с тобой знакомы, чеченская тварь! Я пожалел тебя год назад. Оставил в живых. Надо было шлепнуть тебя там же, у гостиницы «Украина»...

«Илья, — понял Иван. — Первый номер...»

— ...Ты спрашиваешь, кто я? Я тот, кого ты увидишь последним. Я лучший в России. Первый! Потому, что я убью тебя. Ты узнаешь, кто я. И ты, и вся эта гребаная Россия узнает, кто такой Илья!..

Иван тут только обратил внимание на то, что сам уже не лежит в постели, а стоит возле нее и автоматически, торопливо одевается, прижимая трубку плечом к левому уху...

— Где ты находишься? — спросил он.

— Я знал, что ты захочешь меня увидеть, — удовлетворенно сказал Илья. — Потому что думаешь: первый — ты! Нет, чеченский козел, ты никто. Ты был ничем и снова станешь ничем, как только встретишься со мной. Потому, что первый — я!

— Мне плевать, кто первый, — сказал Иван. — Отпусти старика...

— Я отпущу... Я обязательно отпущу его душу на волю... Приезжай с ним попрощаться. Хочешь попрощаться?.. А ты хочешь, труп смердящий? Скажи ему, что ты хочешь!..

Последние фразы явно были адресованы не Ивану. В трубке вновь послышался голос Крестного:

— Я не прошу тебя, Ваня, ни о чем. Но я знаю, что ты сам по-другому не сможешь... Ваня, их тут трое. Остальных Никитин спугнул. Одни разбежались, других никитинские люди похватали... А меня этот вот увез, Илюшенька, первенец мой... Пьяный сейчас... в жопу!..

— Это ты, Гладиатор, жопа!.. — вновь ворвался в трубку голос Ильи. — И будешь всегда в жопе!.. Вечная тебе будет жопа!.. И почиешь ты в жопе!..

— Что ты все о жопе? — спросил Иван. — Голубой, что ли? Как тебя найти? Чтобы я смог посмотреть на тебя в последний раз, как ты говоришь...

Илья уловил двусмысленность, прозвучавшую в словах Ивана, и заволновался:

— Нет! Нет, я не так сказал... Я буду последним, кто увидит тебя... Нет? Нет. Подожди... Ты будешь последним, кто увидит... меня? Или тебя?.. Слушай, да пошел ты!..

— Где ты находишься? — прервал Иван его пьяный бред.

— Во-о-от! Вот тот вопрос, который ты должен был задать с самого начала! Приезжай. Буду рад! Я жду тебя в зоопарке. Самое место для тебя. Я тебе тут квартирку присмотрел. Хэ-э-э-э... С табличкой уже. Вот, смотри, написано: «Волк чеченский». Давай... Приезжай... И я тебя убью. Потому, что я тебя не боюсь!..

— Да, — сказал Иван, — но ты боишься смерти. — И отключил телефон.

Он, словно очнувшись, посмотрел на женщину... Она по-прежнему лежала в постели, только натянула на себя одеяло и куталась в него, будто ее знобило.

— У тебя есть машина? — спросил Иван.

Она покачала головой:

— Я недавно продала ее. Матери нужны были наркотики, а я давно уже не работаю...

— Ладно. Тогда помоги мне в другом. Выбери один пистолет. Из тех, что на тумбочке.

Женщина внимательно посмотрела на Ивана. Потом так же внимательно — на лежащее на тумбочке оружие... Наконец она взяла один из пистолетов и протянула его Ивану. Иван увидел на нем цифру «три».

— Почему ты выбрала третий? — спросил он.

— Не знаю, — ответила она. — Наверное, потому, что это — сегодняшнее число. День, когда я встретила тебя. И когда умерла мать...

— Да. Сегодня — это значит «здесь и сейчас»... Это хорошее число!..

«Зоопарк — это прекрасно! — думал Иван, шагая в сторону Крымского вала. — Это рядом с домом». Он вспомнил крики попугаев и хохот гиены, которые не давали ему уснуть в его «берлоге» на площади Восстания — в маленькой квартирке на шестнадцатом этаже высотки...

Такси он остановил минут через пять. И пока машина мчала его по Садовому кольцу, Иван настраивался на предстоящую встречу с Ильей и Крестным... «Зоопарк слишком большой, чтобы искать в нем что-либо или кого-либо наугад, — размышлял он. — Так я до утра никого не найду. А утром появятся посетители, Илья протрезвеет и может вообще оттуда смыться. Трезвым он будет к тому же гораздо осторожнее. Он не мог не сболтнуть лишнего. Должна быть какая-то зацепка...» Иван еще и еще раз прокручивал в голове разговор с Ильей по телефону. Ага! Вот оно: «Волк чеченский...» Вольеры с волками, насколько помнил Иван, находились не на главной территории зоопарка, а на той, что вплотную подходила к Садовому кольцу. По его расчетам, она должна была граничить с задним двором какой-нибудь организации, фасадом выходящей на Садово-Кудринскую. Самый подходящий для Ивана маршрут! Он всегда шел не тем путем, на котором его ждали... А что у входов в зоопарк его будут поджидать, Иван почти не сомневался.

Он посмотрел в окно: проезжали мимо американского посольства...

— Куда тебе? — спросил водитель такси.

— Чуть подальше. Угол Садового и Малой Никитской, — ответил Иван.

...Расплатившись с водителем, он пересек Садово-Кудринскую и сразу же нашел то, что искал, — здание Академии общественных наук, с огромным и глубоким, судя по всему, двором. Слева от главного, выходящего фасадом на улицу, корпуса была проходная с воротами. Там, конечно же, дежурил милиционер. Такая уж традиция у московских общественных организаций — ставить мента на входе!

В планы Ивана не входило поднимать шум, поэтому он даже останавливаться не стал около проходной, а сразу направился к оконечности правого крыла здания. Там был такой же забор, такие же ворота, только закрытые со стороны двора на огромный амбарный замок. Они не открывались, по всей видимости, лет десять. «Тем лучше, — решил Иван. — Никто и никогда через эти ворота не ходит и не ездит, значит, место безлюдное, самое нам подходящее...»

Он остановился около забора, достал свой любимый «Винстон», закурил и секунд двадцать постоял на месте с видом очень уставшего человека... Ни справа, ни слева на Садово-Кудринской никого не было видно. Дождавшись, когда в потоке машин, и без того редком, возникнет значительная пауза, Иван в два движения перемахнул забор и продолжил курить уже по ту сторону, во дворе Академии. Двор освещался несколькими мощными фонарями, но лишь фрагментарно. Конца двора не было видно — он терялся в сумраке за последним в ряду фонарем... Иван затоптал окурок и двинулся в глубь двора, не особенно и прячась от света фонарей, поскольку предполагал, что охраняющая объект милиция вряд ли будет делать обход территории. Он хорошо знал ту минимальную степень ответственности, с которой охранники относятся к своим обязанностям по ночам.

За главным корпусом оказалась небольшая внутренняя площадь со сквериком, заросшим огромными елями. Дальше начинались какие-то длинные корпуса, расположенные в виде буквы «Е»... Иван обогнул последний корпус, и сразу ему в ноздри ударил характерный едкий запах — смесь ароматов курятника и свинарника... Да, запах Московского зоопарка ни с чем спутать нельзя!..

Иван не ошибся. Двор Академии действительно имел общий забор с Московским зоопарком. Иван почему-то был уверен, что обязательно найдет в этом заборе немало удобных для проникновения дыр. И снова не ошибся. Он вскоре отыскал не только удобный лаз, но и даже что-то вроде тропинки. Вблизи таких заборов не может не быть проложенных народом троп. Потому что если идти от Академии до метро через площадь Восстания, то получается минут пятнадцать, а если напрямую — через зоопарк, то выходит не больше трех...

Но Ивану нужно было дойти по тропе только до первых клеток. Он осторожно, стараясь не шуметь, пробрался между клетками на асфальтовую дорожку. Вонь стояла невообразимая... Звери пахнут совсем не так, как люди. Иван в очередной раз вспомнил свое отбывание наказания в чеченском «карцере» — выгребной яме сортира, где он просидел несколько суток за попытку побега из рабства... Запах зверя острее и резче человеческого. Человеческий же приторен и сладковат даже при разложении...

Иван медленно, прислушиваясь к своим ощущениям, переходил от клетки к клетке. Большинство их обитателей спали, изредка ворча во сне. Иван даже не видел, кто именно обитал в той или иной клетке, — в темноте все клетки были одинаковы, а искать надписи...

Внезапно его остановило ощущение опасности. Иван замер в тени дерева, вслушиваясь и всматриваясь в ночь... Через одну клетку от него какой-то небольшой зверь, размером примерно с собаку (в темноте его трудно было разглядеть), метался по своему жилищу, равномерно и безостановочно перебегая от одной стены к другой и обратно. В этом мотании от стены к стене явно чувствовалась затравленность привыкшего к свободе существа...

«Здесь», — понял Иван.

Он выждал несколько минут. Но иных звуков, кроме топота этого странного зверя и еще коровьих вздохов, не доносилось из окружающего пространства. И все же Илья был где-то здесь, Иван это чувствовал... Небо над Москвой начинало понемногу сереть. «Начало пятого, — определил Иван. — Через полчаса будет светло. Надо заканчивать!»

...В метавшемся по клетке звере он уже смог различить волка, только какого-то низкорослого, мелкого, поджарого. «Этого он, что ли, называл чеченским волком? — подумал Иван об Илье. — Ну это он ошибся! Вряд ли...» Иван видел в Чечне волков. Они не раз приходили в лагерь расположившейся на ночевку группы Ивана — проверить, кто здесь еще неприкаянно мотается по их территории... Совершенно не похожее существо! В Чечне были такие же волки, как и везде в России...

...И в самом деле, пора было заканчивать! Иван разглядел метрах в сорока справа от себя что-то вроде застекленного киоска. Он прицелился и выстрелил дважды по стеклам. Звона разбитого стекла ему услышать не удалось. Однако обитатели зоопарка среагировали мгновенно, причем именно на выстрел... Шум, который поднялся в зоопарке, можно было сравнить только с воплями, слышанными Иваном накануне на Казанском вокзале. Хотя, конечно, разница существовала... В криках зверей и птиц не слышалось ни сильного страха, ни даже легкого испуга. Воздух наполняли только угрозы: лай, рычание, вопли, резкие выкрики и визгливые стоны, неизвестно кому принадлежащие, — все это сливалось в одну какофонию. И все объединялось единым чувством — агрессивной реакции на предупреждение о близкой смерти. Животные стремились испугать, точнее — отпугнуть невидимого врага...

Иван ждал... Нервы Ильи не выдержали на четвертой секунде. Он выскочил, отделившись от сгустка темноты, откуда-то слева и начал стрелять из пистолета с обеих рук по клеткам, крича что-то столь же бессвязное и дикое, как и крики обитателей зоопарка... Каждый его выстрел добавлял новый вал воплей в хор зверей ночного зоопарка...

Медлить было нельзя. Через несколько минут сюда сбегутся сторожа, милиция... Уходить нужно срочно. Но сначала — завершить начатое.

...Лет пять назад Иван не смог бы нажать на спуск, не показавшись на глаза врагу. В этом была своего рода романтика, по крайней мере, так ему казалось тогда. Теперь Иван считал, что только пацан хочет доказать человеку, которого убивает, что он самый крутой, что он первый... Такой пацан, как Илья. И Иван в свое время любил поговорить о равенстве возможностей, о какой-то там честности и справедливости. Это, конечно, были глупость и мальчишество...

Сейчас Ивану и в голову бы такое не пришло. Времена романтики для него давно кончились. В убийстве нет и не может быть никакой эстетики. Смерть — это ведь лишь одно из явлений природы. Может ли быть нравственной или безнравственной молния, убивающая человека?.. Убийство для Ивана после Чечни стало органическим состоянием, способом его существования... Он сам становился явлением природы, когда убивал людей. Был ли Иван безнравственным или нравственным? Да он просто был! Как молния!..

...Молния сверкнула из пистолета Ивана и попала точно в лицо Илье, под правый глаз. Иван подошел к нему, взял его пистолет, сунул в карман... Посмотрел на надпись на табличке около клетки, по которой метался зверь, чем-то отдаленно напоминавший волка... Прочитал ее и усмехнулся. На табличке было написано: «Шакал обыкновенный».

...Крестного он отыскал через минуту — его в связанном виде Илья запер в одной из клеток неподалеку. Солнце еще не взошло, и в сером утреннем освещении Крестный казался особенно постаревшим.

— Быстрей, Ваня! — закричал он, увидев Ивана. — С ним еще двое было, они тебя там, на главной территории, караулят, у входа...

— Хрен с ними, пусть караулят, — ответил Иван, открывая клетку и развязывая Крестному руки и ноги. — Надоели они мне, собаки. Да и ты тоже, со своими играми... Шли бы вы все...

— Не ругайся, Ваня. Прости старика. Но если бы я их на тебя не повесил, они б меня просто шлепнули. Я же чувствовал — к тому идет. Илья слишком много себе в голову забрал. Диктатором стать решил. Идиот... Криминальное государство хотел построить...

— Сопляк он, твой Илья, — ответил Иван. — Был сопляк. Так ты, значит, специально меня подставил, да? Чтобы самому спастись?

— Прости, Ваня, но на кого мне еще надеяться было? Я же сам-то с ними не сладил бы...

— Да ладно, хрен с тобой, если так. А то я уже начал думать, что у тебя крыша двинулась. По-стариковски.

— Не такой уж я и старик, Ваня. Голова-то у меня еще работает. Мы с тобой еще такие дела успеем провернуть, пока я дуба не дам!..

Через пару минут они уже пробирались той самой тропинкой, которую обнаружил Иван на пути в зоопарк. Только шли по направлению к метро. И вскоре опять вышли к какому-то забору, в котором был удобный лаз. Но дальше двинулись не к метро, а на Садовое кольцо — это, собственно, соответствовало технологии выхода из района проведения любой операции: выбиралось всегда такое направление, которое позволяло быстрее удалиться от места огневого контакта. Ни Иван, ни Крестный не думали об этом, все получалось как бы само собой...

Когда они выбрались на Садовое кольцо, Иван критически оглядел Крестного, потом себя и улыбнулся:

— Нормальный вид. Два московских алкоголика. Денег у нас с собой, судя по нашему виду, быть не должно, значит, ментов можно не опасаться — не заберут. Бутылку мы с тобой сейчас купим, чтобы полностью соответствовать своему виду. Готов даже пойти тебе навстречу и купить твоего горячо любимого латиноамериканского самогона...

— Да где же ты его найдешь-то сейчас, Ваня? Ведь дефицит...

— Да уж дерьма такого... Дефицит...

— Потому и дефицит, что дерьмо.

Гаванский ром они действительно купили в первом попавшемся ларьке, что немало удивило Крестного и даже несколько расстроило его. Они прошли по Большой Никитской почти до Никитских ворот и неожиданно набрели на какую-то забегаловку, работавшую круглосуточно.

— Вот здесь и выпьем! Да, Ваня? Что ж нам, в самом деле, как «синякам», в сквернке пить?

— Давай, Крестный, только не затягивай это дело. Мне еще до Октябрьской добираться, — ответил ему Иван.

И сразу пожалел об этой своей фразе. Наверное, потому, что Крестный как-то с интересом поглядел на него, хотя ничего и не сказал... Поглядел с ревнивым интересом...

Они сидели одни в пустом зале, пили ром. Крестный трепался, испытывая радость от того, что все им задуманное свершилось, все окончилось благополучно. Иван, руками которого он отвел от себя угрозу, был жив, сам он тоже был жив, и впереди наклевывались очень интересные перспективы, о которых, впрочем, Ивану сообщать еще было рановато... Пусть отдохнет немного. Как бы не перегрузить!

Однако Крестного что-то смутно беспокоило. Иван был какой-то не совсем такой, как обычно. Слишком оживленный, что ли? Или не плескалась из его глаз та мрачная сила смерти, к которой привык Крестный и за которую он так ценил Ивана? За холодное безрассудство, за холодную же, бесчувственную целесообразность... Как у охотничьего ножа! На Иване почему-то не ощущалось следов пролитой им сегодня крови. О событиях на вокзале Крестный знал, видел, что Иван прихрамывает, иногда потирает рукой раненое бедро... Но в глазах, в голосе было чисто! И чем дольше наблюдал за Иваном Крестный, тем больше беспокоился. И эта фраза: «Мне еще до Октябрьской добираться...» Он, видите ли, занят чем-то! Какие могут быть у Ивана в Москве дела, кроме дел, общих с Крестным? Это же просто грабеж среди бела дня! Кто-то посягает на его единоличное право собственности! «Этим надо будет заняться, и заняться основательно, со всей серьезностью», — подумал Крестный.

Зевающий буфетчик сбегал на улицу и вернулся с ворохом утренних газет. Крестный оживился:

— Сейчас мы узнаем, как все это выглядит со стороны. Что ты там натворил на Казанском вокзале... Эй, любезный, дай-ка нам комсомольские издания!

— Чего? — не понял заспанный буфетчик.

— «Чего, чего...» — передразнил его Крестный. — «Комсомолку» и «МК» дай посмотреть!

— Пожалуйста. Только с собой не уносите, я еще не читал...

Крестный было оскорбленно выпрямился, но, оглядев свой костюмчик, кое-где драный, а кое-где сохранивший явные следы звериного помета и грязи, промолчал. Вид его вполне допускал получение подобных предупреждений.

«Комсомолка» вышла с огромной «шапкой» на первой полосе: «Специальный утренний выпуск. Бойня на Казанском вокзале». Однако газета содержала гораздо больше домыслов, чем объективной информации. Это было неудивительно, если учесть, что информацию у правоохранительных органов газетчикам приходится добывать скорее неправдами, чем правдами. И на каждый подслушанный, украденный, купленный факт наворачивается как можно больше слов... Чтобы поразить воображение сонного московского обывателя — размахом преступности, степенью профессиональной и человеческой безответственности генерала Никитина, наконец, осведомленностью и проницательностью самих газетчиков... Число жертв «Комсомолка» взяла явно с потолка — тридцать убитых и сорок раненых! Кроме как о самом факте перестрелки на Казанском вокзале, газета, по существу, ни о чем не сообщала... Далее следовали пространные рассуждения о коррумпированности правоохранительных органов, причем как нижнего эшелона работников, так и руководства... Имена, впрочем, не назывались. Все это увязывалось между собой с помощью каких-то туманных намеков на сложную политическую обстановку в стране, на очередную болезнь президента и даже на возможный отказ международного кредитного фонда предоставить очередной займ России... В общем, стандартный набор, стандартная логика и — бешеный успех у читателей, разучившихся отличать факты от мнений.

«Московский комсомолец» на этот раз пошел другим путем. Каким-то образом редакции удалось получить комментарии по поводу событий на Казанском вокзале у самого генерала Никитина. Содержание этих комментариев даже наводило на мысль, что сама идея публикации родилась вовсе не в редакции, а на Лубянской площади. Никитин объяснил, что на вокзале произошла крупная «разборка» между, как он выразился, «центральной московской группировкой преступных элементов и общероссийской организацией киллеров, носящей название Союз киллеров, во главе с авторитетом, претендующим не только на ведущее положение над всеми московскими ОПГ, но и на власть в России...». Союз киллеров, по словам Никитина, якобы вел подготовку восстания в Москве с целью пленения президента, захвата власти и создания в России криминально-демократической республики. Но, как всегда, «умными» оперативными действиями правоохранительных органов «планы преступников были разрушены»... Нынешней ночью в Подмосковье проводилась совместная операция всех служб, в результате которой «бандитское гнездо было уничтожено, а преступники арестованы»...

— Узнаю Никитина, — сказал, прочитав, Крестный. — Его рука...

Иван промолчал. Интереса Никитина к себе, Марьеву, он до конца не понимал: «Разве что дорогу ему где-то перешел? Но где могут пересекаться дороги профессионального киллера и генерала безопасности?..»

— Вот кем нам с тобой нужно будет заняться! — Крестный хлопнул ладонью по тексту никитинских комментариев в «Московском комсомольце». — А то он нами займется! И понатыкает нам палок... в колеса.

— Ладно, Крестный, — сказал Иван, поднимаясь со своего места. — Когда буду нужен — найдешь меня. А сейчас мне пора...

Иван повернулся и вышел, оставив Крестного в задумчивости. «Нет, Ваня, — думал Крестный, — от меня не уйдешь... Ни к какой бабе!..» В том, что в их отношения с Иваном вмешалась женщина, Крестный уже не сомневался.

ПРАВОСУДИЕ ПО-РУССКИ

НОВАЯ СЕРИЯ

ПРАВОСУДИЕ ПО-РУССКИ

НАЧИНАЕТСЯ, ЕСЛИ ЗАКОН БЕССИЛЕН...

ПРАВОСУДИЕ ПО-РУССКИ

УДАРОМ НА УДАР!

ВАГРИУС

ЧИТАЙТЕ:

Виктор ДОЦЕНКО
Федор БУТЫРСКИЙ
БЕШЕНЫЙ ПРОТИВ ЛЮТОГО

Владимир ЧЕРКАСОВ
ОПЕР ПРОТИВ МАНЬЯКА

Алексей РЫБИН
ГЕНЕРАЛЫ ПОДВАЛОВ

Сергей ТАРАНОВ
МСТИТЕЛИ

Наталья ВАРФОЛОМЕЕВА
СТЕРВА

Юрий ВОЛОШИН
ГЛАДИАТОР

Редактор *С. В. Хохлова*
Художественный редактор *Т. Н. Костерина*
Технолог *М. С. Белоусова*
Оператор компьютерной верстки *А. В. Волков*
П. корректоры *В. А. Жечков, С. Ф. Лисовский*

Издательская лицензия № 065676 от 13 февраля 1998 года.
Подписано в печать 25.01.99. Формат 84×108/32
Гарнитура Таймс. Печать высокая.
Объем 13 печ. л. Тираж 30 000 экз.
Изд. № 830. Заказ № 1994.

Издательство «ВАГРИУС»
129090, Москва, ул. Троицкая, 7/1
Интернет/Home page — http:\\www.vagrius.com
Электронная почта (E-Mail) — vagrius@mail.sitek.ru

Отпечатано с готовых диапозитивов
в Государственном ордена Октябрьской Революции,
ордена Трудового Красного Знамени Московском
предприятии «Первая Образцовая типография»
Государственного комитета Российской Федерации
по печати. 113054, Москва, Валовая, 28

Оптовая торговля:
«Клуб 36,6»
Тел./факс: (095) 265-13-05, 267-29-69, 267-28-33, 261-24-90
E-mail: club36_6@aha.ru

Фирменный магазин «36,6 — Книжный двор»:
Москва, Рязанский пер., д. 3
Тел.: (095) 265-86-56, 265-81-93

Склад:
Балашиха, Звездный бульвар, д. 11
(от ст. м. Щелковская авт. 396, 338А до ост. «Химзавод»)
Тел.: (095) 523-25-56, 523-92-63
Тел./факс: (095) 523-11-60

Книги почтой:
107078, Москва, а/я 245 «Клуб 36,6»

Книжная лавка «У Сытина»:
Москва, Пятницкая, 73
Тел.: (095) 230-89-00 Факс: (095) 959-27-00
Электронная почта: sytin@aha.ru

Интернет-магазин
http://www.kvest.com
Электронная почта: info@kvest.com
Доставка в любую страну

В Санкт-Петербурге и Северо-Западном регионе России:
«Невская книга»: (812) 567-47-55, 567-53-70